国家文化财政政策研究基地调研报告选 第一辑

国家文化财政政策研究基地调研报告选

GUOJIAWENHUACAIZHENGZHENGCEYANJIUJIDI DIAOYANBAOGAOXUAN

黄玉蓉 李竞爽 郭凤娟 鲍婧◎著

CFP 中国电影出版社 2012 · 北京

目录

博物馆免费开放的现状、问题与对策 / 郭凤娟

“非遗”生产性抢救、保护与利用的

财政政策支持与保障标准研究调研报告 / 鲍婧

文化财政在基层

——深圳市南山区文化事业财政投入情况调研报告

黄玉蓉

广东省深圳市南山区位于深圳经济特区西部，行政区域东起车公庙与福田区相邻，西至南头安乐村、赤尾村与宝安区毗连，北背羊台山与宝安区接壤，南临蛇口港、大铲岛和内伶仃岛与香港元朗相望。南山历史悠久，公元331年，东晋在南头古城一带设立东官郡，被视为深圳真正的建城开端，其时这一地区的经济、文化已有相当的发展，郡治管辖地已经包括了今天的香港、澳门等地。公元331年至20世纪50年代，这里长期作为历代郡治或县治所在地，被誉为“深港历史之根”。1983年9月，南头区成立，为县级建制；1984年8月，在南头区析置蛇口区；1990年9月，南头区、蛇口区合并成立南山区，上隶深圳市。南山区现有南头街道、南山街道、西丽街道、沙河街道、蛇口街道、招商街道、粤海街道和桃源街道8个街道，社区居委会116

个，全区常住人口为1088345人①，根据年平均常住人口计算的2010年人均生产总值为186371元，按中国人民银行公布的平均汇率(6.7695)计算，人均生产总值为27531美元。② 当前南山区的发展目标是建设最适宜安居、创业、发展的现代化海滨城区。

一、研究对象及目的

本调研报告重点研究狭义文化事业的财政投入情况，因此对南山区文体局行政组织架构下的体育事业财政投入不做探讨，也不专门探讨不在组织机构之内的文化产业财政投入情况。但鉴于文化产业跟文化事业之间密不可分的相互作用关系，本文也会涉及部分对考量文化事业指标具有指涉意义和分析价值的文化产业财政投入数据。

本报告试图对南山区文化事业费及采购公共文化产品专项资金投入、使用以及引导社会资金投入公益文化事业等情况进行调查，力求通过个案分析反映经济发达地区文化财政的投入特点，进而对如何发挥公共财政的引导功能、规范文化财政投入过程、完善文化财政投入方式、实现文化财政投入的放大效应等问题作出现实探讨和政策建议。

二、南山区文化事业基本情况介绍

1. 文化行政组织架构

2011年4月，南山区根据深圳市机构编制委员会《关于〈深圳市南山区党政机构改革方案〉的批复》，设立南山区文化体育局，加挂广播电视局、新

① 数据来源：深圳市南山区统计局根据以2010年11月1日零时为标准时点进行的第六次全国人口普查结果发布的统计公报。常住人口包括：居住在本乡镇街道、户口在本乡镇街道或户口待定的人；居住在本乡镇街道、离开户口所在的乡镇街道半年以上的人；户口在本乡镇街道、外出不满半年或在境外工作学习的人。

② 数据来源：深圳市南山区统计局发布的《2010年国民经济和社会发展统计公报》。

闻出版局牌子，与区委宣传部合署办公，局长由宣传部副部长兼任。业务科室有文化艺术科、文体市场科、群众体育科和竞技体育科；区广播电视管理办公室（新闻出版管理办公室）为其直属行政机构；区文化市场行政执法大队为其行政执法机构；区文物管理办公室为其归口管理机构；直属事业单位有：区图书馆、区文化馆、南山画院、南头古城博物馆、天后博物馆、陈郁故居管理所、南山雕塑院、南山业余体育运动学校和南山区网球中心。

南山区文化产业组织协调工作由区文化产业发展办公室专职负责，该机构成立于2007年4月，在2011年4月的机构调整中未作变动，其行政级别跟区文体局同为正处级。

2. 文化事业总体概况

南山区于1998年被授予全国文化先进区称号，是深圳市第一个全国文化先进区，在深圳市最早提出“文化南山”的口号。2004年，区委区政府确定了“文化立区”的发展战略，随后将之列入《深圳市南山区国民经济和社会发展第十一个五年规划纲要》。近年来，南山区将文化事务作为“惠民工程”来开展，逐步建立起稳定的文化财政投入机制，为辖区文化事业发展提供了重要保障。

南山区建设起了高标准的文化事业机构，文化活动丰富多彩。全区现共有公共图书馆、图书室96间，其中区级图书馆1家、分馆8家，通过一体化管理的方式，基本形成了区、街道、社区三级图书馆服务体系，实现书刊资源共享、活动互动，解决了群众看书难的问题。南山图书馆自开馆以来实行免费开放，免费上网，每周开放时间为68.5小时，每年读者活动达360余场，形成了博士论坛、百姓健康讲坛、家庭读书竞赛、少儿才艺表演等品牌读者活动。该馆2005年被文化部评为地（市）级一级图书馆，84家社区图书馆通过深圳市达标评估；南山区文化馆2007年10月被评为国家一级文化馆；8个街道文化站全部为广东省特级文化站。以专业化的机构和管理团队为依托，南山区开展了丰富多彩的群众文化活动，逐步形成了“国际音乐周”、“四季之声音乐会”、“粤剧艺术周”、“青工文化快车”、“社区艺术节”、“动漫文化节”、“周末广场音乐会”等系列文化活动品牌。

南山区文化遗产保护工作稳健推进。全区现有省级文物保护单位1处，市级文物保护单位10处，区级文物保护单位18处，建有天后博物馆、南头古城博物馆、陈郁故居和钟表翡翠博物馆等4座博物馆，馆藏文物4000多件，展出的可移动文物400余件，二级文物6件，三级文物47件，馆藏文物档案健全。2010年基本完成全国第三次文物普查工作，共登记文物点185处。2007年，南头古城历史陈列展荣获第七届全国博物馆十大陈列展览精品评选最佳宣传推广奖。2008年，南山区公布了第一批区级非物质文化遗产保护名录，包括《辞沙祭妈祖》等5个项目，其中1个项目为省级保护项目;2009年又公布了《南水客家山歌》等9个项目为第二批区级非物质文化遗产保护名录，登录制度的建立为“非遗”保护工作的规范化提供了条件。在公益文化活动社会购买过程中，区文化局采用单一来源采购的方式对区级非物质文化遗产项目给予扶持，为“非遗”项目提供展示和发展的空间。

3. 重要文化发展指标

①文化事业费占区财政一般预算支出比例

文化事业费集中体现了政府对文化事业的资金投入，是反映文化事业发展的核心指标。2010年，南山区全区文化事业费1.6752亿元，占区财政一般预算支出的2.7%①，已提前实现并远高于文化部提出的“力争到2015年，文化事业费占国家财政总支出翻一番，提高到1%左右”②的增长目标。

---

① 数据来源:南山区财政局行财科。

② 数据来源:文化部计财司。
http://www.ccnt.gov.cn/sjzznew2011/cws/whtj_cws/201111/t20111128_153309.html

同期全国文化事业费292.32亿元，占财政总支出的0.39%。[①] 2011年，深圳市包含文化产业投入在内的文化支出占全市财政总支出的2.5%。[②]

②人均文化事业费

2010年全区人均文化事业费为100.01元[③]，远高于全省和全国平均水平。同期全国人均文化事业费最高的省市是北京市，为82.44元。南山区比北京市高17.57元[④]。

③公共图书馆人均藏书量

2011年，全区公共图书馆总藏书量为117.8054万册，人均藏书量为1.08册[⑤]。2009年全国公共图书馆人均藏书量为0.44册，国际图联、联合国教科文组织2002年修订的《公共图书馆服务发展指南》中规定，公共图书馆人均藏书量应达到1.5—2.5册。[⑥]《深圳市文化发展“十二五”规划》提出的目标是：“至2015年，实现全市公共图书馆人均藏书不低于2.3册。”[⑦]

④文化事业费同级横向比较

南山区文化事业费支出占区财政一般预算支出的比例虽然远高于全国平均水平，但与该区其他财政支出类目横向比较则明显偏低，比如2010年全区文化事业费支出占区财政一般预算支出的比例为2.7%，而同期教育占

---

① 数据来源：文化部计财司。

② 深圳市财政委员会主任乔家华在2012年2月28日举行的“深圳市深入实施文化立市战略建设文化强市工作会议”上的发言，同时见诸《南方日报》2012年2月29日SC02版。

③ 本数据由2010年全区文化事业费投入与公共文化产品采购专项资金和8个街道文化站用于开展文化活动的项目支出金额之总和除以常住人口计算出。

④ 数据来源：《领导决策信息》，http://www.ccgov.net.cn/aspx/zzNewsdata.aspx?id=11373&cateid=34

⑤ 数据来源：南山图书馆。

⑥ 数据来源：《“十五”以来全国公共图书馆发展情况分析》，文化部计财司。

⑦ 数据来源：深圳市文体旅游局网站。
http://www.szwtl.gov.cn/engine/gettemplate.jsp?temp_Id=47&guid={CB5B2D36-FFFF-FFFF-EDF7-636100000032}

24%,卫生占 10%。[①] 这一参数涉及地方财政财权与事权的划分等诸多因素,在此仅作整体观照参考。

三、南山区文化事业财政投入基本情况

1. 文化事业费预决算流程

预决算是各级政府最重要的财政政策工具之一,在此我们专门分析这一政策环节。南山区的文化事业部门预算单位包括区文体局以及独立核算的直属事业单位 7 家:区图书馆、区文化馆、南山画院、南头古城博物馆、天后博物馆、陈郁故居管理所和南山雕塑院。其财政经费预决算流程详见下表:

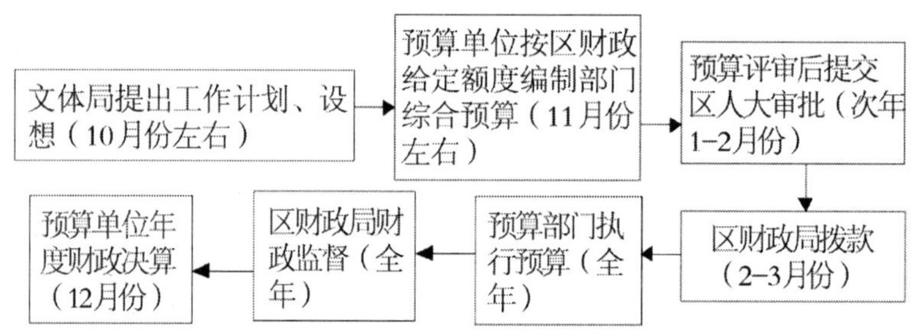

南山区文化事业费预决算流程图

2. 文化事业费投入情况

2006—2008 年,区财政的直接文化投入分别为 8653 万元、22600 万元和 15254 万元,其中预算内外文化事业费投入分别为 4551 万元、6121 万元和 6447 万元,增幅分别为 34.5% 和 5.3%,远高于同期财政经常性收入的增幅 9.2% 和 3.3%。此外,通过“固本强基”工程和基层建设专项资金等每年安排至少 800 万元的资金用于社区文化建设。2006 年至 2010 年,区财政下拨文物修缮经费 1000 多万元,实施了南头古城报德祠、街牌门、东城门、

① 数据来源:南山区财政局行财科。

育婴堂、赤湾右炮台等5项文物修缮工程和天后宫改造工程。2006年至2009年，区财政下拨非物质文化遗产保护工作经费达408.69万元[①]。2009—2011年，全区文化事业费投入增长幅度略低于同级财政经常性收入增长幅度。以2010年为例来说，全区不含基建的文化事业费投入增幅为13.5%，而同级财政经常性收入增长幅度为17.3%。2011年因涉及第26届世界大学生运动会庞大的经费开支，因此其统计数据不具备统一参照性和可比性。具体数据详见《近三年来南山区文化事业经费投入情况统计表》。

近三年来南山区文化事业费投入情况统计表[②]

单位：万元

	2009年	2010年	2011年
文化事业费投入（不含基建）	7833	9054	26683
文化事业费投入（含基建）	15724	15252	30533
采购公共文化产品专项资金	1200	1500	1500
文化行政经费	2066	2831	2658
财政一般预算支出	514209	621834	921527

注：1. 2011年文化事业费含大运会赛事经费1.33亿元；
2. 文化行政经费统计口径为文化局本级所有经费。
3. 财政一般预算支出含预算稳定调节基金，此项数据2009年为25200万元；2010年为40000万元；2011年为98000万元。

四、南山区文化事业财政投入特点

1. 财政投入力度较大，能全额保障公共文化服务运营经费

南山区人均地方一般预算收入较高，财力充裕，本级财政投入水平较高，在文化事业投入方面基本不需要上级财政转移支付。2010年南山区人

① 数据来源：南山区文体局工作汇报材料。
② 数据来源：南山区财政局行财科。

均预算收入为0.57万元，同期广东人均预算收入为0.35万元，全国平均人均预算收入为0.24万元①，因此无论是在中央还是省级层面都不属于转移支付对象。所以迄今为止，南山区文化事业费全部来自于本级财政拨款，从未获得过中央和省市转移支付专项补助，也未接受过中央和省市补助地方文化事业专项经费资助，会计科目中设置的“事业单位上级财政补助收入”南山区基本上不涉及。

从文化事业费投入总量、人均文化事业费和采购公共文化产品专项资金等指标来看，通过与其他同级区县相比可以看出，南山区的文化财政投入力度较大，其公共文化服务运营经费能全额保障。充裕的经费为各文化机构增加文化服务数量、提高文化服务质量、推动全区的文化发展提供了有力保障。这一现象表明，随着经济发展水平的提高，群众的文化需求增加，必然带动文化财政支出的增长，从而导致社会文化产出的大幅度增长。

另外，深圳早在2004年就已经实现了完全城市化，成为全国第一个没有农村行政建制和农村社会体制的城市。位于特区内的南山区更是早在1992年就已经完成了城市化工作。因此不存在文化的城乡统筹协调发展问题。此外，南山区由于行政建制设置时间较短等历史原因，无需承担包括转制文艺院团在内的文化体制改革成本。

2. 公共文化产品采购专项资金绩效突出

南山区在学习香港、新加坡等国内先进地区和国外公益文化活动运作经验的基础上，自2007年起设立公共文化产品采购专项资金，面向社会采购包括公益文化活动在内的公共文化产品，并对辖区内的公益文化活动进行资助，取得了显著成效。该项资金通过社会化运作方式，有效地降低了活动成本，节省了项目经费，提高了活动质量和民众满意率。如2008年全年

① 数据来源：南山区统计局、国家统计局。

共59个项目，在项目评审中，专家评估共需1103.5万元，通过竞价，实际中标为1007.646万元，节约经费95.854万元；2009年全年69个项目，在项目评审中，专家评估共需1149.5万元，通过竞价，实际中标为954.5863万元，节约经费194.9137万元，2010年全年79个项目，专家评估共需1788.14万元，实际中标价为1433.8622万元，节约经费354.2778万元，2011年全年78个项目，专家评估共需1502.2万元，实际中标价为1277.16万元，节约经费225.04万元。面向社会采购公共文化产品之前，由于文艺团体的逐步老化和文化事业单位体制、机制的固化，举办活动的内容和形式单调；现在，由于文化公司、社会团体的参与，组织节目的渠道大大拓展，基层群众也能欣赏到一些名家、名团的演出。群众对公益文化活动的发言权、选择权、参与权和评议权得到充分保障。调查显示，2008年，4024份群众意见调查表中群众满意率为94.3%；2009年，5166份群众意见调查表中群众满意率为98.8%；2010年，14760份群众意见调查表中群众满意率为95.6%。[①]

3. 公共财政投入向文化基础设施建设倾斜

①基础设施建设投入较大，几乎与文化事业费持平

南山区拥有历史相对悠久的文化设施，华夏艺术中心、风华大剧院、南油影剧院等文化场所镌刻着一代深圳新移民的文化记忆。但随着时间的推移，该区第一轮文化设施建设已经过去了近20年，目前大多数老建筑设备老化、功能受限，正处于设施更新改造期。2008年，南山区政府下达《文化设施建设任务令》，就南山图书馆加层改造、青铜博物馆改造和天后博物馆改造等3项文化设施建设作了具体规定。以南山图书馆为例来说，该馆是南山区政府投资兴建的公共图书馆，也是南山区标志性的文化建筑之一。该建筑1994年奠基动工，1997年正式对外开放。原设计藏书60万册，但由

① 引自南山区文化局在2011年10月于深圳举办的全国社区文化建设经验交流会上的汇报材料《南山区公益文化活动情况介绍》。

于其功能的不断完善、读者队伍不断扩大,藏书也不断丰富,至2011年底,累计总藏量达到117.8054万册。为扩大服务面积,改善阅读环境,以满足广大读者日益增长的阅读需求,南山图书馆于2009年5月启动了加层改造工程。加层改造工程投资2358万元。① 另外,青铜博物馆改造计划投资358万元,现已竣工但尚未审计结算。

除了更新改造,与全国范围内近年来蓬勃兴起的文化设施建设热潮相一致的是,近年来南山区也兴建了不少重点文化设施,区财政对此给予了极大支持。近六年来区文化财政支出结构明显呈现出向公共文化基础设施建设方面倾斜的特征。2006—2008年,南山区财政共投入资金7061.66万元用于基础文化设施建设,其中,2006年投入1257万元,2007年投入1249万元,2008年投入4555.66万元。2009—2011年,南山区财政共投入资金17939万元用于基础文化设施建设,其中,2009年投入7891万元,2010年投入6198万元,2011年投入3850万元。② 2009—2011年,全区文化基础设施建设投入占当年文化事业费投入的比例分别为50.2%、40.6%、12.6%③。

近六年来南山区文化基建费投入情况统计表 ④

年度	文化基建投入(万元)	文化事业费投入(万元)	占比(%)
2006	1257	3453	36.4
2007	1249	9448	13.2
2008	4555.66	7908	57.6
2009	7891	15724	50.2
2010	6198	15252	40.6
2011	3850	30533	12.6

① 数据来自:南山区工务局。

② 数据来自:南山区财政局。

③ 此项计算扣除了当年的1.33亿元的大运会赛事经费。

④ 数据来源:南山区财政局、统计局。

由于大型文化基础设施建设是按财政年度分期投入的，因此年度投入经费还不能最直观地体现出公共财政对文化设施兴建的资助力度。下面列举部分重点文化设施建设财政投入情况说明。比如南山文体中心是南山区“十一五”期间单项投资最大的民生工程，总建筑面积62749平方米，总投资8亿元；南山博物馆投资2亿元；南山文化（美术）馆新馆规划占地面积6200平方米，整个工程估算投资约2.69亿元。①

②基础设施兴建涉及面广，能有效覆盖公共文化活动各面向

2007年，区政府将“文化设施建设计划”列入“惠民利民十项计划”，确定了实施文体中心改造工程、建设南山剧院、钟表翡翠博物馆、中国书画收藏馆、青铜博物馆、桃源等3个社区大舞台、南山艺术雕塑工程一期工程等8项工程。同时，各街道办事处以当年国家文化部、广东省文化厅对基层文化馆（站）再次评估定级活动为契机，充分调动社会资源，在硬件设施建设等方面加大了投入。蛇口影剧院等文化设施焕然一新，沙河街道与华侨城退休职工活动中心合作，建设了一个拥有10个展览厅和培训室的文化活动场所；2008年，区财政投入547.66万元，学习香港的总分馆模式，先后建成了7家图书馆分馆。近年来区财政投资建设的四海、赤湾、五湾、西丽、登良、大新、同乐、麻磡、向南等社区舞台相继竣工，并投入使用。目前，北起西丽阳光，南至招商赤湾，由20个舞台组成的社区大舞台网络已基本形成，为广大社区群众、工业区外来建设者参与文化、享受文化发展成果提供了硬件支持。

总体来看，南山区近年兴建的文化设施既包括图书馆、博物馆、美术馆、剧院、展览馆等大型公共文化设施，也包括社区大舞台、电影院和培训室等群众文化娱乐场所，还包括艺术雕塑工程等公共艺术作品，能有效覆盖公共

① 数据来自：南山区工务局。

文化活动的各个面向，满足不同层次群众多元化的文化需求。这一轮大规模的基础建设，极大地缓解了南山区基层文化设施分布不均、发展不平衡的问题，为广大群众平等、便捷地实现文化权益提供了硬件支持。

4. 文化专项资金占经常性支出的比例较高

如前所述，南山区目前的文化专项资金主要由公共文化产品采购专项资金和文化产业专项资金组成。公共文化产品采购专项资金是为适应南山区文化局自2007年开始对公益文化活动实行社会化运作模式的要求而设立的、面向社会采购公共文化产品的专项资金。2007—2008年，该专项资金每年安排1000万，2009年1200万，2010—2011年每年1500万，2012年增长到1800万元。

另一个大型文化专项资金是文化产业发展专项资金。该资金自2008年起，由区财政每年安排专门经费设立，纳入每年的区财政预算。2009—2011年共投入7500万元用于扶持文化产业的发展。

这些专项资金数额巨大，占文化财政投入资金的比例接近50%。这一方面体现了决策部门根据文化发展实际情况临时调整文化预算的灵活性，体现了专项资金这一政策杠杆的调控作用。但另一方面，专项资金的支出使用管理、支出方式和手段选择都可能直接影响一定量财政资金的使用效率。而且这种非经常性收入的增量扩容不太稳定，易受诸多客观条件牵制，如当年财政收入情况、中心工作执行情况、领导喜好等。

5. 引导社会资源投入公益文化事业初见成效

尽管公共文化服务的主体是政府，但这并不意味着公共文化产品只能由政府提供。相反，单一的财政投入渠道还有可能造成公共文化产品供给效率低下、服务方式不佳等局面。通过有效的制度设计引导社会力量以多种方式投入公益文化事业可以激发出民间蕴藏的文化建设活力，发挥政府财政投入的放大效应。

基于上述认识，南山区创新公共文化投入机制，在引导社会力量以多种方式投入公益文化事业方面作出了有效尝试。他们对部分可以让社会力量参与的项目，预先打造平台，确定项目，然后以较小的投入带动较多的社会资源参与进去。具体表现为与企业、产业园区合办图书馆分馆、扶持民间博物馆建设、与企业合作共建电影院等，通过这些渠道引导社会资源参与公共文化建设。

2006 年，南山图书馆与众冠公司和桃源街道办事处合作，建立了南山图书馆众冠分馆，为大量“下班后时间最难过”的外来工提供了充实自己的良好去处；2010 年 11 月，“南山设计图书馆”作为南山图书馆第 8 家分馆正式开馆，该馆系与深圳设计产业园联合建设、共同管理，是深圳首个以设计为名义设立的专业图书馆。这种借助社会力量办馆的模式，成为政府引导社会资源参与公益文化建设的有益尝试，受到了广大读者和图书馆界的交口称赞。

2009 年，为推进南山区社区数字影院的建设，帮社区居民实现“10 元看大片”的梦想，南山区政府补贴 300 万元，由区文化局与雅图公司合作，联手打造了 10 家社区数字影院，主要建在中低收入人口、劳务工聚集的工业区和居民区，实行低价票，同时承担政府的公益性宣传任务。目前看来实施效果良好，设施利用率和公众满意度较高，公司也实现了赢利。

在扶持民间博物馆建设方面，南山区 2008 年 5 月开馆的钟表翡翠博物馆和刚竣工不久的青铜博物馆，都采用政府投资建设展馆、利用民间收藏的方式运作。为此区文化局专门制订并由区政府颁发了《南山区扶持非国有博物馆暂行办法》、《南山区博物馆接受民间办馆（展）管理暂行办法》及《南山区非国有博物馆分级及补贴标准》等，通过政府补贴鼓励社会力量兴办博物馆，为民间收藏提供展示的平台，引导社会力量在更大范围参与博物馆建设。

在开展群众文化活动方面，区政府制定了《南山区公益文化活动接受社会赞助管理试行办法》，引导社会力量参与资助群众文化活动，到目前为止实施效果不明显。这一方面受制于南山区目前没有符合捐赠抵税条件的非营利性文化团体，另一方面受制于区级群众文化活动特点。区级文化行政部门的群众文化活动定位以参与性为主，活动层次和影响力有限，商业价值不高。目前大多数企业正处于发展期，其“经济人”理性导致他们对这类活动热情不高。

但南山区文化局自2007年开始的公益文化活动社会化运作模式取得了良好效果。他们通过项目征集、公布、评审、竞价、监督实施、验收评价等六个步骤，积极引入竞争机制，逐步完善了公益文化活动社会化运作的服务体系，充分调动了社会资源的参与热情。近年又开发了“南山区公益文化活动社会化运作管理系统”，通过网络平台，完成项目公布、资质审核、项目评审、竞价、实施方案审核、合同备案等程序，获得参评单位和广大受众的一致好评。2007—2011年共组织了10期招标活动，仅项目征集环节就收到项目创意838个，吸引深圳市乃至广东省的586家（次）优秀文化企业和团体参与。一批社会团体在政府“种子资金”的资助带动效应下迅速成长，一些公司的公益文化活动也开展得有声有色。

五、基层文化财政的南山经验启示及政策建议

（一）对南山区的政策建议

1. 建立规范的文化预算制度

受制于行政组织架构条块分割的现状，目前南山区的文化行政部门不是真正统管全系统的预算主体。文化、财政部门在预算编制、审批、执行和监管等方面都存在一定程度的缺位。比如目前对各文化站每年用于开展文化活动的项目经费无论是从额度还是效度方面都无法有效监督和评估。因为文化站属于街道办事处，跟文化局只是业务指导关系，开展文化活动的项

目经费由财政局以“城乡事业管理费”的科目统一拨往各街道办事处。至于各街道办事处究竟将这笔经费中的多大份额用于开展文化活动则取决于诸多因素：当年财政收支情况、重点工作财力保障情况、办事处主任和党工委书记对文化活动的重视或喜好程度等等。因此，可以说文化站支配的这笔文化财政经费在审批、执行和监管环节都存在“盲区”。

另外，文化财政投入的评价机制未能完全落实，投入缺乏科学测算和有效监督。由于采用零基预算，现有文化投入绩效不能成为文化项目进一步获得财政支持的依据，财政监督职能有待强化。因此，南山区财政部门、文化行政部门应遵循“设计参与公共化、程序安排合法化、政策工具功能化、绩效标杆计量化、行政运行技术化”原则，建立起科学、规范的文化预算制度。财政局在确定文化事业费投入总额时应经过文化预算部门的科学测算，而不是根据财力先行给定、安排。一旦预算确定，就要用规范性的预算约束来限制每一笔文化支出。具体技术方案如下：编制有利于业务结算的支出程序和科目明细，扩大业务预算报表的范围及公开透明程度，定期开展年度业务预算支出规范和账目情况的财务审计，同时还应建立起良好的反馈机制，在做财政预算时应将绩效目标的实现情况作为下一年度财政资金安排的重要依据，以此提高绩效评价的效力。否则不仅不能提高财政资金使用效率，反而会增加行政成本，使预算和监督流于形式。

2. 逐步将专项资金纳入财政经常性支出框架

如前文“南山区文化事业费预决算流程图”所示，经过预决算流程中的前 3 个步骤后，文化预算进入到政府的年度财政总预算，与其他部门预算进行总量平衡。总量平衡结果会受多重因素影响，如部门沟通谈判能力、预算编制能力、预算精细程度、领导重视程度、领导行政级别及影响力等诸多非预算因素都会影响预算的优先顺序和预算额度。比如南山区的公共文化产品采购专项资金就是时任南山区区长的刘庆生同志拍板设立的。2010 年，该同志调往福田区任区委书记，推动福田区也设立了公共文化产品采购专项经费。由此可见，当前行政体制下，在文化财政领域，领导的“克里斯马”①指数影响较大，由于领导重视使财政部门追加文化预算的情形不乏其例。就文化民生而言，这固然是好事，但就社会福利最大化原则和决策的科学性、规范性而言，则未必是好事。“政治家为了追求威信和权力，往往会处心积虑，去争取尽可能多的预算，使得财政赤字越来越大；为了弥补窟窿，于是就逼着银行发钞票，货币发行过多，又引发了通货膨胀。”②在国家层面，预算的无限增长可能会导致通货膨胀；在地方层面，也有可能影响其他民生福利。

而且，这种预算追加和专项资金的设立具有较大的随机性和不稳定性，不利于文化建设的规范化和长效化。2012 年 2 月，独立运作了 4 年的南山区文化产业专项资金被并入其他综合性资金，这一案例就是专项资金不稳定的一种反映。因此，文化行政部门和财政部门应通过科学的制度设计，设定新的投入科目，逐步将专项资金纳入财政经常性支出框架。国家层面也有这方面的政策支持。比如 2012 年 2 月 15 日发布的《国家“十二五”时期文化改革发展规划纲要》要求：“把主要公共文化产品和服务项目、公益性文化活动纳入公共财政经常性支出预算。”因此，我们应考虑逐步将专项资金纳入强制性的法定秩序轨道，以求文化财政投入的制度化、规范化和长效化。

3. 将绩效考评制度扩展至其他文化事业领域

专项资金由于具有目标明确、用途单一、专款专用等特点，比较容易进行绩效考评。目前，南山区已经初步建立了规范化的专项资金绩效考评指标，通过活动场次、参与人数、群众满意度等指标来考核公共文化活动的质量，并且建立了优胜劣汰机制。下一步应将绩效考评引入对图书馆、博物馆

① 英语单词 Charisma 的汉译，被认为是领袖特有的一种个人气质，具有控制全局、吸引大众的非凡能力。

② 王东京、赵建军：《与官员谈经济学名著》，中国青年出版社 2002 年版，第 78 页。

和文化馆等文化事业工作的考核。比如,对于博物馆免费开放要有相应的绩效评价办法。目前政府资助的博物馆究竟有多少访问量、布展水平和数量如何等指标都可以纳入评价体系。

而且,经过新一轮公共文化设施新建热潮,南山区好几项大型公共文化设施即将投入运营。文化行政部门要提前做好内容规划,防止“重硬件建设,轻软件服务”的倾向,通过高水平的专业化管理使文化硬件更好地服务于辖区文化民生。虽然配套的财政资助必不可少,而引入科学的绩效考评指标更具针对性。

总之,南山区文化行政部门要按照科学化、精细化管理的原则和预算编制、预算执行、财政监督、绩效管理“四位一体”的理念,突出绩效管理核心,提高财政资金使用效益。在财政投入的结构方面,应在总体上保持财政投入不断增长的基础上,逐步减少固定投入比例,由人员投入为主转变为以项目投入为主;在财政监督方面,除了需要财政部门建立必要的预算监督制度外,文化行政部门也需要从专业技术角度对公共文化服务的质量进行监督。

(二)国家层面的政策建议

1. 立法保障文化经费依法增长

尽管各级文化行政部门一直在呼吁加大财政投入力度,建立健全文化事业费的稳定增长机制,《国家“十二五”时期文化改革发展规划纲要》也强调要“加大政府投入力度,建立健全同国力相匹配、同人民群众文化需求相适应的政府投入保障机制。保证公共财政对文化建设投入的增长幅度高于财政经常性收入增长幅度,提高文化支出占财政支出比例”;但各级财政部门实际执行起来难度不小。近年来,各级政府对教育、科技和农业的投入一直在稳步增长,最直接的动力在于相关法律法规对这些类目的投入作出了明文规定:各级预算安排的教育、科技、农业支出的增长幅度,应高于财政经常性收入的增长。[①] 强有力的法律较好地保证了这些领域预算内经费的依法增长。有鉴于此，也应有一部类似《教育法》之类的部门法来保障财政文化投入的实际增量结果。

但中国的文化事业财政投入总量应为多少才能"满足人民群众日益增长的精神文化需求"，才能保证文化事业与其他事业均衡发展是当前财政支持文化事业发展需要解决的首要问题。不少经济学家正在关注和探讨这一问题。虽然目前文化投入总量测值的技术问题没有突破，但还是有一些比较成熟的国际通用的衡量标准：比如各级预算公共文化服务财政投入增长率、占同级财政支出的比重、与教育、卫生、科技等其他社会事业的横向比较等。当前我们的发展目标是达到一般发达国家文化支出占财政总支出的1%，这一目标具有较强的科学性和可行性，因此基本得到公认。

2. 限制性支出目标条件下必须实现支出效益最优化

政府在一定时期内提供的公共产品的数量不是任意的，而是由不同利益的社会成员进行相互交易的均衡点来决定的。任何预算支出都必须综合考虑经济、政治因素，比如财政支付能力、跟纳税人切身利益密切相关的民生事务、事权和财权相统一的原则等总量平衡问题。在义务教育、公共卫生、社会保障、劳动就业、环境和安全、节能减排等国计民生都存在支出缺口的情况下，我们的公共财政支持目标一定只能是限制性的。

因此，即使是在经济发达如深圳的地区，有限的财政支付能力都不可能满足无限扩大公共财政投入文化的期望。一方面财政收入有限，另一方面还要兼顾公平和效率，要考虑各项民生的相对重要程度。毕竟还有更具紧迫性的民生工程需要公共财政的重力投入。至于这些民生工程投入的巨额资金是否都具备合理性支出类目和合法化支出方案，是否都实现了最优绩

① 参见《教育法》、《农业法》及国家有关法律规定。

效，正如文化领域的有些预算一样，比如"巨额的图书馆预算支出究竟绩效如何，几乎谁也提不出精密绩效测值的技术陈述方案和支撑肯定性评价的统计数据"①，这涉及另一个重要且复杂的资金使用效益评估技术方案问题，此处暂且存而不论，单就财政支出科目、类目、项目的时间排序而言，文化不应该也不可能违背公平正义原则，强势优先于其他民生支出。而且，已有研究成果表明：政府的文化财政支出并非越多越好。"从规模收益来看，大部分地方政府文化事业支出都处在规模收益递增阶段。这些地方政府文化事业支出如果将所有投入资源的数量都以相同比例增加，将获得更大比例的回报。而对于规模收益递减的地方政府而言，盲目追求增加文化事业投入未必是最好的选择。"②因此，我们只能在效益标杆的约束和指引下，更有效地对有限的财政资源进行合理的支出配置和得当的效率调控。

3. 应在项目设立之初做好政策适应性的统筹规划

公共文化政策的制定、实施是一项复杂的系统工程，在执行过程中，有时经过貌似精密测算建立的指标体系实施起来却不一定就具备政策适应性，南山区图书馆系统就曾遭遇过这样一次标准化配置的水土不服。2006年开始，为响应国际图联和联合国教科文组织在20世纪70年代颁布的"每5万人应有一座公共图书馆；人均拥有藏书最少3册"的"公共图书馆标准"，深圳市根据建设"图书馆之城"的方案，确定到2010年，"基本实现每15万常住人口拥有一座公共图书馆，每1.5万常住人口拥有1个社区（村）图书馆（室）；实现全市常住人口人均拥有藏书2册（件）"③的发展目标。先不论图书馆数量分布问题，单是人均藏书量的达标就遭遇了如下窘境：2006

---

① 王列生：《文化制度创新论稿》，中国电影出版社2011年版，第186页。

② 涂斌：《基于DEA－Tobit模型的文化事业财政支出效率的评价》，《统计与决策》2011年第12期，第76页。

③ 《深圳市建设"图书馆之城"（2006—2010）五年规划》，http://www.szwtl.gov.cn/engine/gettemplate.jsp?temp_Id=47&guid={BFA815C5－0000－0000－6304－0B700000016C

年开始，南山区按“人均拥有藏书量2册”[①]的指标开始大批量采购图书，2003年以前的购书经费是80万左右，2004、2005年增长到120万左右，2006年开始增长到300万左右，2011年“人均拥有藏书量”按《深圳市“十二五”文化发展规划》设定的指标提高到2.3册，购书经费则增长到500万左右[②]。图书馆管理层一开始感觉购书经费有保障，文献服务质量大大提高。但从2008年开始，流通书架已经没有存放空间了，即使启用预留层将主体建筑加层空间也不够，只有放到密集书架上、地下室内。存储空间最紧张的时候管理部门办公室包括办公台底下都塞满了新购回的图书，这些书无法分类编目、整理上架，自然无法实现流通功能，造成资源的极大浪费，也造成财政部门及相关文化行政部门对“标准化管理模式”的负面拒斥情绪。有业内人士称此项工程不仅不是“民生净福利”[③]而是“民生负福利”。这一案例提醒我们，在科学决策大背景下，我们固然需要对关键的决策点及操作流程作出精确的数字描述和科学控制，但更应在项目设立之初对政策适应性进行统筹规划，同时也应对项目的支出效率进行绩效评估。否则不仅不能激活公共文化服务功能，赢得社会赞誉，而且还会造成负面影响。

4. 制定文化财政投入的绩效考评指标体系

对公共部门支出效率进行评估以及探讨影响该效率的原因一直都是财政研究领域的热点，而且由于文化事业支出牵涉要素的特殊性、复杂性和诸多不确定性，同时也由于文化事业间接受到意义、价值和精神等形而上终极

---

① “2册”为深圳市“十一五”文化发展规划设定的指标。

② 这里的采购经费包括图书、报刊、电子资源和音像等所有馆藏文献。当然这里的增幅要考虑到近年书价上涨较快、区级公共图书馆的定位以及相应的特色馆藏等因素。比如南山图书馆的特色馆藏是汽车、旅游和设计，而且区级公共图书馆的馆藏以计算机、英语学习和财经类读物为主，这类图书平均60—70元一本。

③ 深圳市于2006年12月正式推出《深圳市民生净福利指标体系》，作为政府改善民生的具体抓手和“指挥棒”，其中“人均公共图书馆馆藏图书”被列为民生净福利指标，纳入政府最新绩效考核范畴。

性维度的内在制约与影响，导致如何进行文化绩效评估已成为学界、政界共同面对的一大难题。概而言之，文化事业建设的目标通常包含经济效益和社会效益两个层面。“经济效益的评估相对客观，可以用数据来显示，但社会效益往往难以数据化和具体化。而且社会效益的认定也比较困难，并不能简单依靠领导的肯定，也不能单纯考虑所谓的大多数认同。”①

面对文化财政绩效考评缺少系统的标准化流程和规范化制度这一现实困难，国家文化行政部门及相关机构应组织精锐力量，研究制定文化绩效考评指标体系，推动和指引各级文化行政部门将财政文化资金的绩效考评工作落到实处。指标体系的建构应结合公共文化活动本身的过程特性来进行，应注意把握文化支出绩效内涵，综合反映公共文化在支出目标、过程和结果等环节的节约、效率和效益三方面的绩效。目前，台湾、上海等地已建立起诸如文化发展指标等绩效考评体系，值得其他地区根据本地文化发展实际情况合理借鉴。

近年来教育投入的绩效逐渐得到社会认可，跟10多年前教育经济学和教育财政研究的兴起不无关系。如今，我国已初步建立起比较科学的公共教育支出绩效考评指标体系，教育支出得到了有效保障，投入绩效也基本得到有效评估和控制。文化界应合理借鉴教育财政的发展经验，投入专业力量研究文化财政问题，通过精密测算和计量，增强文化投入指标的效度和信度，通过既适合中国国情又符合文化发展规律的制度设计，保证财政杠杆在文化强国建设中发挥更加积极的作用。

① 欧阳坚：《文化产业政策与文化产业发展研究》，中国经济出版社2011年版，第125页。

各国文化财政政策解读

李竞爽

引言

随着进一步推进文化大发展大繁荣，推动文化体制全面改革，保证公共文化服务体系全面建立，开创中国特色社会主义文化事业新局面等工作要求的提出，文化财政政策成为如今文化事业建构中凸显出的一个具有紧迫感和现实针对性的议题。如何制定科学、规范、行之有效的文化财政政策，保证公共财政支出的公平性和效率性，需要我们认真总结各种实践经验，深入分析各项操作方案，寻找适合我国国情的公共文化财政机制。本文从北欧和英法等文化强国入手，介绍了各国文化财政政策的发展历程和经验教训，希望可以从中获得启发，为中国现阶段文化财政政策寻找到积极的发展方向。

一、丹麦篇

（一）背景介绍

1961 年丹麦政府成立了文化部，这标志着文化艺术在丹麦正式被纳入了政治议题。然而国家文化政策还是个新生事物，最早也只能追溯至“二战”之后。为了更好地了解丹麦文化财政政策的形成和演变，我们需要对丹麦的文化发展历史根源进行清晰地回顾。

1. 君主专制的代表型领域

从中世纪开始丹麦的文化生活和官方就息息相关。1536 年的宗教革命使教堂失去了其文化控制权，转而由王室接管。直到 1849 年《六月宪法》废除君主专制政体，改行君主立宪制之前，文化资金几乎都是来自国王和其朝中成员不同程度的赞助。资金的来源渠道五花八门，例如，克里斯蒂安四世时期，文化发展资金主要来自于海峡税，通过皇室的一个特殊账户划拨，国王对此具有完全的掌控权。

直到 1746 年弗雷德里克五世登基，丹麦才有了推动社会秩序和谐发展的文化政策。作为弗雷德里克五世统治时期的首相，A. G. 莫尔克首次认定了文化政策的重要性。君主专制时期的文化政策主要为两方面服务。首先，它为君主专制制度的传承和区分社会等级奠定基础，具有政治目的。其次，它被当成国际外交手段以证明丹麦（或挪威）是合法的欧洲文化政体。丹麦为海外的诗人、艺术家、哲学家提供大量的赞助资金，吸引了一大批国外尤其是法国艺术家带着作品到来。这一时期的文化政策积极有效，影响力更大于萌芽自 18 世纪中期哥本哈根的航海业和公职人员等新兴资产阶级。而丹麦/挪威的资产阶级在国内的地位也明显高于德国。

1814 年丹麦—挪威联合王国根据基尔协议（treaty of Kiel）分治国家，丹麦文化和文化政策的引导性减弱了，同年进行的学校改革成为重塑民族文化的理由。

2. 民族资产阶级文化的公共领域

1849年改行君主立宪制之后，文化改由政府部门也就是当时所谓的文化部负责，其职能是管理教会和教育。同时文化部也管理大部分的文化机构，甚至包括美术学院和皇家剧院。

从1848年到1961年文化部一直承担着文化事务管理责任。1916年文化部将教会管理事务转移给了其他部门，其余文化事务也交给了教育部管理，此时的文化部可谓名存实亡，直到1961年文化部才又重新正式成立。

而在1849年文化政策这一概念被引入民主国家后并没有直接为艺术提供更好的发展条件(迅速发展是在1968年)，事实上为独立艺术家提供的赞助反而减少了。政府资助概念在民众和候选人中并不受到重视，丹麦资产阶级制定的文化政策在民主革命后的头十年中也没有受到任何反对。

1864年，随着农民经济地位的提高，丹麦教育思想家葛隆维主张农民与富豪应享受同样生活，教育机会均等，重新振兴了丹麦的农业文化。有趣的是，推动农民接受教育与资产阶级文化并不矛盾，当时的宣传口号是“为了促进阶级感情”，所以可以认为两者是平行关系。

而在政府内部却没有如此简单，1922年以前文化政策一直被当作皮球在责任首相和议会之间踢来踢去。即使到现在丹麦还有一个难题：艺术不能实现市场自由，原因就是丹麦的语言和市场影响力太小。更进一步说，在丹麦，艺术品输出和文化机构对政府资助的依赖远比在拥有大量人口和主流语言的国家大得多。

(二)管理模式

谈起丹麦国家文化政策，最重要的准则就是自治和“一臂之距”原则，这一原则是决定艺术文化资金分配的基本要求。在丹麦和欧洲，“一臂之距”

原则应用在文化政策决策方面已经有很多年，并且作为官方正式法规在制定法律法规时发挥了重要作用，也是二战后的许多西欧国家分配财政补贴时的必要考虑条件。“一臂之距”牵制了政府三方面的权力：立法机关、行政当局和司法权。

“一臂之距”原则首先被应用于建设专门为艺术和文化发放资金的独立艺术理事会，这一动作也暗示了对政治家们进行艺术资金发放时能否做出正确决策的担忧，政治家的艺术品位以及对艺术作品质量的主观判断也会影响到艺术资金的发放。除了在公共领域讨论，政治家们几乎不能通过任何政治手段影响资金支配。

从某种意义上来说，“一臂之距”模式反应在艺术理事会身上就是与其他艺术家组织、文化机构以及中介部门相比责任更加明确、工作更加具体。文化大臣、地方政府也只是代表性机构。文化部并不参与任何津贴分配，对艺术和文化领域鉴赏也没有指导仲裁权。它更像一个建筑师，与议会合作为文化制定政策框架、发展目标、财政方案、补贴计划以及组织结构，从而为丹麦文化政策奠定坚实基础。

（三）管理架构

1961 年文化部重新成立之前，文化事务还属于教育部的管理范畴之内。文化部的成立标志着丹麦的文化事业发展开启了一个新篇章，同时也为丹麦人民提供了更多丰富多彩的文化艺术活动。随着时间的发展，一些与美术、音乐、剧院、电影、图书馆、博物馆等产业相关的高等教育及培训的管理办法、基本法律和财政法规不断出台，文化研究机构也相继成立。文化部还负责版权、文化信息发布、电视电台、体育产业和国际文化交流合作等方面的工作。

国家对于运行中的文化研究机构和国家咨询机构（National advisory

body)所属的文化机构、团体以及个人分别给予直接或间接拨款。得到国家拨款的文化机构大致可分为三类:创作和表演艺术、文化遗产保护和推广、高等教育和培训。完善的法律和稳定的财政支持使丹麦的文化机构能够长期保持着高度的自主独立性。

2003 年一些小型文化理事会被撤销,取而代之的是同年 7 月 1 日成立的丹麦艺术理事会。《艺术理事会法案》界定了理事会职责范围,并由每年财政法案决定拨款金额。丹麦艺术理事会负责推动丹麦艺术发展,主要任务为:1. 为文学、表演、视觉艺术和音乐等领域的艺术家们提供资助;2. 为当局担当顾问。作为一个独立部门,理事会可以无所顾忌地表达观点。

丹麦艺术局是丹麦文化部下属的一个管理机构,负责资助艺术家和国家举办的文化艺术活动,也是丹麦艺术理事会和丹麦艺术基金的上级部门。另外,丹麦艺术局还负责国际文化交流和外交事务。

(四)责任划分

在过去的二十多年中丹麦建立了负责管理国家、郡县和自治区文化财政工作的中央性机构,但随着越来越多的地方性经济和政治事务的出现,地方政府所承担的责任和义务日益增长。这一变化同样反映在公共文化财政支出方面。2001 年公共文化财政支出总额为 127 亿克朗,其中 40%(51 亿克朗)的拨款来自国家,57%(72 亿克朗)来自于郡县政府,另外 3%(4 亿克朗)来自于自治区。国家财政和地方财政分工明确,二者分别负责国家级项目和当地文化活动。然而这种责任分工实际上也反映了一个事实,那就是立法关注的范围是建立在不同的政治诉求之上的。表 1 显示国家财政承担了创作艺术、档案馆、教育机构和国际文化交流合作等方面的支出,郡县财政则侧重于公共图书馆和体育,自治区财政支持话剧、博物馆和音乐等。

表1　2001 年丹麦各文化部门支出所占当年全国文化财政百分比

单位：百万克朗

文化部门	国家支出	占部门支出比	郡县支出	占部门支出比	自治区支出	占部门支出比	部门支出	占全国支出比
创作艺术	344. 8	99%	—	—	4. 4	1%	349. 2	3%
音乐	293	39%	398. 8	53%	57. 6	8%	749. 4	6%
剧院	664. 1	67%	125. 1	13%	198. 3	20%	987. 5	8%
电影	361. 7	97%	10. 4	3V	—	—	372. 1	3%
图书馆	614. 5	21%	2,251. 70	79%	—	—	2,866. 20	23%
档案馆	34. 4	99%	—	—	1. 7	1%	136. 1	1%
博物馆动物园	531. 7	57%	303. 2	32%	98. 9	11%	933. 8	7%
教育机构	705. 7	100%	—	—	3. 5	0	709. 2	6%
一般文化活动	131. 3	19%	511	74%	44. 4	6%	6867	5%
国际文化活动	52. 9	100%	—	—	—	—	52. 9	0
园林	367. 7	25%	1,096. 20	75%	3. 2	0	1,467. 10	12%
其他及结余	219. 4	100%	—	—	—	—	219. 4	2%
体育产业	641. 4	20%	2,495. 20	79%	11. 1	0	3,147. 70	25%
总计	5,062. 60	40%	7,191. 60	57%	423. 1	3%	12,677. 30	101%

最近几年其他及结余经费已经不再被标注为特别文化对象。

另外国家对电台、电视台执照也有补贴（如表 2 所示），但执照资金补贴已经不在国家每年预算之内，因此与表 1 区分开来单独绘制。

表 2　电台、电视台执照

单位:百万克朗

文化部门	国家补贴	占部门补贴比	郡县补贴	占部门补贴比	自治区补贴	站部门补贴比	部门补贴	占全国补贴比
TV2	545	100%	—	—	—	—	545	17%
丹麦电台	2,633	100%	—	—	—	—	2,663	82%
地方电台电视台	37	100%	—	—	—	—	37	1%
总计	3,245	100%	—	—	—	—	3,245	100%
所有支出	8,307.60		7,191.60		423.1		15,922.30	

1. 国家文化预算

如表 1 所示,国家文化预算分为 14 个部分:国家文化拨款来源于国家预算、执照收费、彩票及其他博彩业收益,我们来看以下详细分析。

(1)预算资金

2001 年国家财政给文化部组织下的 40 多家文化机构拨付了 41.499 亿克朗,其中 21.705 亿克朗作为文化机构的日常运营支出,16.815 亿克朗用作补贴支出,2.979 亿克朗用于文化遗产保护和园林维护建设。另外,一些理事会和基金会也为文化机构提供相应的补贴,例如丹麦艺术基金会、丹麦音乐理事会和丹麦电影协会。文化遗产保护的资金补贴大部分都花费在公共文化机构上,比如皇家图书馆和国家档案馆。尽管如此,还是会有一小部分资金留给私人性质的非营利性文化组织。

(2)彩票和博彩业收入

丹麦的彩票和博彩业收益通常被用于文化补贴中,在此丹麦博彩公司功不可没。立法规定包括格陵兰岛和法罗群岛在内,博彩业的收益只能用于财政部、文化部、环境资源部、教育部、社会事务部和卫生部等国家资源机构。2001 年从博彩业盈利中拨付给文化部的资金由 9 亿克朗提高到 14 亿克朗。

(3)执照收入

所有拥有收音机和电视机的家庭及公司等都需要交纳执照费。仅2001年执照费收入就高达近32.45亿克朗。这其中的0.37亿克朗被纳入预算储备金,0.27亿克朗划拨给地方非营利电台,0.1亿克朗用作建设媒体学校。剩余的资金则按照国家与媒体的协议从2001年到2004年每年拨付给丹麦电台和丹麦TV2电视台一定的数额,其分配的比例为丹麦电台83%,而TV2只有17%。

(4)艺术家资助方案

和北欧其他国家(芬兰、挪威、瑞士和冰岛)一样,丹麦把国家财政支持的对象分为创新型人才和职业艺术家,这个形式来源于“北欧模式”。1964年丹麦政府成立了丹麦艺术基金会,根据同年国会通过的《艺术基金会法案》界定了基金会职责范围,国会还同意把基金会开支列入到政府每年的财政预算。根据“一臂之距”原则,丹麦艺术基金会以课题研究奖金(课题研究周期最长三年)、一次性发放的艺术津贴、留学补贴、理事会咨询费、购买艺术作品等形式给创新型艺术家发放资金,另外基金会对于优秀的艺术作品也有奖励计划。丹麦艺术基金会总计有1.311亿克朗补贴给了艺术基金、终身福利和管理运营。2001年,基金会分别给艺术基金和日常运营拨付了0.838亿克朗和0.084亿克朗。艺术基金促进了丹麦的艺术创作,包括视觉艺术、文学、音乐、美术和手工业、设计、建筑、电影和戏剧。

值得一提的是,对于上述专业领域内寡居的艺术家和优秀艺术家的遗孀,国家财政预算还给她们长期发放生活补贴。2001年仅此一项就支出了近0.209亿克朗。有出版书籍被收入公共图书馆的作家、翻译家还能从国家那里得到版权税,具体价格根据书的页码和书籍拷贝的份数而定。除了对出借的书籍收取相应的版权费用之外,税收计划也包括了两部分可自由支配的资金,一部分是支付给那些唱片或CD作品收录在图书馆里的艺术家，另一部分是支付给有作品在图书馆展出的艺术家。公共版权费主要由丹麦图书馆管理支配，从2002年开始这一经费需要明显增加了。

2. 郡县和自治区

由于文化活动主要在地方展开，上世纪60年代开始政府逐渐把文化财政拨款的负担分摊给地方政府。1962年，丹麦对公共文化艺术的财政拨款中有36%来源于自治区财政税收（Bille Hansen and Duelund1994，55），1999年更是达到了56%。这些资金被地方政府分配给文化交流中心、图书馆、体育馆、当地电台、艺术文化组织等文化机构。

（五）未来困境

也许对于20世纪60年代以来文化政策是否有重大变化还存在着争议，但丹麦文化政策的主要目的还是致力于保证艺术的独立性和艺术品的高质量。为了保护艺术家权利，丹麦艺术基金会直接或间接通过资助计划为独立艺术家提供资金，比如收取空白卡带税为新生艺术家提供制作和出版经费。

随着目标和财政权的细微变化，权利平等逐渐成为文化政策的基本准则，"人人都享有文化权利"的概念通过"文化民主化"政策和"文化民主制"计划深入到全国各地和各个阶级中。

然而2001年时情况却有所改变，公共文化部门开支锐减，经济发展占据了首要位置。政府对创造实践类艺术家、年轻艺术家和移民艺术家最沉重的打击莫过于减少公共租赁补贴和就业津贴。更间接通过文化政策工具规定收入上限，比如空白磁带税和其他硬件税，以补贴数字媒体业收入激增时增加的版权费用。与之相反，新的税收议案有增加视觉艺术家收入的趋势，对购买艺术品的公司也实行免税政策。

可以看出自1961年文化部重新成立以来文化政策的很多方面发生了改变，比如从教育的主导地位转为辅助功能，公共文化部门在制定政策时也会更加注重社会、经济和政治利益三者之间的均衡。但是文化财政政策也出现了很多问题，比如：那些合法的私人艺术基金同意减免私人公司购买艺术品的税收吗？对于艺术文化基金由公共文化部门负责转为民间组织负责他们的态度又是怎样的？这会不会削弱文化权利的公平性呢？

二、冰岛篇

冰岛是世界上最小的政治经济文化自主国家之一，当然，这是得益于其国家地理位置偏僻、语言独立和文化遗产保护得当。1814 年丹麦—挪威联合王国根据基尔协议分治之前，冰岛是挪威王国的殖民地，此后成为丹麦的附属国，1918 年以前的冰岛只在内政方面获得了类似于保护国的独立和主权，丹麦仍旧控制着其外交和国防方面的权力，直到 1944 年建立了冰岛共和国。冰岛人在制定文化政策时明显渴望独立自主，当时的文化界有种忧虑，那就是：想独立自主就需要与其他文化交流，而在交流中不仅文化，其他事务也难免会被其他强国影响到。于是，冰岛的文化政策和邻国的愈加相像，但是同时也保留了自己独特的指导纲领。

（一）背景介绍

19 世纪时，第一批移民踏上了冰岛的土地——由于他们可能来自于挪威和爱尔兰，所以自此以后北欧文化占据了冰岛文化的统治地位。在此后的一个世纪里，北欧诗歌和史诗体在冰岛盛行的程度超过了北欧其他国家。由于远离欧洲中心，冰岛文学脱离了拉丁语的影响并开始使用自己的方言进行创作，最显著的成果就是出现了一批伟大的中世纪作家——吟游诗人，可以说是这些吟游诗人奠定了这个国家的语言基础。冰岛语不仅作为官方语言同时也作为文字被使用至今，这也是冰岛为何不与挪威以及法罗群岛一样使用《圣经》的丹麦语译本而是用冰岛语译本的原因。在其后的一个世纪中,冰岛语的使用促进了基督教的发展和民间文学的发展。冰岛民族文化和民族身份在此期间形成,并成为日后冰岛踏上政治舞台的重要因素。

19 世纪末繁华的商业中心孕育出了中产阶级文化,社交、报业、剧院、音乐厅和图书沙龙相继产生。频繁的商业往来使冰岛受到了北欧、德国、法国尤其是英国的巨大影响。20 世纪初冰岛进入工业生产时代,水力发电等重工业兴起,经济的发展促进了人民教育意识的觉醒,一些教授技术和商业知识的学校逐渐成立,农民、渔夫和家庭妇女都可以进入学校学习。1911 年国内几所医学、法律和技术方面的独立院校合并成立了冰岛大学。而政府文化政策真正受到重视还要到 19 世纪 60 年代。

60 年代中央政府开始在教育部单独设立一个管理文化的部门,然而不管政策如何变化,部长唯一且最重要的任务即保证文化为政治服务。1956 年—1971 Gylfi P. Gíslason 担任教育部长,后由 Birgir Thorlacius 继任部长到 80 年代,二人在任期间文化成为教育部工作的主要任务。尽管如此 Gylfi P. Gíslason 还是把其他一些文化事务之外的事放在了首位,这是由于 1959 年—1971 年独立党与社会民主党合作(称"复兴联盟")并把经济复兴作为主要任务,而 Gylfi P. Gíslason 恰好时任商业部部长而且是社会民主党商业事务的主要发言人。另外一个原因是,为了应对西欧掀起的教育浪潮,他不得不把主要精力放在改革教育体制上,从而把文化事务暂时忽略了。这个年代的冰岛文化完全处于国际冲击和缺乏主动性的状态之下。

此时无论是"复兴联盟"还是执政党都没有制定明确的文化政策,但由应对教育浪潮而进行的改革实际上填补了国家忽视文化的缺口。自从 Jonas Jonsson 时代经历过一段辉煌期后,文化基金会和文化委员会一直处于萎靡状态,而 1957 年增加文化基金拨款的法律得以实施,使两个机构重获生机。实际上实施这项法律是把文化机构从政府管制下脱离出去以便文化能够自然生长的一种尝试。1963 年和 1965 年,国会通过了繁荣音乐法案和小剧院资助法案，大大促进了音乐和戏剧的发展。交响乐团则只要达到一定的人数就可以进行经济整合。法案的有力实施为自治市积极参与文化发展提供了良好保障。较小的自治区更支持小剧院、合唱队和学校音乐活动，1964 年雷克雅未克市政府给雷克雅未克剧院拨款助其成功转变为专业剧院。

60 年代晚期成立的冰岛艺术家协会解决了之前艺术家和文化界人士之间合作相对困难的状况，这也成为 1967 年艺术家基金法案能够通过的主要原因。法案规定资金由政府指定的委员会直接发放给艺术家个人，但这样做的缺陷在于政府缺乏有力监督，势必会影响到资金发放的公平性。

70 年代至 80 年代的冰岛政界极不稳定，没有一任文化和教育部部长能够完成四年任期，从 1971 年到 1991 年文化和教育部共迎来了来自 5 个政党的 9 位部长，如此频繁地更换管理者严重影响了政治改革。虽然政府为每任管理者都增派了人员以表明推动文化发展的决心，但真正的发展计划并没有被提及。尽管如此政府还是履行了为文化事业增加拨款的诺言，但资金如何发放却依赖于艺术家、公共文化机构和政客之间复杂的关系。

一直以来政府没有积极推动文化发展被认为是文化受到多面冲击的原因之一，如今的新观点却认为公共文化实际上应更多地依赖于艺术家和文化界人士携手共进。经过冷战时期，文化发展逐渐脱离了政治影响，高雅艺术被越来越多的平民所接受，逐渐打破了两者之间的界限。但在此时，不断增长的公共文化资金还是未能直接发放给创造性艺术家本人（受益者是那些剧院、交响乐团、博物馆和电台/电视台），只有极少数颇有建树的艺术家才能得到“荣誉补贴”，其他人只能得到政府提供的微薄奖金。一些手工艺者（主要是画家们）只能靠出售作品为生，为维持生计很多人被迫去寻找其他工作——如作家常兼任记者和图书管理员、作曲家和视觉艺术家到艺术学院和中学任教。对此，那些希望推动文化发展的政治家和政府机关提议雇佣创造性艺术家到政府工作并让他们自由创作。

70年代也是冰岛经济腾飞时期，因此文化界认为经济好转会给文化带来更多的政府资金投入，这个时期的文化消费增长率创造了新记录。根据收集到的公共文化信息显示，80年代至90年代政府文化财政预算占政府总预算的比重从4%提高到了超过5%。狭义上的文化支出增长了2%，主要包括对博物馆、国际剧院、交响乐团和其他国家文化机构的拨款。然而政府对创造性艺术家的轻视引起了文化界的不满，为了平息抗议，1980年政府给创造性艺术家一次补贴了36年的薪金。

冷战时期的冰岛作家由于政见不同分为两派，并在50年代时形成了两个联盟，但两者仍然有要求政府增加作家福利的共同目标。迫于压力，政府不得不增加了资金投入，政府对作家的补贴在几年内翻了五倍。除此之外，冰岛电影和歌剧也迈出了重要一步，1978年电影基金会成立，到80年代时基金总额一度达到了8亿丹麦克朗，1985年音乐家和歌剧爱好者成立的歌剧协会还得到了政府和私人捐助。

一般来说90年代社会经济稳定主要归功于政界在社会、就业、经济等各方面政策上的观点趋于统一，当然在文化政策方面也不例外，文化事业最重要的两个扩大项目资金方案在80年代时就已经被确定。首先，经过长时间努力，艺术家争取增加福利的要求终于得到了政府的明确回复。1991年春，国会一致通过了艺术家补贴法案，这使此项法案的意义变得非比寻常。另一方面法案还针对艺术家基金作出了明文规定。艺术家们非常满意政府的补贴金额，政府和艺术家历时几十年的谈判终于可以休战。艺术家补贴法案的发放形式以作家奖励基金为模型，主要遵循两个原则：其一为“一臂之距”原则，各界艺术家可以推选董事会成员，避免腐败发生；其二是作为奖金发放的资金可以以半年、一年或几年为期限分期发放，也就是作为发放给专业创造性艺术家的专项资金。

在艺术家中，作家已经是经济状况比较良好的职业。90年代前期他们在每年秋天都能固定领取几个月的补贴,到90年代后期政府还增加了补贴金额。在过去十几年中,包括一些较小的文化基金在内,有很多组织给100多位作家进行了捐款,让这些作家领取了约600多个月的补贴。其中30多名作家领取了全额补贴,还有30多名领取了半额补贴。有了一定的收入来源再加上能够保持清心寡欲的生活方式和偶尔在商业上的盈利或配偶的资助,60多名作家终于能够全身心投入到写作当中来。作曲家和视觉艺术家也因补贴法案受益,可以说艺术家补贴法案彻底改变了一些创造性艺术家的处境。

第二个方案则是在艺术家补贴法案之后成立的第四基金会,主要针对戏剧和表演艺术等其他艺术形式。由于申请人员过于复杂(演员、剧团和其他艺术家),基金发放董事会的一部分成员由文化部指派。根据计划,艺术基金将被进一步推广,即使1991年政府换届和1992年经济衰退也对其影响甚微。如此稳定的财政基础给艺术家们创造了自由竞争的环境。

电影业是被冰岛艺术家协会最后纳入议程的艺术形式。当时的电影基金根本不足以撑起这个行业,1995年—1996年冰岛艺术家协会对是否给予电影业优先发展权进行了激烈讨论。一般说来能让各界艺术家对此达成一致意见并非易事,然而电影业做到了。或许电影业包含了太多艺术形式:作曲家、作家、视觉艺术家、当然还有演员;又或许是大众对电影的热爱促成了此事(与邻国相比,冰岛人民进入电影院和租赁录影带的次数名列前茅,统计数据表明,冰岛人尤其喜欢观看本国电影)。艺术家对电影基金的努力获得了极大成功,1998年12月,文化部和财政部与五个电影机构签署了提高政府对专题电影和纪录片投资的协议,保证电影基金收入会达到1998年—2004年之间的2倍。

(二)文化组织和文化基金

由于丹麦政府没有控制冰岛的教育权,不能在冰岛建立文化机构,19世纪冰岛逐渐产生了私人文化机构组织,其中包括已经被丹麦政府收管的国家博物馆。民间组织和冰岛政府之间往来密切,直到20世纪仍具有很大的社会影响力。地方自治体制于1904年—1918年开始在冰岛实行,并于1918年—1944年深化推行,1944年冰岛独立后,政府接管民间文化赞助机构归为国有。

"一臂之距"原则近年来才被政府采用,其实施成效与其他北欧相邻国家相比有所差距。例如,政府曾两次驳回大学院校提出的聘用本单位职员的申请,直到1989年事态迫在眉睫才给予批准。当时国家重大文化机构的管理者是由教育部长来任命的,这一情况经常被外界指责,认为有利于教育部长施展政治手段和裙带关系。同样地,被任命的文化机构管理者也有类似行径,如今冰岛广播委员会管理人员仍由国会任命,但他们宣称这些人员是由各自党派控制的。1970年开始,艺术家基金由国会发放,但只有1975年成立的作家基金会实行了"一臂之距"原则。幸运的是,自此以后其他文化领域的基金会逐渐实行了这个原则,同时教育和文化部也在与日俱增的众多艺术文化领域基金会中设立了咨询委员会机构。

曾有要求冰岛和北欧其他国家一样把文化财政权力和其他权力转移给基金会和委员会的提议,被政客和艺术家以同样的理由拒绝。冰岛的地理范围经常被作为反对的重要因素:艺术家们害怕基金会会成为顽固的官僚主义,他们更愿意与政客和官方打交道。一些艺术家认为"一臂之距"原则必须通过委员会发放资金、选举优秀艺术家作为管理者、成立咨询委员会、制定严格的管理条约以及其他自治原则来保证。

60年代起,教育和文化部设立了很多司局,其中一个司局专门管理博物馆和艺术方面的事务,但部门职能划分仍处于模糊状态。1984年情况有所好转,文化被纳于高等教育机构管理。1993年更成立了一个拥有十余名人员的司局,下设两个机构分别管理博物馆和艺术、青少年和体育。此外教育和文化部保留了教育研究司、经济小组、国际事务组、法律管理组等机构。

教育和文化部的进一步组编要归功于国际合作,其中北欧文化交流是主要原因之一。冰岛通过加入欧洲经济区保证了文化及其他方面与欧洲的交流合作。不仅如此,冰岛还和联合国教科文组织欧洲委员会以及波罗的海和巴伦支海群岛建立合作关系。这些合作关系对冰岛的影响比对其他欧洲大国更加显著。首先,北欧立法体系使其管辖范围内各项领域的合作井然有序。其次,冰岛从这些合作中获得了巨大的投资计划,这些资金甚至超过了本国政府拨款。最后,加入欧洲经济区是北欧的文化产业走向世界的重要因素。

根据文化统计数显示,相对于北欧其他国家而言,冰岛文化事业仍处于弱势,甚至到 90 年代有些情况还无据可查(主要由于自治区统计数据匮乏)。基于此,教育和文化部以及国家统计局发布了 90 年代以来所有有效的详细统计数据。从这份数据可以看出 80 年代时文化开支占所有公共开支的百分比从 4.14% 上升到了 5.41% ,90 年代的数据显示这一比例还在增加。(见表 3)

表 3　1990—1997 年公共文化支出情况一览表

单位:百万冰岛克朗

	1990	1991	1992	1993	1994	1995	1996	1997
公共文化支出总额	7855	9007	9345	11142	11433	10516	10769	12204
大众媒体及出版业	267	183	178	136	155	162	196	193
文化事务和服务业	3120	4022	3684	4530	4748	4265	4355	4899
宗教、宗教委员会	1457	1661	1770	1835	1978	1992	2073	2228
娱乐、体育活动	2829	2951	3549	4497	4371	3950	4006	4727
其他文化活动	182	189	165	144	181	148	139	158
所占公共支出百分比	5.41%	5.56%	5.70%	6.61%	6.46%	5.87%	5.70%	6.20%

续表

	1990	1991	1992	1993	1994	1995	1996	1997
大众媒体及出版业	0.18%	0.11%	0.11%	0.08%	0.09%	0.09%	0.10%	0.10%
文化事务和服务业	2.15%	2.48%	2.25%	2.69%	2.68%	2.38%	2.31%	2.49%
宗教、宗教委员会	1%	1.03%	1.08%	1.09%	1.12%	1.11%	1.10%	1.13%
娱乐、体育活动	1.95%	1.82%	2.16%	2.67%	2.47%	2.21%	2.12%	2.40%
其他文化活动	0.13%	0.12%	0.10%	0.09%	0.10%	0.08%	0.07%	0.08%
所占 GDP 百分比	2.16%	2.27%	2.35%	2.71%	2.63%	2.33%	2.22%	2.33%
大众媒体及出版业	0.07%	0.05%	0.04%	0.03%	0.04%	0.04%	0.04%	0.04%
文化事务和服务业	0.86%	1.01%	0.93%	1.1%	1.09%	0.94%	0.9%	0.93%
宗教、宗教委员会	0.4%	0.42%	0.44%	0.45%	0.46%	0.44%	0.43%	0.42%
娱乐、体育活动	0.78%	0.74%	0.89%	1.09%	1.01%	0.87%	0.83%	0.9%
其他文化活动	0.05%	0.05%	0.04%	0.04%	0.04%	0.03%	0.03%	0.03%

如上所述，由于自治区统计数据匮乏，冰岛文化事业数据到 90 年代时还不完善，但是一系列数据显示这段时间正是冰岛经济高速发展时期，当时公共文化开支增长点主要分布在自治区。为了更好地了解当时情况，有一点必须提到的，即 90 年代是自治区之间合作的高峰期，这一阶段的合作为他们日后处理更繁重的文化事务打下了基础。

表 4　1990—1997 年间政府和自治区文化组织开支一览表

单位：百万冰岛克朗

	1990	1991	1992	1993	1994	1995	1996	1997
公共文化支出总额	7885	9007	9345	11142	11433	10516	10769	12204
政府文化组织	3320	3876	3578	3993	4319	4091	4208	4617
自治区文化组织	4536	5133	5769	7149	7115	6427	6565	7637
文化事务和服务业	3120	4022	3684	4530	4748	4265	4355	4899
政府文化组织	1345	1763	1349	1773	2002	1744	1748	1979
自治区文化组织	1774	2260	2335	2757	2746	2521	2611	2954

表 4 显示政府对“大”文化支出的比例从 42% 下降为 38%，“小”文化则

从43%下降为40%。用国内生产总值数据表示，即政府对文化的投入从0.91%减少至0.89%，但自治区则从1.25%增加至1.44%，文化占据了自治区财政投入的相当一部分，几乎达到了15%，而政府才投入了财政的3%。

随着经济增长，冰岛文化消费所占GDP比例也逐年增加，甚至在1987年至1995年经济停滞期间也不例外，1970年开始更成为了国家经济增长的主要贡献者。而且私人文化消费增长速度远远大于日常消费增长和公共文化消费增长速度。

表5　1985—1997年私人文化消费一览表

单位：百万冰岛克朗

年度	私人文化消费额	文化消费总额	剧院	电影院	录像带租赁	广播媒体
1985	77240	6013	96	394	56	354
1990	223176	20419	401	688	473	2099
1995	272708	26804	525	790	566	3090
1997	32031	32629	715	896	583	3340

如以上所示（表5），1985年至1997年间文化消费所占私人总体消费比例从7.7%上升为10.2%，与此同时私人消费绝对增长率超过了20%，广义上的文化消费绝对增长率超过了50%，而在此期间冰岛的物价水平几乎增长了150%。鉴于此我们可以看出人们进入电影院的消费总额并没有跟上物价增长水平，事实上1997年的销售额甚至还低于1985年。

尽管如此，如表5所示，其他文化消费额增长率明显超过了广义上的文化消费增长率。从1985年至今，冰岛录像带人均租赁消费额增长了5倍，剧院的人均购票次数增长了近50%，收入总额增长率更是远远超过于此，主要原因在于剧院投入了大量资金制作优秀节目并对政府资金依赖大大减少。因此成立于1985年的冰岛歌剧院接待了约占1997年进入全国所有剧院5%的观众,而1995年成立的表演音乐和其他节目的loftkastalinn大剧院则超过了20%。另外由于私人电台/电视台的出现也推进了文化消费总额的增加(表5中只收录了冰岛第一大私人电视台数据,1997年后私人电视台成立数量激增),同样情况也出现在广告业和网络媒体行业。

与其他艺术形式相比,从1985年开始出版业发展似乎处于停滞状态,与日常物价水平相比出版业税收一直在下降,与此形成鲜明对比的是从1980年开始视觉艺术展览次数和参与观众逐年增加。因此我们或许可以认为人们在视觉艺术方面的开支正在增加,但目前还没有详细数据可以证明这一观点,而且新的古典音乐会和流行音乐会爱好者似乎更倾向于把这两者纳入视觉艺术范围。从未参与过这三种艺术活动的人数从80%减少为40%,而且视觉艺术和流行音乐爱好者人数也在不断增加。而古典音乐爱好者群中发生的显著变化则是那些从未进入过音乐厅的人如今成为音乐厅的常客。

纵观文化消费增长情况可以看出,大众文化(广播、电视、流行音乐、音乐剧等等)是人们消费的热点,但是实验艺术和其他小众“品位文化”也逐渐受到欢迎。同时高雅文化也走向大众并被接受,欣赏古典音乐会等成为人们日常生活的一部分。表中所示的总体消费增长速度与高速增长的大众文化和先锋文化相比相形见绌。这种情况或许可以成为目前一个文化研究观点的证明——那就是大众文化并没有从高雅文化那儿“偷走消费者”,反而是大部分消费者同时参与了两个文化圈。

(三)未来展望——急速前进的现代化和民族身份

1800年以来冰岛文化进入了高速发展期,然而20世纪前期文化的重点还是放在休闲娱乐活动方面,直到1918年冰岛独立后政府才致力于专业国家文化机构的建设。在三十多年中,政府的扶植使专业创造性艺术家的人数增长了五倍，特别是在80年代，从当时的退税记录来看，全职创造性艺术家的人数从36人增加到了200多人，文化人士的数量从1980年—2000年中的2000多人增加到了近4000人。其中1970年—1990年为一个高速增长期，90年代为稳定期，表6列出了1984年—1995年媒体和文化产品占国民生产总值的份额。（见表6）根据表中数据我们看到80年代后期文化产品相对增长较快，90年代前期逐渐衰退。

表6　1984—1995年媒体和文化产品占国民生产总值的份额

单位：%

	1984	1989	1995
出版、新闻报纸、期刊和录音带	0.67%	0.95%	0.86%
广告和时装设计	0.14%	0.27%	0.26%
电影和录像带	0.15%	0.23%	0.14%
剧团和交响乐团	0.18%	0.22%	0.25%
广播媒体	0.43%	0.45%	0.6%
作家、音乐家和其他艺术家	0.03%	0.09%	0.06%
总计	1.6%	2.21%	2.17%

冰岛文化消费和文化产业的加速前进构成了社会现代化高速发展的一部分。20世纪末冰岛加快了现代化步伐，从欧洲现代化最落后的国家一跃成为21世纪欧洲最富有的国家之一，其中文化对现代化建设和思想的推动作用不容小觑。和其他北欧国家相比，冰岛现代化进程发展更倾向于挪威和芬兰模式，而且在文化机构建设方面比挪威和芬兰更进一步，但是60年代文化机构建设高峰期的一些问题至今还没有解决。

文化经济的迅速发展带来了乐观心理，而且创意中心、演出市场和文化产品销售区之间的关系看起来非常融洽，它唯一的敌人就是经济衰退。对于私人、企业和公共部门来说，文化消费被定义为“奢侈消费”，所以自治区政府就成为了文化消费的主力，文化占了其财政总预算的15%，但在经济衰退期这项预算就难以得到保证(自治区财政受到减税和社会支出增加的压力)。相对而言中央财政可能会更容易支撑起这项支出。

长期以来关于冰岛文化的探讨非常有限,文化参与者把更多的精力放在了制定目标上。最近几年情况有所转变,但主要关注点还在于建立对单一目标优先权的舆论统一。比如冰岛艺术专科院校建设刚刚开始起步,毫无疑问的是这会成为未来的重点,但同时雷克雅未克音乐厅的筹建又成为文化界人士呼声最高的事件之一。另外冰岛艺术家协会希望仿效争取增加电影基金的成功经验来争取独立戏剧团基金。而比约克、胜利的玫瑰乐团和其他一些艺术家在流行音乐方面的成功加重了人们对流行音乐是否应该从政府基金中受益的质疑。更长久的疑问在于乡村和沿海文化资金是否应该由日益频繁的自治区合作方式来运作,这样他们就可以承担投资更大的事务。

多年以来冰岛对北欧文化合作的贡献总是要比他们对经济的贡献多一分,这种情况同样也发生在欧盟、联合国以及其他形式的国际合作中。他们提供了许多关于文化工作的新思想,比如着重发展互联网、制定文化发展规划和推动文化机构改革。

大部分文化界人士断定很快文化事业发展的重点就会从单一目标转移到文化基础建设当中来,这一点在某些政治提议中经常被暗示,而政治利益和裙带关系是阻碍这一问题被明确提出的原因。冰岛文化的一个基本特征在于叙说和行动总是大于哲学和政治学论证,人们偏爱精彩故事而不讲究推理,希望在项目开始之前出现强势性的领导人,对于规划和制度则毫不在意。

但是有些文化提议仍然受到了重视,其中包括全球化时代的民族身份议题。民族性和国际化之间的冲突会保持文化繁荣发展还是成为文化的末日?从政治学角度来看冰岛文化和政治之间的固有联系导致对文化的探索十分有限，更无法激起对当代冰岛民族文化特点的深度讨论。文化和历史界的研究继续为冰岛文化和历史遗产提供着新的解释，然而这些努力并没有给冰岛文化带来更多的政治关注，反而成为腐朽的政治修辞，给文化发展蒙上了一层政治阴影。政治极力压制对以民族文化与国际合作交往的方式转化为以狭隘的科技经济与政治目的交往方式这一转变引起的争论。与此同时，似乎没有人对可能出现的新文化断层产生兴趣。

然而事实上文化危机隐患已经引起了一些人的注意。雷克雅未克产生了一批受雇于与政府文化机构关系疏离的大文化界“新知识分子”。他们召开研讨会、创建网络期刊，虽然有时也相信冰岛传统迷信，但他们并不像其他文化分子一样惧怕政治压力。

也许“沉默的文化政策”时代就要终结。

三、挪威篇

（一）背景介绍

1945年挪威颁布了明确的政府文化政策。可以说和挪威政治一样，挪威历史的三个特殊因素对挪威文化政策产生了深远影响：1274年挪威成立国家并于1905年独立、挪威和邻国在社会和政治方面关系复杂、20世纪初挪威提出的建设福利国家保障社会经济体系的概念。

公元9世纪挪威形成统一的王国，在经历了一段鼎盛时期后于14世纪中期逐渐衰落，被迫与丹麦和瑞典结成卡马尔联盟，1319年—1905年期间挪威分别被这两个国家统治。1814年通过宪法规定挪威为世袭君主立宪国，1905年瑞典国王奥斯卡二世承认了挪威的独立君主国地位，并选丹麦王子卡尔为国王。在此以前文化法规从没有被提上法律议程，直到20世纪30年代政府才有制定明确的文化政策的想法。然而历史的功劳也并不能被埋没，1687年克里斯蒂安五世颁布了关于文物保护和发掘令，以及在文物出土后国王、土地拥有者和发现者之间如何分配的法规;1851 年颁布的道路施工法中明确规定要保护出土文物;1904 年通过禁止文物出口的法律(后来被纳入国家文化遗产保护法)。这些都促成了文物保护法规的形成并占据了 1905 年文化保护法的大部分。

1741 年挪威法律首次承认了艺术家权利——虽然所谓的艺术家只包括了作家,但此项法律涉及范围广泛。1830 年又推出了保护版权的法律,1857 年时把美术家权利也纳入其中。从 1875 年开始法律规定在公共场合进行表演需要办理执照,同时也保证个体艺术家在公共场合表演和展示他们作品的权利。受到 1886 年伯尔尼公约的激励,这项法律在 1893 年时被修改,此后又被数次修订。政府决定调整对公共表演的管理,部分原因是希望从中营利,因此在 1917 年制定了对剧院和音乐会演出门票收税的法令。从 1928 年起收取版权税和版权保护工作由挪威表演艺术权利学会和北欧版权局负责。版权法保护独有艺术家的权利。

1836 年国会决定给创作艺术家和科学家发放游学奖金,诺贝尔文学奖获得者比昂斯腾·比昂松是第一个获此奖金的艺术家。然而国会内部有时会对奖金发放对象产生激烈讨论,说明国家对艺术文化资金投放的无序状态。

18 世纪时挪威受欧洲大陆理性主义和启蒙运动影响,读书成为教堂和学校最重要的活动之一。读书风气传播迅速,起初只有城市里有读书会,后来公共图书馆在乡村也成为普遍现象。1976 年开始挪威公共图书馆开始接受政府资助,借阅费用的减免也使更多的穷人能够阅读书籍。第一部图书馆法律于 1935 年颁布,根据 1947 年修订版规定,每个郡县必须建立公共图书馆。

(二)管理体制

挪威文化管理体制分为三个层面:国家,行政区和市政局,这三个级别的文化机构功能和资金来源由议会负责。

1. 国家层面

1946年至1982年期间文化事务由负责教会和教育的部门管理,经过许多年文化部才从中独立出来,一开始的名字是文化科技部,1991年正式改名为文化部。下属四个部门,分别是经济、文化、媒体和体育,这几个部门在国家财政中都有独立预算。同时文化事务有一部分由其他几个部门处理:教会和教育部(如艺术家教育和音乐学校)、儿童和家庭部(激发儿童和年轻人潜能,成立志愿者俱乐部)、环保部(文化遗产保护)、外交部(文化输出)。国家财政拨付的资金由行政区和市政局所在地区的地方政府和劳动局支配,所以这两者也间接参与了文化管理。表7中列出的地区都属于文化部监管。

表7 2001年属于挪威文化部监管的文化行业和基金会

A. 日常文化	受益者
文化基金会	文化项目、组织、实验活动
	支持挪威文学的"政府买入方案"
音乐卡带税收基金会	艺术家版权费
	音乐、电影、录像带制作
文化场所建设	建立和修复国家、地方具有标志性的建筑
B. 特殊文化领域	**受益者**
剧院	5个国家级、13个地方级剧院
	流动剧院
博物馆和文化遗产	15个国家级和3个大区文化体系内的博物馆
	历史建筑
	博物馆建设委员会
	民族服装委员会
文学/图书馆	国家图书馆
	挪威语音管理委员会

续表

视觉艺术	3个国家级和8个大区文化体系内的艺术博物馆
	流动画廊
	政府建筑视觉艺术基金会
艺术家	保证生活收入、艺术作品奖金
档案馆	国家档案馆特殊
	档案馆及工人运动档案馆
电影和媒体	挪威电影学会
	视听制作基金会
	北挪威电影中心
	媒体机构(出版业、媒体应用研究)
体育	国家彩票

挪威文化委员会成立于1965年,旨在向政府提供文化事务方面的建议并且管理国家文化基金,包括拥有对私人或公共文化机构组织提出项目资金申请的审核权。委员会中的13名成员中有九名是由政府指派的,其他三名则由议会指定。

国家文化基金被用来资助艺术创新和限时性项目(一般为三年),委员会日常运营所需并不包括在内。每个文化方向的资金申请项目都由相应的专业委员会审核,包括文学杂志、音乐、视觉艺术和手工艺、文化遗产保护、建筑、儿童和未成年人文化、剧院、媒体新技术等。委员会建立之初的一项重大项目也被称作为“政府买入方案”,这个方案占据了委员会40%的财政预算,目的是建立一个既能保护挪威文学、增加作者收入,又能对出版商非常有利同时促进读者阅读的体制。具体操作方法为文化委员会一旦认可了某本书,这本书的出版商就可以从文化委员会得到订单,1000册用于成人,1550册用于儿童和青年,然后把这些册子送到公共图书馆(1000册)和全国各个学校(550册)。这样一来,作者也有了版权收入,书籍的买卖又创造了税收。这个系统唯一不足的就是比起零售价出版商要损失一半的盈利。

1983 年唱片税的征收促使了音乐卡带税收基金会的成立，然而这个基金会的资金并不直接来源于税收，每有一盒卡带售出，国家就能从中得到一定的收入，然后国家再从这部分税收中拨出大部分给基金会。不过这只是政府直接资助个体艺术家、组织和乐队的渠道之一。如今卡带税收基金会的艺术家会员已经达到了 35000 名。

根据规定，文化部会专门拨出一笔资金用于特别项目。1967 年，为了保护 20 年代起形成的报业结构，文化部设立了新闻出版补贴资金。当时的报业市场前景惨淡，没有公共资助根本不能维持。

1958 年政府创建了资助包括音乐家在内的艺术家终身奖金计划。奖金总额虽然并不算丰厚，但重点在于这是一份终身收入，同时这份殊荣在一定程度上也提高了获奖者的身份和地位。1962 年时，这个计划的名称被改为"工作奖金"，其规定独立艺术家可以申请三年的全日制工资。发展到今日这个计划的奖励更加丰厚，比如艺术家可以申请生活保障金直到退休年龄（根据国家保险计划退休年龄为 67 岁），或者申请一至五年的工作奖金，还可以申请留学资金或设备购置金。除了这些，艺术家还有机会获得文化部直接颁发的荣誉奖金和国家补贴。截止到 1997 年已经有 1421（约占申请总人数的 14%）名艺术家从中获益。

2. 行政区和市政局层面

1986 年以前行政区和市政局（以下简称地方）只负责国家拨付给地方学校、社会服务、文化以及地方音乐学校的资金管理方面的工作。但根据 1978 年地方事务法的修改，80 年代起地方委员会成立了专门管理文化事务的部门，然而权力的扩大容易造成管理混乱，很难监管国家资金的流向。对此还有观点认为是国家在间接影响文化商品的类型（指为地方提供发展目标和工作设施）。在经历了争议之后，国家改变了给地方提供文化发展资金的方案，不再由国家拨付资金，转而让地方寻找企业集团赞助，自己决定开支情况。但是一些偏远地区认为他们受到了文化部下属机构的限制，因此地方事务法给予了地方政府这方面更多的自由。但不幸的是这样也削弱了国家对文化的管理力度，国家指派的文化管理人员骤减，文化事务不得不与教育和休闲事务一起处理，文化发展陷入了另一个桎梏。

80 年代末文化调查数据显示，尽管政府大力推行文化政策，但社会阶级差异仍未减少。相对于低收入人群，接受过高级教育的人和高收入群体更喜欢参与“传统”文化活动（如戏剧、艺术展、古典音乐会）。与此同时，包括政府文化资助在内的三个管理阶层也处于运转困难阶段。

因此在 1992 年时文化部对这三个层面的机构重新进行组合分配。首先国家级别的文化机构有六个，它们负责保护文化遗产和建设专业的博物馆、剧院和乐团。第二是根据公民文化参与机会和所享文化设施均等原则成立地区文化体系或大区文化体系。这个体系于 1995 年建设完成，如表 8 所示（包括到 2000 年以前成立的所有文化机构）。到 2002 年时将逐步减少国家级文化机构。

表 8　挪威国家、地区和大区文化机构数量（2000 年）

机构类型 / 文化类别	国家级	地区级	大区文化级
视觉文化	2 座艺术博物馆 流动画廊	0	8 座艺术博物馆
音乐	2 个交响乐团	4 个交响乐团	2 个音乐节
剧院	1 座歌剧院	13 座剧院	0
博物馆	15 座 （包括民间文化和矿业历史）	0	3
电影和媒体		北挪威电影中心	

一旦一个机构被纳入国家、地区或大区文化体系范围内，国家财政预算

都会保证其每年运营。国家级文化机构是政府全额拨款的,地方文化机构则由国家和地方政府分别负担70%和30%。大区体系内的文化机构资金60%由国家提供,剩下的也是由地方政府负担。这种合约关系以四年为一周期,如果双方都无异议便自动续约。此合约的优势有两个:1. 统一了资金分配模式,使国家、郡县和地区之间责任明确;2. 提高了资金使用的有效性。

大区文化机构董事会的主要委员由文化部任命,他们大部分居住在机构所在地。因此,地方文化机构和大区文化机构似乎有着很强的自治性,他们可以资助任何想资助的文化活动、表演和展览等。对此文化部似乎并不在意,它只希望看到每一分钱都能有效利用。所以有观点认为国家设立这种体系管理规则暗示着政府意欲把管理地区和大区文化机构的着力点放在文化活动上。

(三)文化基金

以上我们谈到了政府分配文化资金的三个管理层面。如上所述,资金要么直接发放给个人、团体、工程项目和文化机构,要么由基金会和文化机构间接发放给符合申请条件的申请人。

过去十年中,石油和天然气行业为国家财政提供了大量税收资金。据此而来的消息称公共开支将会增加,但事实并非如此。相反地,国家石油基金会反而获得了大量资金,国家此举的目的是为了填补挪威人民养老金缺口,一旦政府增加公共开支也是迫于通货膨胀的压力。如此矛盾的决策引起了社会热烈争论——作为一个高福利国家,挪威是否应该保留严格的公共开支政策。虽然80年代文化开支所占国民GDP百分比有所增加,文化部也没有足够资金新建文化机构,只能扩大现存文化机构和文化活动的规模。

每年秋天,政府都会把来年预算交给国会审查,一般来说每个部委都会根据上年的情况稍作调整。这项措施从1991年开始实行,当年文化部预算所占国家预算比例为0.7%。表9列出了在三个层面上对文化艺术所支出的资金比例。如表中所示,超过一半的资金拨给了市政局文化机构,1/3给了国家级文化机构,剩下的10%则给了行政区。其中自治区级别的文化机构中,图书馆和体育事业开支最大,二者分别占了其总资金的22%和25%。郡县级别资金的1/3拨给了博物馆和文化遗产保护,这也是基于1978年出台的文化遗产保护法所为。

表9 公共文化资金在国家、行政区和市政局层面的分配

各级所占百分比				
	1983年	1987年	1993年	1998年
国家	36.4%	38.3%	30.4%	34.1%
行政区	5.7%	6.3%	10.3%	6.2%
市政局	57.9%	55.5%	59.1%	59.6%

表10列出了隶属国家层面的文化机构资金分配。80年代至90年代,剧院和歌舞团是文化艺术资金支出的重头戏,资金所占比例甚至达到了文化部总预算的20%。普通项目名列其次,其中包括电影、媒体、博物馆和音乐,资金所占比例一般在8.4%至13.2%之间。尽管其中有些开支包括了特殊工程和新建设施的投入,文化机构的运行仍然可以保证。文化资金的分配难免会忽视了个体艺术家,但是从一份1985年至2000年的文化预算表中可以看出政府正在努力改变这一现象。

表10 挪威文化部国家文化基金1985、1990、1995和2002年财政预算

类 别	1985年	1990年	1995年	2000年
日常开支	19.7%	17.0%	13.5%	19.2%
话剧院/歌剧院	24.1%	26.5%	25.8%	21.9%
电影和媒体	10.3%	11.9%	10.9%	9.7%
博物馆和遗产保护	11.9%	12.1%	11.3%	11.7%

续表

类　别	1985 年	1990 年	1995 年	2000 年
音乐	8.4%	9.4%	13.2%	10.7%
图书馆	13.2%	7.6%	9.3%	9.3%
视觉艺术/手工艺/设计	2.9%	5.8%	6.7%	5.2%
艺术家奖金	4.6%	5.5%	4.2%	7.4%
档案馆	3.7%	3.5%	4.3%	4.6%
体育	0.6%	0.4%	0.4%	0
总计	99.4%	99.7%	99.6%	99.7%

(四)发展趋势和未来挑战

未来挪威文化政策面临着四个机遇和挑战:(1)相对于在文化机构内供职,市场的变化给艺术家们更多自由选择的机会(2)市场的膨胀带来的影响(3)政府日益重视对文化资金投入的效率性和责任性(4)科技时代文化艺术所面临的挑战

1. 从束缚到自由

如今,艺术家们越来越倾向于独立工作而不是供职于文化机构。这一现象在音乐界和剧院尤为显著。过去20年中,自治区音乐学校如雨后春笋般出现,鼓励年轻人投入音乐事业。结果是越来越多接受过专业训练的音乐家进入到乐团和音乐学校中工作。而现在一些音乐家则选择成为自由音乐人,当问及为何如此选择时,他们说作为自由音乐人他们可以自由选择喜欢的工作方式和工作伙伴。乐团和音乐学校虽然可以提供稳定的经济保障但同时也扼杀了他们的工作灵感。

剧团也出现了同样的情况,许多在国外接受过专业训练的演员回到挪威后对所谓的剧团工作并不感兴趣,他们更愿意去演电视剧或是去自由的民间剧团和机构工作。这种变化增加了艺术家的自信心,面对市场他们有

了更积极的态度。政府资金的支持不再是他们的唯一选择,更不是他们的首要选择。如今的趋势更倾向于由私人或企业赞助商提供资金建立博物馆、交响乐团等。奥斯陆爱乐乐团正是第一家和赞助商合作的文化组织,如今这种赞助形式成为很多文化机构资金的主要来源。

2. 市场因素和成效管理

1981 年开始市场因素在挪威文化政策中的影响越来越大。具体反映为管理手段的增加和对政府投入资金使用效率的重视。1996 年国会决定对各部委和政府机构制定一套新的管理体制。基本原则便是目标、成效和成效性指标,具体实施建议在政府提交给国会的报告中描述如下:成效管理的主要目的是为了促进资源、任务和功能的政治性管理,同时提高文化部的工作效率提供指导措施。

第一个特别目标和成效指标是在 1993 年提出的,具体针对电影行业。1995 年至 1998 年,这一措施扩展到博物馆、视觉艺术、音乐、图书馆/文学、剧院等其他文化行业。这一系统也是为了应对 70 年代后期福利国家的苛刻政策而制定的(尽管福利社会仍然是挪威政治制度的基本原则,但这一原则需要更为强健和行之有效的管理措施来监管)。尽管如此,政府仍然承认成效指标必须是保质保量的,而结果究竟如何还需要人民来评价。

3. 科技时代的新思维

从传统意义上来说,只有剧院、音乐厅、博物馆、画廊、书店和图书馆通常被认为是人们参与文化活动的场所,而数字媒体则把艺术和文化活动扩大到了更大范围,尤其是公共广播网(PSB)可以把新闻、信息和娱乐传播全球。通过数字媒体展示文化艺术已经不再是一件简单的事,艺术家们发现了媒体和文化艺术合作的巨大空间。显然,广播公司更喜欢利用媒体这种正当且又有经济价值的手段而不是通过艺术界人士来传播文化。

对此现象所产生的争论其实可以从两点来解释,一是人们对文化概念的理解不同，其次对于数字媒体，尤其是对电视是否能够促进文化发展见仁见智。广播公司从文化机构转变为市场主体也许是解释文化界矛盾心态的另一个原因。赛弗森说随着广播公司愈加社会化，“文化”已经成为了“商业”。

数字和印刷技术的提高使文化商品更加丰富、便宜和范围广泛。而这些特点正是艺术家们对艺术作品的质量和地位所担心的。有观点认为大规模生产破坏了人直接观赏、聆听或阅读艺术品带来的愉悦感。更有艺术团体认为这会使文化界成为娱乐工厂。所以文化政策肩负着保证传统文化机构和媒体产业能够生产和传播高质量艺术文化作品的任务。

虽然文化部对私人赞助文化机构持积极态度，但作为政府部门其仍要担负起为人民提供参与文化活动的机会和建设文化设施的义务。不管怎样，政府制定的“显著计划”还是表明了国家文化政策的新目标，那就是努力使地方民众享有平等的文化权利。如今文化产品和服务的价值越来越被重视，甚至已经被民众纳为福利的一种。所以“显著计划”以地方民众喜闻乐见的文化活动为基础，努力实现国家文化政策目标。更让人高兴的是，这种类似的计划也正在北欧其他国家实行。

四、瑞典篇

（一）背景介绍

瑞典“文化政策”作为一个独立管理政策始于 1974 年。那时瑞典国会决定建立教育部负责文化教育事业，直到 90 年代，文化事务才从中分离出来并成立了文化部。政府之所以下决心成立文化部或许是认清了瑞典 16 世纪和 17 世纪时从“文化政策”中得到的利益。当时正是瑞典脱离卡尔马联盟独立并逐渐进入强盛的时代，宫廷和议院对民主和外部文化的渴望使其与民间文化传统产生了界线。从这以后一个“更高层”的公共文化范围出现了，这个范围的艺术家特征由政策来界定，比如禁止私人在宫廷附近举行高级文化活动，只允许指定的建筑家、艺术家和文化人进入宫廷。这时的公共文化财政主要由国王赞助，只有当国王的资金投入到其他方面时国家财政才偶尔给上层文化圈提供资金。

1809 年瑞典废除了君主专制制度，经历了很长时期才完成民主社会化转变。这会给艺术家带来什么影响呢？追溯到 1840 年，当时针对废除君主制的有些观点引起了强烈的反响。首当其冲的就是认为上流社会文化振作了前浪漫主义、保留了当代幻想和宗教的权利。Erik Gustav Geijer 和 Esaisas Tegner 就是此观点的忠实拥护者。这些中心人物的身份凸显了政治与政客之间的矛盾，甚至与社会精英之间的矛盾。在很多文化历史中，19 世纪被描述为一个黑暗世纪，瑞典艺术没有伟大变革，更没有先锋运动。

历史学家埃里克·霍布斯鲍姆在他所著的“年代四部曲”(《革命的年代》、《资本的年代》、《帝国的年代》、《极端的年代》)中指出，随着大革命的发生，法国从专制制度的衰落时代进入了经济自由、政治民主、社会法制化的现代社会。在这个系列的最后一本书里，埃里克·霍布斯鲍姆把 1914 年至 1991 年称为“短促的 20 世纪”，讲述了民主制度和履行社会福利对社会秩序的影响、促成两次世界大战发生的经济危机和政权冲击、极权主义灾难。

对于这些危机，瑞典总是尽量避免发生，30 年代至 70 年代由社会民主党推崇的“瑞典模式”得到资产阶级和中央政府的支持。从现在的国际角度来看，这是一个极为成功的推动经济稳定增长的福利模式。70 年代中期瑞典陷入了一系列的经济危机，这在资产阶级中掀起了轩然大波，大批企业被兼并或寻求国际援助。国际资本的流入使国家感觉到不应过多干预企业参与国际竞争，因此取消了国家对信贷额和外汇交易的控制和瑞典人到国外投资的限制。到了 90 年代初，欧洲国家认为开启后民族社会模式的时机成熟了。

那么历史形势对文化有什么样的影响呢？原则上说，中央、地区或地方管理机构以及市场主体都不需要隐藏他们看似光彩作为的背后秘密，而现在这些行动受到法律的保护以及被宣扬为代表人民的意愿，尽管这些意愿是每三到四年才确定一次。

（二）管理模式

瑞典文化事务原属于教育科学部，1991 年文化部成立，负责统筹一切文化事务，包括戏剧、音乐、舞蹈、文学、电影、艺术、设计、手工艺、建筑、图书馆、博物馆、文化出版、档案、丧葬、宗教事务等。另外还负责给艺术家发放各种形式的补助、制定文化资产与环境、历史计划等。文化部下设 25 个委员会掌管各领域文化事务，另有 35 个机构、基金会和 4 个公司（纯国营或部分国营）。在 1999 年时运动与观光事业应改革需要移交给产业部。

在瑞典，文化事业中只有文化环境保护和公共图书馆是接受法律保护的。政府和电影工业、电视公司之间还会签订相关的附加协议。政府制定的文化政策、工作目标、拨款计划等要经过国会审批。另外国会还有权决定某个地方是否有获得政府补贴的资格。只有国会通过预算案之后政府才能颁布国家文化法规、政府工作目标和制定文化预算。政府还设立委员会并委派成员进行监督，国家文化事务委员会就成立于 1974 年文化政策首次颁布之时，职责为负责统筹与协调文化事务执行工作并完善各项艺术政策。委员会责任包括对戏剧、舞蹈、音乐、文学、艺术家期刊和公共图书馆以及文化环境保护等方面的评估、监察和协调资金分配。国家档案馆和地方档案馆则由政府部门特别负责。瑞典电影研究所作为政府机构负责制定电影政策。瑞典研究所与国家文化事务会一同承担国际文化交流事务。

中央和政府在文化事务上职责范围划分明确，地方政府对部分文化领域事务拥有优先决策权。地方政府对中央政府制定的文化补助机制、文化预算等可以以弹性政策执行。郡县委员会负责管理地区文化机构如地区博物馆、交响乐团、图书馆和剧院等，80年代末又把音乐组织也纳入到了管理范围之内。当时有至少20多个音乐组织以不同的形式存在，其中有专门面向青少年的专业演出团体。自治区则负责地方文化活动，他们为文化事务争取到了占自治区公共支出60%的专项资金。这些资金用来资助公共图书馆和自治区音乐与文化艺术学校，还为教育协会和地方文化活动发放补贴。另外还负责运营包括较大城镇在内很多地方的戏剧和音乐研究所。

成人教育组织、工人文化组织和娱乐活动组织是文化生活的重要组成部分，国家、自治区和郡县委员会愿意给这些组织提供坚强的财政支持。项目作曲家协会为演出、音乐会和艺术展览创作曲目。文化研究所和独立研究所在很大程度上依赖于此类的志愿者机构，比如像非盈利性质的爵士俱乐部、室内音乐协会或戏剧协会。由于90年代时自治区收紧财政预算，作曲家协会补贴也相应减少，政府只给音乐领域的作曲家发放补贴，虽然近些年补贴金额有所增加但总额也只有2亿克朗，而对戏剧、舞蹈或展览会等根本就没有补贴，文化政策在处理很多地区和地方文化机构工作方面都存在盲点。而事实上中央和郡县/自治区政府却间接负担了全国所有地区剧院、博物馆、交响乐团和其他很多文化组织机构的财政开支。这种制度模式成为了新文化政策的一个重要成果，国会决定在修改1974年制定的文化政策时采用这个模式。2000年时，政府文化预算为那些没有郡县剧院的地区拨付了建筑运营费用。

那些所谓的独立剧团、音乐团和舞蹈团每年都会举办大量的文化活动，甚至还吸引了外界艺术家们参与到这些免费开放的活动中来。60年代末开始独立团体成为瑞典文化生活必不可少的一部分，他们得到的投资也非常惊人，以剧团为例，他们得到的补贴几乎占了全国剧团补贴的五分之一。

（三）财政方案

1. **政府和地方层面**

瑞典每年的文化消费额达到520亿克朗。其中私人文化消费占到70%，公共支出只占30%（150亿克朗）。这个比例在过去25年中几乎没有变化。公共文化开支是根据中央政府预算调整的，文化的管理任务不仅由国家文化部来承担，另外还受到其他很多方面的影响（比如，教育、就业政策和文化环境），政府和国会拨款也是其中一项重要因素。

说到文化支出，中央政府和自治区计划各出47%的财政拨款，剩下10%由郡县承担。2000年文化部财政预算为50亿克朗（包括成人教育、青少年教育和电影媒体）。这个数字占瑞典全国公共财政支出的1%。成人教育协会和普及活动等所占文化支出的比例最高。在传统艺术形式中剧院得到的财政拨款最多，占文化预算的43%。

除了受到90年代政府大力削减全国公共财政预算造成的影响外，文化事业发展进程基本良好。在自治区财政支出中有一半资金都拨给了成人教育协会和公共图书馆以及音乐/文化艺术学校。自治区政府增加文化投资始于70年代末，许多自治区还成立了文化委员会。到90年代大部分自治区改革了管理体制，文化问题经常和其他管理部门一起解决（如娱乐部门或学校）。

90年代前期，自治区和地方政府预算锐减，但在之后的两到三年中逐渐恢复。这种情况并不是在所有地区都出现的，乡村自治区和城市自治区就是一个例子，尤其是都市附近的郊区自治区几乎削减了所有文化和娱乐部门预算。郡县委员会决定给文化拨付的资金额度相对来说比较合理，而且最近几年又大幅度提高，总额达到了15亿克朗。成人教育协会、宗教文化研究机构以及郡县剧院和郡县博物馆等都得到了郡县委员会的财政支持。

1994年成立的未来文化基金会肩负了支持未来十年文化发展创新的财政任务，其资产达到了5.29亿克朗，许多资金通过奖金的方式发放给艺术家个人。

2. 企业赞助

2000年来自企业的赞助资金达到了9800万克朗，相当于文化机构支出的1%。如今文化和企业的关系已不像20年前一样紧张，从之前彼此不信任变成了互相合作。今天发起人通常接受文化群体和企业团体的赞助，一般来说大的国家文化机构用来吸引潜在赞助人，企业团体对音乐行业的兴趣较大。2000年家庭文化支出为370亿克朗，其中购买电视机、录像机、CD机和卫星节目的消费占到支出总额的14%，购买/租赁录音带、录像带和电影票的消费占了18%，进入剧院、歌剧院、音乐厅、博物馆和展览馆的支出占5%，参加舞会等活动支出占了5%，图画支出占2%，图书支出占14%，早晚新闻报纸支出占24%，其他文化支出占17%。

（四）推动政策

瑞典虽然是福利国家，但政府意识到要推动文化发展、保护传统文化、扩大瑞典文化在世界上的影响力仅靠政府“直接补贴”是远远不够的，因此要把艺术创作推向市场，在政策帮助下使文化创意生产者能够更加热情地投入创作，走向群众，扩大文化艺术在国民中的影响力，从而产生更多丰富多彩的创意产品。如此持续再造循环不仅减轻了政府压力，又让民众能够接触到更多文化艺术形式。

1. 艺术家计划

1997年政府制定了一项促进艺术家投入市场的“艺术家计划”，这项计划包三项任务：艺术家就业问题、一般性补助、音乐创作补助。该计划的重点在于刺激艺术家投入就业市场，获得更多工作机会与收入。该项计划总共投入6900万，分为视觉艺术与设计、音乐、戏剧电影、文学四大类执行。对于不在意盈利而着重艺术理念表达的展演活动，国家也有补贴办法以使那些有理想有抱负的艺术家可以持续展演工作，以维持优质艺术或另类艺术不因产业化而消失。

2. 电影扶持政策

我们在前文中谈到瑞典政府与电影工业、电视公司之间签署的协议是政府促进电影产业的政策工具。1963年，政府与电影界代表签署了一份文化政策协议，这就是影响深远的瑞典"电影改革"的开始。从此瑞典政府开始定期为扶持瑞典电影拨款，并宣布免征电影院票房收入的娱乐业税（原为票价的25%），电影院的股东们则承诺把票房收入的10%拨入新建立的电影基金会——瑞典电影学会中。该基金主要用于制作优秀的瑞典影片。这样，即使电影院播放外国影片，仍有10%的票房收入可用来帮助瑞典电影的发展。为联合各方力量共同发展电影业，瑞典政府将与电影有关的社会各方都纳入到电影学会的理事会中，并每4年签署一份协议，为未来几年瑞典电影业的发展制定总的规划。根据该协议，政府每年拨款2亿零50万克朗给电影学会，瑞典电视台每年拨款3800万瑞典克朗给电影学会，电视4台则拨款720万瑞典克朗。① 2000年签署的协议内容有：（1）增加鼓励产业化的补助项目；（2）增加财政协助；（3）刺激电影新生代崛起；（4）增设影音预备中心；（5）鼓励展演活动，新式补助更加强化文化创意产业化的诉求，补助项目更多元，更具吸引力。② 另外瑞典电影学会为了提高瑞典电影的质量，把电影投资资金比例从22%升为32%。

3. 艺术活动

瑞典文化机关（构）在承办各项展演活动上十分积极，在瑞典800万人

① 刘仲华：《瑞典让电影发扬光大民族文化》，《人民日报》2003年03月31日第7版。

② 百度文库：《英国、韩国、新加坡、芬兰、瑞典创意产业发展政策比较》。

口中,专业的视觉艺术家约有5000人。在1991年至2000年之间,总共有5600名视觉艺术家举办过7800场展演,并从中获得报酬。另外,瑞典文化俱乐部联盟(Federation of Swedish Art Clubs)和瑞典艺术促进会(The Swedish Popular Movement for Promotion of Art)与3000个艺术协会共同展售艺术品,并从中获益1.28亿瑞典币。艺术家藉由参展获得权利金(权利金是给参展艺术品的租金,外国艺术家于瑞典参展亦适用)。展演权利金制度一方面可使视觉艺术家从作品参展中获得合理的报酬以维持生计,另一方面可弥补补助制度之不足,避免补助金或奖助金成为艺术家唯一的选择,而是更积极地从作品受用中得到报酬。①

4. 产业聚集效应

瑞典政府虽然没有明文规定所谓的"创意产业政策",其对推动产业文化创意化以及文化创意产业化却一直不遗余力。近几年瑞典文化产业在就业人口和公司数目上都不断增加,可以证明文化产业在经济上与日俱增的重要性。瑞典不但是一个相当重视传统文化保存的国家,更在文化创新方面投注相当心力。这不但取决于瑞典政府的努力,更与民众高度参与文化活动息息相关,文艺创作活动早已融入瑞典人民的生活,而政府或民间机构亦十分积极承办各类展演活动。

文化经济增长、民众热情参与、文化发展良性循环,瑞典政府的支持不仅让文化大放异彩,也提供了更多的就业机会。瑞典大约有9%的就业人口从事文化创意产业,从1994年—1999年瑞典就业人口的统计数据来观察文化创意产业,成长最快的是设计业(124%)和多媒体产业(112%),其次是成长71%的精致艺术(包括表演艺术、平面艺术、文学等),其从业人口范围十分广阔。一个值得注意的现象是瑞典的文化产业发展有明显向都市集中

① 百度文库:《英国、韩国、新加坡、芬兰、瑞典创意产业发展政策比较》。

的情况，尤其以斯德哥尔摩最为明显。拥有1/5就业人口的斯德哥尔摩，竟然占有1/3文化产业人口，在文化密集区文化人口占了73%，甚至在非文化密集区也有53%是文化人，可见文化产业在斯德哥尔摩十分活跃。一方面，因为文化生产最密集的地方，同时也是文化消费最热络之所；另一方面，文化产业有着互相依存的联系，自然而然就会产生特定产业群聚的区块。①

(五)补贴飞跃

1975年瑞典国会通过了未来国家文化政策制定准则，正式把公共文化补贴纳入了思考范围。国会首先制定了自治区主要投资计划，80年代早期自治区文化支出占自治区财政总支出的2.5%。但实行公共文化补贴只在70年代末的一两年中收到了极大成效，其他年份则业绩平平，由此引起的争论使国会减少了对公共文化补贴的信心。总的来说公共文化开支在70年代的涨幅陡峭上升，到80年代初才稳定。

1974年至1976年国家文化财政拨款约20亿克朗，这些拨款被分为三份，其中40%用于改善专业艺术家活动条件(这40%拨款中的大部分用于扩大活动机构，其他用于增加独立剧团以及体制外的舞蹈团体和音乐团体补贴)，另外40%用于增加文化遗产保护补贴，剩下的20%用于剧院和报业。以上几项支出是当时文化财政的重点，成人教育协会补贴则在70年代末时遭到较大削减。

最近一次国会会议总结了1974年至1995年20年中文化建设情况，在谈到私人文化支出时，发现大众媒体消费所占家庭文化支出比例日益增加，这会鼓励更多的投资进入到大众媒体中来："高质量的电台、电视台节目，体裁多样化的文学作品、人制作电影和流行音乐以及艺术期刊是家庭对大众

① 《瑞典文化创意产业发展研究》，北京文化创意网 http://www.bjci.gov.cn/487/2007/12/13/41@6214.htm。

媒体消费增加的原因。”[Tjugo ars kulturpolitik1974—1994(文化政策二十年1974—1994),P573]

1998年春在政府的积极推动下国家文化财政增加了近2亿美元,增加的资金来源于国家预算的重新分配,而且政府每年收取的卡带录像带税还有3000万克朗。除此以外,政府还为视觉和空间艺术家、流动剧院、歌舞团发放了新补贴,作曲家和戏剧创作者的补贴也同时增加。但最重要的支出对象还要数文学界,政府给文学和杂志期刊的拨款超过了3000万克朗,这个数字是1994年的两倍。另外发行补贴的增加保证了所有出版的图书都可以进入国内任意一家图书馆和书店。为了鼓励儿童和青年阅读,政府还决定每年投入700万克朗作为这项行动的资金。

(六)未来展望

1996年政府提出议案反对限制主流音乐类型,这一议案主要针对前期文化政策对发展交响乐和私人乐团并无新计划提出抗议。从议案内容可以看出似乎与音乐沾边的事务改革要牵涉到更广泛的管理政策改革,也许还会从根本上重置政府和地方管理机构责任。或许文化以后不再只是地方政府管理责任的一个微小部分,而是要把文化放到地区建设和地方经济发展中去考量。从这个角度来看我们有理由相信政府文化财政负担会分散到地方,成为地方经济发展规划的重点。因此在不远的将来国家主导文化财政的角色有可能被地方政府所取代。

五、法国篇

(一)背景介绍

法国地处欧洲大陆西部,是西欧面积最大的国家。15世纪末法国成为了中央集权的民族国家,16世纪时资本主义经济已有较快发展。但随后国内发生了长达30年的宗教战争和将近60多年的入侵意大利战争，中央政权一落千丈。另外，国内贵族割据势力内战不断，民不聊生，这种混乱的状况严重阻碍了法国社会经济的发展，直到17世纪路易十三和路易十四统治时期法国才强化了中央集权，削弱了法国教会影响力，文化也迎来了繁荣期。这是法国文化有史以来首次被作为一项全国性事务来管理规划，法国中央政府不仅控制着文化艺术的审查权，而且还是文化事务的最大资助方。出于对艺术的热爱，路易十四通过政治和财政措施吸引了大批外来文化人才，成立了法兰西学院、建筑学院、音乐学院、美术学院、科学院、巴黎天文台、皇家手工艺场以及师范教育学校等由国家资助的全国性专业艺术机构，为法国培养出大量的文化艺术人才，使法国成为当时欧洲的文艺中心。

1789—1794年的法国大革命确立了资产阶级政权，资产阶级中的有识之士意识到文化教育事业的重要性，纷纷致力于此项事业的发展。如雷瓜尔等人借助于新兴的公共财产观念对一些历史悠久且具有较高艺术价值的文化遗产进行保护，并且通过国家立法推动遗产保护制度。于是法国政府于1830年成立了专门研究历史建筑的机构，并于1840年成立了接受内政部领导的历史建筑管理委员会，负责对历史建筑的研究和修护。此后在1887年国会通过了第一部历史建筑保护法，通过几十年的完善与修订后于1913年形成了著名的专门针对历史建筑的"1913年法"。大革命时期形成的民族遗产概念促使中央政府成立了国家档案馆、国家图书馆和中央艺术馆三个国家级文化机构。这为提升国民文化意识、培养艺术人才奠定了良好基础。

此后的中央政府一直坚持发展文化事业，即使在拿破仑一世到第二帝国的动荡时期也没有放松，甚至还一度加强了对文化的控制。1870年成立的法兰西第三共和国基本进入了现代化阶段，政府推进政治民主、实行世俗的义务免费教育、宣布新闻自由与组织工会自由、促进科学文化繁荣等。虽然这时期文化政策在一定程度上受到了自由化观念的冲击，但后来人民阵线观念的转变确立了国家进行干预的合法性，并提出使精英文化走向大众的路线。虽然法国文化事业发展一直没有间断，但直到1959年法国第五共和国戴高乐政府时才正式成立文化事务部。当时的法国面临冷战格局的世界，对国家荣誉有着迫切要求，通过复兴法兰西文化来重振法国大国地位是成立文化事务部的指导思想。文化部职责为："使大多数法国人能够接近人类的尤其是法国的文化杰作，确保他们对我国文化遗产的兴趣，促进文化艺术创作，繁荣艺术园地。"总体来说也就是保护文化遗产、繁荣艺术创作、开展全民艺术教育和提升公民艺术修养以及促进电影产业发展。当时的文化部部长由著名文学家与政治人物安德烈·马尔罗担任，他提出要振兴法国文化、实行文化民主化，即"使大众平等地进入、参与并融入到文化福利的环境中去"。60年代起法国投入巨资成立以地方为中心的庞大文化网络，给予地方较大的文化管理权限并增加了地方文化发展经费，于是区一级的文化机构如图书馆、剧院、艺术中心、交响乐团、戏剧舞蹈中心和当代艺术基金会纷纷成立。

1968年法国发生了"五月运动"，由此引起的动荡也影响了文化事业，1971年国家第四个发展规划报告指出了文化资金不足的问题，当时的文化部长杜阿梅尔支持部内横向联合和部际之间进行前景合作，从而使文化部的预算获得显著提高。

80年代文化成为总统密特朗上任后的首要发展对象，他在任的14年中法国文化的硬件设施水平和政策制度都得到了飞跃提升，巴士底歌剧院、大罗浮宫、奥赛美术馆、新凯旋门、音乐城等都是在这期间建成的。政策方面政府制定了艺术家保障体系，并以提供游学补贴、奖金、创作补贴、资助建造画室等形式改善艺术家生活创作条件。另外政府还通过了"混合经济"政策，鼓励私人和企业赞助文化机构和文艺活动。

（二）组织架构

除了中央级别的文化部外，根据 1982 年颁布的法国《市镇、省、大区权利和自由法案》，文化管理体制分为三个级别：大区、省和市镇，目的是为了扩大地方政府在文化事务方面的参与范围，分散中央集权。文化部负责资助和指导地方政府与民间文化机构，而资金的分配是通过部内的各个司局进行的，接受资助的对象主要为地方政府、文化协会、文化机构以及艺术家个人（资助形式为发放奖金或由政府购买其作品），另外一些国家级文化行政机构也具有拨款分配职能，以下我们会谈到。

法国中央政府设立的国家文化机构分别有国家文化事业机构（如国家剧院、巴黎歌剧院、法国国家图书馆、法兰西剧院、蓬皮杜艺术中心以及一些国立博物馆和“文化之家”等）、国家级艺术教育研究机构（如国立戏剧艺术学院、国立高等美术学校等）、国家级文化行政机构（如国家文物中心、国家博物馆协会和国家电影中心等）。其中国家电影中心负责指导和资助法国电影艺术的发展，国家图书中心承担对图书的创作、翻译、出版和推广工作，国家造型艺术中心承担了购买当代艺术品、资助艺术家和管理国家工艺美术制作等职责。

而在地方政府层面，文化部还在 1977 年设立了地区文化事务厅，现在已达到 20 多个，其职能是给博物馆、文化遗产、戏剧演出、造型艺术、音乐舞蹈、电影和视觉艺术等分配国家拨款，同时还负责举办地方大型文化活动。另外，地方政府下设的文化机构种类十分繁多，一为跨地域的文化机构，如大型戏剧或舞蹈机构、交响乐团、图书馆、博物馆等，这些机构一般规模较大，由中央直接管辖，或者由中央和地方合作管理。二是规模较小的地方性文化机构，这些文化机构又分为三种，1. 管理型协会，一般拥有充足预算和固定的行政工作人员和专业人士，负责博物馆、剧团等机构的管理。2. 意见型协会,一般致力于文化遗产或生态环境的保护,利用法律手段达到目标。3. 专业性协会,由一些志趣相投的人士组成。这些文化机构是官方和民间的沟通桥梁,具有义工与专业的性质。除此之外还有一些民间文化组织和文化从业人员也在制定和推动文化政策中发挥了重要作用。

(三)资助方案

法国政府从不吝啬对文化的投入,尽管在经济发展缓慢时期也增加了文化投资,从1959年起文化部预算占国家预算比重逐年上升,比例从60年代的0.38%上升到稳定的1%,而这1%也是由国家明文规定的,但实际上中央应用于文化艺术事业的开支远远超过了1%,因为文化事业不仅能获得来自文化部的拨款,来自中央其他部门在文化方面的拨付资金总额甚至还超出了文化部,而中央和地方文化支出总额甚至可以达到年度财政预算的5%。文化经费的增加不仅促进了文化艺术的繁荣,同时还有利于社会稳定和经济复苏。

表11　1995年—1999年文化经费预算

	文化经费预算(单位:亿法郎)	比上年增加值(单位:亿法郎)	占国家财政预算比例
1995年	134.55	——	0.95%
1996年	155.42	20.87	1%
1997年	151.3	-4.11	0.95%
1998年	151.46	0.16	0.95%
1999年	156.69	5.24	0.97%

法国对文化艺术的热爱非同一般,政府对戏剧、音乐、舞蹈、文化遗产、造型艺术等相关的重点文化机构通常实行直接拨款,如国家歌剧院、凡尔赛宫、罗浮宫、巴黎圣母院等。而省级和地方的私营艺术团体也可以获得地方政府的资助。除了给公共文化机构拨付充裕的财政资金外,政府还大力资

助各地文化活动,如著名的法国戛纳电影节,为扩大法国电影在国际上的影响,电影节不仅能得到来自文化部的资助,外交部和地方政府也积极出资。

法国还非常重视法国文学与国际的交流。法国每年的翻译类图书要占到全国图书出版总量的14%左右。1990年,法国外交部(现为法国外交与欧盟事务部)图书与多媒体处推出了资助图书翻译与出版工作的特别项目(PAP),文学著作、人文著作和儿童书籍成为该项目资助的重点。此外,法国外交部、文化部、图书出版商以及法国图书展览中心联合推出“图书出版附加项目”,利用这些项目搭建的平台,法语图书得以在世界各地出版,在引进和输出上常年保持在1∶5的比例。由政府提供资助,法国政府每年还会把约60名左右的作家送往国外居住、创作。法国文学翻译家协会(ATLF)及其创办的国际文学翻译学院(CIT)会为作家和来自全球各地的其作品的翻译者举行见面会谈活动。ATLF还同法国南方文献出版社合作出版会刊,并编辑发行《文学翻译》杂志,介绍、反映世界各国文学翻译家们的翻译活动和研究成果。[①]

针对文化设施和文化资源过于集中在巴黎而造成的不同地区文化发展的不平衡,法国政府努力落实文化分散政策,也就是将文化财政资金分散到全国各地。希拉克总统在任时期文化部宣布在今后10年中政府2/3的文化预算将用于外省,并在外省建立重要的文化设施。另外,法国政府将努力实现三个平衡,即巴黎和外省的平衡、城市和乡村的平衡、市区和郊区的平衡,使全国人民都享有平等的文化生活权利。

(四)法律依据

为了保障文化事业稳步发展,文化工作有序运行,法国制定了许多文化

① 杨状振:《法国图书业中的翻译出版与公共发行》,载《对外传播》2009年第4期。

相关的法律，这些法律可以分为三种类型：

1. 保护主要文化行业的立法，如文化遗产、电影、图书、唱片等

说到法国的文化法律就不能不提起文化遗产相关法律法规，在法国，与文化遗产有关的法律法规不下百种，这些法律条文涉及非常广泛，古迹、建筑等大型有形文化遗产，考古文物、图书档案等小型有形文化遗产以及自然遗产之使用、保护、监管、维修、补偿、税收，文化遗产保护组织（委员会、基金会、信托）的行为规范等等，几乎都在法国文化遗产法的关照之下。所涉范围虽显庞杂，但基本思想却以一贯之，从未中断过。①

法国第一部文化遗产保护法梅里美《历史性建筑法案》颁布于 1840 年，这也是世界上最早的一部关于文化保护方面的法案。此后政府又颁布了《纪念物保护法》（1887 年），《历史文物建筑及具有艺术价值的自然景区保护法》（1906 年），《历史古迹法》（1913 年）、《景观保护法》（1930 年）。1962 年通过的《马尔罗法》即《历史街区保护法》和在这一法规基础上制定出来的 1973 年颁布的《城市规划法》，一同构成了法国文化遗产保护工作中最主要的法律防线。这些法律在日后经历无数次修改，成为今天文化遗产保护的重要依据。这些法律规划在后来尽管历经无数次修改，但其影响力一直辐射至今。另外，1983 年出台的《建筑和城市保护区域外省化法》和 2002 年出台的《法国博物馆法》对法国文化遗产保护发挥了重要作用。②

2. 保护艺术家人格权、自由权、知识产权的法律法规

法国是近代以来第一个设立出版法并把其纳入国家法律体系的国家。早在 1789 年的《人权宣言》和 1791 年宪法就提出要保证图书报刊的出版享有充分自由，直到第三共和国成立后的 1881 年 7 月出版法颁布，几经修改成为现行法律。关于著作权方面法国于 1957 年 3 月 11 日就颁布了《关于

① 引自百度文库《法国文化遗产保护运动的历史和今天》。

② 引自百度文库《法国文化遗产保护运动的历史和今天》。

保护文学和艺术作品所有权法》,1964 年 7 月 8 日颁布《关于对外国作者的作品的使用相互原则》的法律。1791 年《法国文学艺术产权法》颁布,确保作者受法律保护,随后《法国著作权法》还明确规定了保护作者人格权利。

3. 文化税收优惠政策

法国一般商品增值税为 19.6%,但大多数文化的税率只有 5.5%,涵盖了从中央到地方的电影、录像带、图书出版、艺术品等各个方面。法国文化税收优惠政策设计结构非常完整,鼓励企业和私人对文化进行赞助。

1. 文化部下属的法国国家电影中心(CNC)长期以来通过支配税收并制定减免税收政策对电影作品提供资助和扶持。电影中心税收来自影视产业自身,包括电影门票附加税、电影门票增值税和录像带和 DVD 出租,销售税、网络视频点播税和电视营业税。收取的税金通过自动性资助(自动性资助是指制片人在电影发行后自动获得的资助。CNC 把电影票税款单独分离出来,划入为制片人设立的自动资金账户,电影制片人在拍摄下一部电影或偿还债务时就可以直接使用该账户里的资金。这种资助方式构成了法国电影可持续的良性循环机制①)和选择性资助方式(选择性资助实际上就是一种贷款机制,每年 CNC 在全国范围内接受 500 个候选剧本,由其下属的委员会审阅后从中挑出几十个,给予资金支持,获得资助的影片需用以后的票房收益偿还资助金。但如果影片失败,则无须偿还。这种资助大多针对处女作和艺术电影,目的是鼓励新人新作和促进电影的多样性。②)

2. 和国家电影中心相似,政府把图书销售和图书复制的税收收入拨付给法国国家图书中心,由中心回馈给产业。图书销售税是指出版人缴纳 0.2% 的图书营业税,图书复制税则是由复印机商家上缴的 3% 的复印机营业税。收取的税金以提供贷款、补贴等形式资助给作者、出版商、翻译者、图

① 梁健生:《法国影视资助中心会倒下吗?》,《中国文化报》2011 年 11 月 15 日。

② 梁健生:《法国影视资助中心会倒下吗?》,《中国文化报》2011 年 11 月 15 日。

书馆和书店等。另外，法国还通过法律手段扶持出版业和图书发行环境。包括政府购买、赠阅、税费优惠等。为了保护中小型书店的生存和保持图书的平衡多样性，法国政府还颁布了《图书统一价格法》，最近又创立了“样板独立书店”（LIR）标示制度，为高雅文化和学术书籍提供了生存环境。

3. 在法国，艺术品产业增值税可以享受特殊的减税待遇，实际上也是为了鼓励企业和私人赞助。早在1954年颁布的《税制法典》中就写进了关于文化赞助减税规定的条文，以后又陆续出台了单独的《企业参与文化赞助税收法》、《文化赞助税制》、《共同赞助法》等系列文化法规。1982、1985和1987年的《预算法》皆明确规定，个人或企业赞助艺术享有优惠节税，以激励社会各界赞助文化事业的意愿。[①] 法国政府于2003年8月1日投票通过的新法律条文对《艺术赞助法》进行了修改：企业赞助公共艺术品，总投资的60%用于减免税收。即企业若赞助艺术100万的话，企业当年应税额减去60万。对于企业用于购买流失海外或者进入法国境内50年以上的国家珍宝、珍贵文化财产总投资的90%可用于减免税收。法律还规定对基金会减免1.5万—30万欧元；对个人减免个人所得税的50%—60%。[②]

（五）未来挑战

文化在法国始终占据着焦点位置，即使在经济危机来临之际仍是国家优先考虑的事务。2008年12月4日，法国总统萨科齐公布了一项总额为260亿欧元的经济刺激计划。根据这项计划，文化保护工作将拥有更加充足的资金支持，特别是在基础设施、高等教育和科学研究、安全设备、文化遗产修复等四个方面。受益于这份计划，法国文化部管理的国家级文化遗产一共可以拿到1亿欧元的追加投资，用于遗产修复等工作。法国保护历史建

---

① 黄玉蓉：《中国文化资助制度设计研究》，2010年中国艺术研究院博士后出站报告。

② 李延生：《艺术品收藏呼唤合理税收制度》，载《中国美术馆》2007年第3期。

筑的工作直接或间接创造了50万个就业岗位，牵动着众多手工业和古建筑材料企业。2009年，在这一领域，法国政府将在已经提供的3000万欧元财政贷款基础上再增加2000万欧元。2009年2月2日，法国总统萨科齐宣布成立“艺术创作委员会”，由原MK2电影院线老板、电影制作人马林·卡密茨领导，全部成员十一人接受总统直接领导。萨科齐希望该委员会不仅要在“促进艺术创作”方面为总统提供具体建议，还必须肩负起“通过发展文化，带领法国走出经济危机”的历史重任。而早在萨科齐上任之初，文化部就开始了著名的公共文化政策重新修订计划，裁并机构，减员增效，原有的十个业务司局合并为三个总司，并计划在三年内精简500个职位。①

尽管如此，法国文化政策仍受到质疑，在全球化时代法国文化部门是否能够保证支持文化多样性、保证文化能够不因经济至上原则的影响而迷失方向，这些问题对历史悠久的法国文化部似乎是新的挑战。

六、英国篇

（一）背景介绍

英国是由英格兰、苏格兰、威尔士和北爱尔兰组成的联合王国。1688年“光荣革命”后，英国建立并巩固了当时世界上最民主的政治体制——君主立宪制。相对自由民主的社会环境和政治环境让英国从17世纪中期到18世纪中期100多年中产生了一系列如亚当·斯密、韦伯夫妇、汤因比、莎士比亚、拜伦、狄更斯、雪莱、牛顿、达尔文等伟大学者。18世纪后半期英国率先发起工业革命，于1840年左右成为世界上第一个工业化国家并进入了一个重大的社会和政治变革期。当时的维多利亚女王和丈夫埃尔伯特王子积极鼓励科学、艺术以及工业的发展，伦敦成为了欧洲文化经济中心。直到这

① 张洪浩：《经济危机下法国文化政策应对之道》，http://www.culturalink.gov.cn/portal/pubinfo/001/20111111/8d2e89651bd8465f91d71b5165f9c6a6.html.

一时期文化事务主要还是由皇室和贵族资助，政府并没有明确的文化政策管理体系和文化管理机构。“文化事务由众多经济管理部门承担，如英国皇家合唱协会（1871年）、英国出版商协会（1896年）、英国出版权协会（1921年）、英国民间歌舞协会（1932年）和英国全国音乐协会联合会（1935年）等。1939年经英国议会批准和皇家特许，建立了两个半官方的文化管理机构：英国音乐艺术促进委员会（CEMA）和国家娱乐服务联合会，此举可看作臂距模式的肇始。英国音乐艺术促进委员会（CEMA）是世界上第一个扶持艺术的国家组织，发展到1964年，逐渐演变为著名的大英艺术理事会，被认为是‘世界上第一个政治家直接支持的分配政府资金的艺术机构’。”①

随着二战后民族工业化运动的兴起，制造业的转移给英国人带来了大量闲暇时光，为了满足人民日常精神文化需求、提升地方文化经济，英国政府大力推动文化建设，积极组织开展形式多样的文化活动。同时现代公共财政体系逐步完善，文化事业资助方也由国家转为公共财政。1946年“大不列颠艺术理事会”成立，后来又陆续成立了英国国家广播公司、国家剧院等国家级艺术机构。这时的英国注重高雅艺术的推广，强调保护遗产和发扬民族文化。1965年政府成立了艺术和图书馆部，当时的总统威尔逊提出要通过教育、保护和资助三种形式支持文化政策，并大力增加文化投入。1967年2月，英国女王向“大不列颠艺术理事会”颁发新的许可证，明确该机构的宗旨和职责：与政府及相关部门合作，向民众普及艺术，同时代表政府向文化机构分配拨款。②

然而两次世界大战的爆发瓦解了英国的殖民体系，英国经济实力和政治地位大不如前，尽管如此，其先进的文化管理理念和明确的制度框架也使它始终保持着文化大国的地位，尤其是其完善的财政税收体系为英国的文

① 刘悦笛：《“英国文化创意十年”对文化产业的启示》，《现代传播》，2008年第4期。

② 黄玉蓉：《中国文化资助制度设计研究》，2010年中国艺术研究院博士后出站报告。

化事业带来了蓬勃生机。

（二）管理架构

1. 中央层面

直到1992年英国才成立了国家遗产部专门负责文化事务管理，在此之前文化事务一直由教育和科学部主管，与之相关的一些事务则由艺术和图书馆部、环境部、贸工部、就业部和内政部管理。然而多部门管理不利于文化政策实施，因此梅杰政府把文化事务从各部抽离出来交给国家遗产部管理，为了表示对文化事业的重视，政府还把文化遗产大臣列为内阁核心成员。1997年布莱尔当选首相，扩大了文化遗产部的职责范围，规定其负责包括文化艺术、文化遗产、电影电视、录音录像、工艺美术、服装设计、体育、娱乐、旅游、建筑、园林文化、国家彩票基金和千年基金等一切文化事务，同时把文化遗产部更名为文化、媒体与体育部。2002年，政府又把博彩业、饮酒和英国女王伊丽莎白二世登基50周年庆典等事务交给了文化、媒体与体育部（以下简称文化部）。

文化部自成立起就开始寻找既能有效促进文化发展又能通过文化刺激经济的方法。英国首创了“一臂之距”的文化资助模式，也就是对文化管理进行分权。文化部只管制定政策和财政拨款，没有直接管辖的文化团体或文化机构，对于非营利性的公共文化艺术政府通常采取直接财政拨款方式给予资助，具体依靠非政府中间机构加以实施，一般情况为英格兰由文化部直接拨款，苏格兰、威尔士、北爱尔兰三地经由文化部在当地设立的办事处拨款。如此一来便避免了政治干预和腐败滋生，保证文化经费能够公平分配。除此之外，中央其他部门也有资金流入文化事业，如：英国教育技能部拨款给与艺术相关的研究、国防部拨款给军事博物馆和军乐团、外交部拨款给英国广播公司中央政府。“10年来，英财政部每年拨付文体部的财政预算以平均6.6%的速度增长，截至2007—2008年度共计增长73%。2010—2011年度将由2007—2008年度的16亿英镑增长至18亿英镑。”

而1998年出台的《英国创意工业路径文件》便是政府欲从文化入手刺激经济发展的有效方案。文件提出的“创意工业”概念，要求政府“为支持文化创意产业而在从业人员的技能培训、企业财政扶持、知识产权保护、文化产品出口等方面”做出积极努力。政府采取的主要措施包括，在组织管理、人才培养、资金支持、生产经营等有关方面逐步加强机制建设，对文化产品的研发、制作、经销、出口，实施系统性扶持。① 自文化部成立十几年以来，相继发布了《英国创意产业专题报告》、《我们隐藏的潜力》、《地区的规模》、《下一个十年》、《创意产业经济评估》、《创业经济计划》、《创意英国：新人才新经济》等报告。“根据统计报告，英国十三项文化创意产业2001年产值达1120亿英镑，占英国GDP的8.2%，雇用4.3%的就业人口。1997—2001年，英国文化创意产业产值年均增长率都在6%以上，平均年增长率为8%，而整体经济增长率则为2.8%；1997—2001年文化创意产业的就业增长率平均为5%，而整体经济就业增长率则为1.5%。”②

2. 非政府公共文化管理机构

虽然是中央部门，但英国的文化部却没有直接管辖的文化艺术团体和文化事业机构，只负责制定文化政策和财政拨款，具体事务由非政府公共文化管理机构执行（如各级艺术理事会等）。英国非政府公共文化机构有两类，包括38个非政府公共执行机构（具有执行、管理、制定规章和从事商业活动的职能）和8个非政府公共咨询机构（就某些专门事项向部长和主管部

① 《英国文化创意产业发展概况及其启示》，http://finance.qq.com/a/20060512/000586.htm

② 《英国文化创意产业发展概况及其启示》，http://finance.qq.com/a/20060512/000586.htm.

门提供咨询意见）。政府只通过拨款等方式对这些机构在政策上加以协调，并不存在直接领导关系，非政府公共文化机构与政府保持“一臂之距”的原则。非政府公共文化管理机构除了从文化部获取拨款外，大部分还通过收费服务或从事其他商业活动取得收入。而获得的收入一般用于资助文学、艺术、戏剧、舞蹈、音乐、设计等与文化相关的活动与研究。另外还与社会各界合作，对艺术组织的经营状况进行评估，对艺术家个人进行赞助并帮助他们争取更多的资金来源。

值得一提的是英国的资助条件非常严格，一般来说只有非盈利的政府重点支持项目才能接受资助，如戏剧、歌剧、芭蕾、古典音乐、国家美术馆、大英博物馆、大英图书馆等。但即使这些项目和机构接受的资助也只能占其收入的30%左右，其余部分还要靠自己解决，而且受到的限制也非常多，比如必须要接受非政府公共文化管理机构的监督，制定年度计划、汇报财政情况。

3. 地方政府和基层地方文化机构

此外随着二战后民族工业化运动的兴起，制造业的转移给英国人带来了大量闲暇时光，为了满足人民日常精神文化需求、提升地方文化经济，英国政府大力推动文化建设，因此地方政府设立了专门管理文化的行政部门，这些部门为地方文化建设作出了巨大贡献。“在英格兰和威尔士，地方政府支持艺术的主要表现在于对900多家剧院、音乐厅和艺术中心的资助上，大约每年需投入1.85亿英镑；在英格兰、苏格兰和威尔士，地方政府用于艺术、博物馆和图书馆的总支出超过了7.5亿英镑，已超过中央政府相同领域的支出。”①

英国基层地方文化机构包括了英格兰的9个地方艺术理事会以及苏格

① 范中汇：《英国文化》，文化艺术出版社2003年版，第94页。

兰理事会、威尔士艺术理事会和北爱尔兰艺术理事会。英格兰的 9 个地方艺术理事会分布在东米德兰兹、东北、东南,西米德兰兹、东部、伦敦、西北、西南和约克郡。相对于中央和非政府公共文化管理机构,基层地方文化机构对各地艺术组织和艺术家的资助更加直接。英格兰的 9 个地方艺术理事会从英格兰艺术理事会、地方政府处接受资金,也接受工商企业的赞助及国家彩票的收入,然后向辖区内艺术机构和艺术家提供资助。苏格兰艺术理事会则直接接受苏格兰政府的拨款。威尔士艺术理事会接受威尔士议会和国家彩票资金会的资助,作为一个独立的慈善机构为高雅艺术的发展提供赞助和发展建议。北爱尔兰则通过国家财政和国家彩票基金会为艺术家和艺术机构/团体提供赞助。

(三)法律保障

为了使文化繁荣昌盛,英国很早就制定了许多与文化相关的法律,并在长时间的发展道路上不断修改完善,形成一套健全的文化法律体制。这些法律可以分为三种类型:

1. 保护主要文化行业的立法,如文化遗产、电影、出版、广播电视等

(1)文化遗产保护

针对大量的文化遗产,英国把历史文化遗产保护分为三类,分别是:古迹保护、登录建筑保护和保护区。“古迹主要指那些一般没有具体用途、无人居住的历史遗产,如史前遗迹。在古建筑保护协会的活动下,政府于 1882 年颁布了《古迹保护法》,开始了英国历史文化遗产保护制度的建立过程。而早在 1944 年政府就要求环境部调查官员根据‘有特殊建筑艺术或历史价值,其特征和面貌值得保存的建筑物’原则登录古建筑,被登录的古建筑会得到法律的保护。1967 年的《城市文明法》将保护区定为‘其特点或外观值得保护或予以强调的、具有特别的建筑和历史意义的地区’。该法要求地方政府提出行政辖区内的保护区,国家也有权超越地方政府直接把任何有历史、文化、艺术价值的建筑群列为保护区。”①

现在,英国已经制定了几十种相关法令、条款,保护对象也扩大到建筑、保护区、自然环境和人类的环境。环境部规定的五个全国性保护组织都在一定程度上介入了法律保护程序。英国历史文化遗产的保护法律主要如下:1882年《古迹保护法》及其1900年的修正案,1913年的《古建筑加固和改善法》及其1931年的修正案,1933年的《城市环境法》,1944年的《城乡规划法》及其1968年、1972年的修正案,1953年的《古建筑及古迹法》,1962年的《城市生活环境质量法》、《地方政府古建筑法》,1967年的《城市文明法》及其1974年的修正案,1969年的《住宅法》,1973年的《海难保护法》、1979年的《古迹与考古区域法》、1986年的《军事遗存保护法》、1990年的《登录建筑和保护区规划法》(该法属于城乡规划法的一部分)、1996年的《商船法》等等。

(2)电影业

英国电影以丰富的题材、优秀的演员和导演吸引了世界各国的观众和合作者,其每年出产超过90部影片,产值高达8亿英镑,其中既包括自产影片,也包括海外合作片。这其中当然离不开法律的保障。1927年英国国会颁布《星捏玛托格拉菲法》即《电影法》,规定:英国的电影院上映的影片中必须有5%—20%的国产电影(这一份额根据50年代国会通过的新电影法案被提高到30%),其次,英国影片的产量最低限度每年应达50部。另外,英国从1909年开始通过立法对视听产品实行审查分级制度,并于1912年成立了英国电影分级委员会(BBFC),负责对在英国出版发行、播放、放映、出租和销售的电影、录像带、数字媒体(激光视盘、唱片、电子游戏、软件等)

① 参照《英国历史文化遗产保护制度》,来源:http://www.fzghy.com/nhwh/whbh/gs/zd.htm.

进行内容审查和分级。所有这些产品（除教育类、体育类、宗教类及音乐类录影带等免于分级的节目外）必须经过 BBFC 发放的审查分级证书才能进入市场和公众传播范围。

(3) 出版业

英国并没有专门的《出版法》，但有关出版的法律却并不难寻。关于出版的法律主要来自普通法和议会制定法。“英国出版制度的基本特征是：出版不受检查；滥用出版自由的行为不受特别法庭审判。即出版者、印刷者、发行者和作者只在事后由于出版物触犯了普通法或有关制定法，由普通法院的法官根据陪审团的裁决，适用有关法律判决所应承担的法律责任。在这里，有关法律即普通法和制定法中有关于叛国、煽动、诽谤、淫猥、亵渎、泄露机密等事项的规定。普通法的有关规定是法院的判例形成的，历史源远流长，而其制定法则主要是 19 世纪以来英国议会为修正、补充普通法而制定的法律，如《煽动兵变法》、《煽动不满法》、《诽谤法》、《淫猥出版物法》、《官方保密法》等。”[①]如今相关法律还有《版权法》、《数据保护法》、《儿童保护法》、《图书贸易制法》、《竞争法》等。

(4) 广播电视

为打破 BBC 的垄断地位，英国于 1954 年 7 月 30 日通过《独立电视法案》，决定成立独立电视局管理商业电视。随后一批商业电视机构纷纷成立并逐渐形成了独立电视网。1995 年 8 月，英国公布《数字地面电视发展纲要》，1996 年出台《广播电视法案》，1997 年开始发放数字电视牌照。“20 世纪 60 年代，英国广播电视的监管体系从监管向去监管化转变，监管结构发生了重大变动。标志性的转折点是 1990 年广播法案的通过，其核心内容是提升商业化、弱化监管和准许其他商业机构进入广播电视媒介领域。2003

① 《出版法》来源：http://www.chinabaike.com/

年修正的通讯法案建立起一个新的产业监管架构，一个新的单一监管机构——通讯办公室取代了原有的广播电视标准委员会、独立电视委员会、电视办公室、广播电台协会、广播传播协会5个监管机构，引入一种更适合数字时代商业传播的新架构，这是适应电视数字化转换的关键性改革，也是整个制度再设计的最后一步”。①

2. 知识产权相关法律

英国一直非常重视对知识产权的保护，早在1709年英国就颁布了版权法——《安妮法令》，这是世界上最早的版权法，它规定了作者是著作权的拥有者以及在固定期限内保护出版著作的原则，至今仍是版权法的核心内容。1851年，政府颁布了《专利法修正法令》并成立了英国专利局，1990年，专利局归属英国贸易和工业部管理，2007年正式更名为英国知识产权局。产权局负责专利、外观设计、商标和版权申请的受理和审批，确保《专利法》、《外观设计注册法》、《商标法》、《著作权法》及其他知识产权相关立法顺利执行，并与企业、政府和学术界合作，共同保护知识产权。另外，知识产权局还积极进行宣传活动，鼓励创新、推动技术转移、努力为社会提供更加便捷的服务。

3. 文化产业税收优惠政策和保证彩票收入能够赞助文化的相关法律

(1)税收优惠政策

税收政策是英国政府促进文化产业发展的主要手段之一，针对行业有电影、音乐、出版、博物馆、美术馆等。1950年，政府开始根据电影门票价格向影院征收伊迪税。所得税收专门用于资助英国电影、电视艺术学院、国家电影投资公司和英国电影学院制片委员会。“而且在英国，电影被划入重点发展的创意产业范畴，按照电影减税规定，在英国本土制作的电影，制片人

① 《英国数字电视决策模式、策略及政策》，中国新闻传播学评论(CJR)2007年07月10日。

可以向英国政府申请资助,还可申请税收减免待遇。影片在拍摄和制作过程中,一旦获得'英国电影'的资格认证便受益良多,因此大量其他国家制作的影片,纷纷在英国进行拍摄及后期处理,努力获得'英国电影'的资质。在优惠政策带动下,2009 年上半年在英国投入的电影制作费用已达 5.35 亿英镑,创五年来新高。投入的增加带来了丰厚的产出,英国电影 2008 年全球票房收入达到 26 亿英镑,占全球票房的 1/6”。①

英国从不对图书、期刊、报纸征收任何税费,如果英国公司向其他征收增值税的国家进口图书,所支付的税金可向有关部门索回,书报刊还享有免征进口税的优惠,这一激励政策使英国成为世界出版大国。② 虽然近年来英国政府正在酝酿对出版社收取执照税、所得税和增值税,但对图书依然不征税,对音乐出版物也不征收增值税。此外,政府还会直接资助出版商和图书公司。

为调节不同文化行业之间的差距,英国还实行了差别税率。比如支持游戏企业的海外发展对游戏产业实施出口退税,如果英国游戏企业能和中国等国家展开海外合作,该企业将在英国获得最高 50% 的退税优惠。英国政府通过减税优惠和资源投资增强了英国游戏产业在全球的竞争力。

2001 年英国修改了《增值税法》——凡被政府指定的免费向公众开放其永久收藏的国家博物馆,返还其全部增值税,这一政策使国有博物馆最终全面实行了免费开放。除此之外,政府还通过财政政策给博物馆以支持。“以 2007—2008 年度为例,英文体部共向博物馆拨付 3.99 亿英镑,用于博物馆免费开放政策的实施以及博物馆的日常维护,其中专门用于补贴门票损失的预算为 4300 万英镑。在财政预算的大力支持下,英国博物馆免费开放政策成效显著。2007—2008 年度,文体部直接拨款的 21 间博物馆和美术馆共

① 《英国依靠丰厚文学底蕴打造“英国电影”品牌》,经济参考报 2010 年 02 月 11 日。
② 吴江:《文化产业财政支持模式的国际经验借鉴》,《现代乡镇》2011 年 11 月 10 日。

吸引观众4000万人次，间接资助的45间地区性中心博物馆共吸引观众1400余万人次。2007年6月21日，包括大英博物馆、国家画廊、泰特现代美术馆等在内的英国最著名的17家博物馆和画廊负责人联名致信《卫报》，称博物馆免费开放政策是一个'巨大成功'。"①

为了减轻政府负担，英国制定了一批相关政策鼓励人们赞助文化事业，如《关于刺激企业赞助艺术办法》和《慈善法案》等，这些法案一方面解决了艺术家和艺术机构的创作资金问题，另一方面企业和私人又可以从赞助文化中获益，如此双赢的状态自然促进了企业和私人的资助兴趣。

（2）彩票相关法律

英国发行彩票的历史比较悠久，是世界公认的赛马彩票发源地。1956年时就开始发行国家彩票，1976年又颁布了《彩票与娱乐法案》。但在1993年之前彩票和文化事务的关系却非常有限，直到90年代政府发现仅靠国家财政税收是远远不能满足文化发展需要的，因此经过长时间的讨论英国政府决定发行国家公益彩票，所得收益主要用于补贴文化事业。1993年10月，《国家彩票法》颁布，规定国家公益彩票的发行受英国国家彩票委员会监管，并对英国文化部负责。彩票委员会是独立于政府部门的公共机构，但委员会委员由文化部大臣任命，确保国家彩票的顺利发行、保护彩民的利益，并在此基础上尽可能地为公益项目筹资。该委员会的主要作用是：选择国家彩票经营商；确定经营许可证的有效期；监管国家彩票经营商依法经营；确保国家彩票经营商足额交付筹资额。但是，该委员会不负责筹资的分配，所筹资金的分配办法由国家彩票分配部门（lottery distributing bodies）决定，彩票分配部门经过重组后目前有13个（包括英格兰艺术理事会、威尔士艺

① 《英国财政预算制度与文化政策"比翼双飞"》来源：http://www.gdwh.com.cn/whwnews/2009/0319/article_1049.html.

术理事会、北爱尔兰艺术理事会、英国电影委员会等)。[①]

英国彩票收益成为文化事业资金的主要来源,无论收入总额是多少,文化事业一直都可以得到其中的28%。范围包括艺术、体育、文化遗产、健康、教育和环境保护等,甚至奥运会的费用也来自彩票收益。根据英国文化部公布的数据,自发行国家彩票以来,用来资助艺术类项目的金额已逾25.56亿英镑,共资助了44275个项目。另外,彩票基金1994年以来资助文化遗产项目有12556个,资助金额多达32.85亿英镑。

艺术的普及、文化的繁荣、制度的创新、民族的融合、创意产业的飞速发展,实践证明了英国文化部门在社会中起到的重要作用,它得到了民众的肯定与欢迎,使英国真正成为全民参与文化建设的国家。

参考文献:

Peter, Duelund, Anita kangas, Nordisk Kultur Institut, et. al. *The Nordic culture modle*, Copenhagen: Nordic Cutural Institute, [køge]: [eksp. Dβk], 2003.

① 《英国彩票介绍》来源:
http://www. ycw8. com/information/shtml/200905/6014_2917253823957. shtml.

博物馆免费开放的现状、问题与对策

郭凤娟

一、我国博物馆发展现状

（一）博物馆发展历史

我国第一个博物馆是法国传教士 P·厄德于 1868 年在上海建立的不公开开放的徐家汇博物院，主要收藏植物标本。张謇于 1905 年在南通创办的南通博物苑是中国人自己开办的第一个公共博物馆。1925 年中国最大的皇宫——紫禁城改为故宫博物院。20 世纪 20—30 年代，中国博物馆曾有过比较显著的发展期。到 1936 年抗日战争前夕，全国共有博物馆 77 个，美术馆 56 个，古物保存所 98 个。我国博物馆在抗日战争时期遭受严重摧残，到 1949 年中华人民共和国建立时，全国只留下博物馆 24 个。新中国成立后，博物馆增长速度较快，截至 2009 年底，我国博物馆数量增长到 2252 个。

（二）博物馆的功能与作用

《国际博物馆协会章程》对博物馆的定义如下：一个为社会及其发展服务的，向公众开放的，非营利的永久性机构。它为教育、研究、欣赏之目的征集、保护、研究、传播并展示人类及人类环境的物质和非物质遗产。通过这一定义我们可以了解到教育、研究、欣赏是博物馆的三个基本功能。1979年，我国国家文物事业管理局颁布的《省、市、自治区博物馆工作条例》中提出："博物馆是文物和标本的主要收藏机构、宣传教育结构和科学研究机构，是我国社会主义科学文化事业的重要组成部分。"根据博物馆的定义，我国博物馆具有如下功能和作用。

1. 文化传承的纽带和桥梁

博物馆保存了人类历史发展过程中几乎所有与生产生活、文化活动及其自然环境有关的物质和非物质遗产，是人类社会和自然文化历史知识的无尽宝库，在保护文化多样性及生物多样性，开展不同文化之间的对话和不同族裔各代人之间的交流方面具有得天独厚的优势。能够起到文化传承的纽带和桥梁作用，进而推动社会变迁与发展。

2. 宣传教育作用

博物馆作为国家的重要文化设施和公共设施，不仅是宣传教育机构，也是爱国主义教育基地。

3. 公共文化服务功能

博物馆作为公共文化服务体系的重要组成部分，应当切实发挥公共文化服务体系的功能，将这些珍贵文化遗产的保护和研究成果奉献给全社会，供人民大众和学术界、艺术界接受教育、汲取知识、开展研究、欣赏艺术，并最终达到启迪智慧、促进文化创新的目的。

综上所述，博物馆的多与少、好与坏直接反映了一个国家和地区的经济文化发达程度。

（三）博物馆的特性

1. 准公共产品

博物馆具有有限的非竞争性或有限的非排他性的特点，介于纯公共产品和私人产品之间，是典型的准公共产品。对于博物馆这类准公共产品的供给，在理论上应采取政府和市场共同分担的原则。

2. 公益性

博物馆作为公共文化服务体系的重要组成部分，其目的是为大众提供更好的公共文化服务，而不以营利为目的。

3. 外部性

博物馆具有明显的正外部效应，政府应该给予较多的财政补贴来激励这种正外部性。

4. 均等服务性

博物馆作为公共文化服务体系的重要组成部分，要实现人人可及，人人所享受的博物馆服务均等化。

（四）博物馆发展现状

1. 博物馆数量增长迅速

新中国成立后，我国的博物馆数量从1949年的24个增长到2009年的2252个，在60年间增长了92.83倍。从1949年到1978年我国博物馆只增长了325个，平均每年只增长11.21个；1980年到1990年为快速增长期，平均每年增长64.8个；2007—2009年又是一轮迅猛增长期，3年时间增加了635个，平均每年增长了211个多，具体见表1。

表 1　1978—2009 年我国博物馆数及增长数

单位:个

年份	博物馆	
	数目	增长数
1978	349	—
1980	365	16
1985	711	346
1990	1013	302
1995	1194	181
1996	1219	25
1997	1282	63
1998	1339	57
1999	1363	24
2000	1392	29
2001	1461	69
2002	1511	50
2003	1515	4
2004	1548	33
2005	1581	33
2006	1617	36
2007	1722	105
2008	1893	171
2009	2252	359

资料来源:根据历年《中国文化文物统计年鉴》资料整理。

2. 博物馆分布不均衡

在 2009 年我国博物馆的地区分布中,江苏省以 182 个位列第一,广东省以 160 个位列第二,湖北、云南、山东、河南、江西、陕西、浙江等省份都超过 100 个,而西藏以 2 个位列倒数第一,宁夏以 6 个位列倒数第二。从我国各地区博物馆的现状可以看出如下特点:一是经济社会发达地区的博物馆数量较多;二是文化历史悠久地区的博物馆数目较多;三是多民族的地区博物馆数量较多;四是很多地区的博物馆建设出现了反复,很多地区的博物馆数量甚至在某些年份里出现了负增长。上述特点背后的深层次原因主要有当地的经济和财政实力、文化历史传统和多民族文化的传承需要等。具体见表2。

表2 1995—2009年我国各地区博物馆及增长情况

单位:个

年份 地区	1995	2000	2001	2002	2003	2004	2005	2006	2007	2008	2009	
全国	总额	1194	1384	1454	1504	1507	1548	1581	1617	1722	1893	2252
中央		5	5	5	5	5	4	4	4	5	5	5
地方		1189	1379	1449	1449	1499	1503	1577	1613	1717	1888	2247
北京	总额	17	25	26	24	27	31	34	33	34	37	40
	增长			1	-2	3	4	3	-1	1	3	3
天津	总额	14	14	14	15	17	17	18	19	18	18	18
	增长			0	1	2	0	1	1	-1	0	0
河北	总额	31	43	45	44	44	45	46	46	56	64	64
	增长			2	-1	0	1	1	0	10	8	0
山西	总额	69	76	79	85	86	88	86	87	86	85	86
	增长			3	6	1	2	-2	1	-1	-1	1
内蒙古	总额	17	25	27	28	28	31	33	35	37	36	46
	增长			2	1	0	3	2	2	2	-1	10
辽宁	总额	26	30	34	34	35	37	39	36	37	54	61
	增长			4	0	1	2	2	-3	1	17	7
吉林	总额	16	16	19	22	22	18	18	18	21	26	71
	增长			3	3	0	-4	0	0	3	5	45
黑龙江	总额	29	41	41	46	45	47	46	47	53	56	71
	增长			0	5	-1	2	-1	1	6	3	15
上海	总额	12	11	21	23	23	24	25	26	28	28	29
	增长			10	2	0	1	1	1	2	0	1

续表

江苏	总额	72	86	87	90	89	97	99	100	108	165	182
	增长			1	3	-1	8	2	1	8	57	17
浙江	总额	59	65	69	70	70	73	80	83	87	89	100
	增长			4	1	0	3	7	3	4	2	11
安徽	总额	30	37	37	37	40	40	43	44	37	38	68
	增长			0	0	3	0	3	1	-7	1	30
福建	总额	64	81	80	79	79	79	82	84	85	89	93
	增长			-1	-1	0	0	3	2	1	4	4
江西	总额	82	81	83	84	84	85	82	87	97	96	103
	增长			2	1	0	1	-3	5	10	-1	7
山东	总额	56	59	66	70	73	72	75	76	87	91	111
	增长			7	4	3	-1	3	1	11	4	20
河南	总额	66	70	72	75	75	76	78	79	82	95	103
	增长			2	3	0	1	2	1	3	13	8
湖北	总额	88	94	95	96	96	98	91	96	107	111	116
	增长			1	1	0	2	-7	5	11	4	5
湖南	总额	57	66	67	70	70	71	73	72	73	74	75
	增长			1	3	0	1	2	-1	1	1	1
广东	总额	114	128	141	140	143	143	146	148	153	152	160
	增长			13	-1	3	0	3	2	5	-1	8
广西	总额	37	39	40	41	42	49	49	53	59	60	62
	增长			1	1	1	7	0	4	6	1	2
海南	总额	17	15	16	16	17	16	16	15	16	16	15
	增长			1	0	1	-1	0	-1	1	0	-1
重庆	总额	-	14	14	17	17	15	18	16	18	21	37
	增长			0	3	0	-2	3	-2	2	3	16
四川	总额	54	50	55	51	51	54	55	59	62	85	89
	增长			5	-4	0	3	1	4	3	23	4

续表

贵州	总额	4	8	9	10	10	10	11	13	18	23	53
	增长			1	1	0	0	1	2	5	5	30
云南	总额	22	30	30	30	30	31	32	33	36	36	113
	增长			0	0	0	1	1	1	3	0	77
西藏	总额	2	2	2	2	2	2	2	2	2	1	2
	增长			0	0	0	0	0	0	0	-1	1
陕西	总额	59	67	75	88	81	81	82	86	91	91	101
	增长			8	13	-7	0	1	4	5	0	10
甘肃	总额	52	65	64	67	65	67	69	70	73	81	91
	增长			-1	3	-2	2	2	1	3	8	10
青海	总额	8	14	13	16	16	16	15	17	18	18	18
	增长			-1	3	0	0	-1	2	1	0	0
宁夏	总额	3	4	5	5	5	6	6	5	6	5	6
	增长			1	0	0	1	0	-1	1	-1	1
新疆	总额	12	23	23	24	23	25	28	8	32	47	63
	增长			0	1	-1	2	3	-20	24	15	16

资料来源：根据历年《中国文化文物统计年鉴》整理。

从表3可以看出，1995年以来，贵州省的博物馆数量增速最高，从4个增长到53个，增长了12.25倍，新疆和云南都增长了4倍多，而海南则出现了负增长，具体见表3。

表3　博物馆数量增速最高和最低的地区对比

单位：个　%

地　区	1995年	2009年	增速
贵州	4	53	1225
新疆	12	63	425
云南	22	113	414
吉林	16	71	344

续表

地　区	1995 年	2009 年	增速
内蒙古	17	46	171
海南	17	15	-12
西藏	2	2	0
山西	69	86	25
江西	82	103	26
天津	14	18	29
湖南	57	75	32
湖北	88	116	32

资料来源：根据历年《中国文化文物统计年鉴》资料整理。

3. 博物馆的类型分布不合理

首先，在博物馆的类型中，综合性的占第一位，数量占比 48.22%，从业人员占比 40.76%；历史类的次之，数量占比 36.28%，从业人员占比 46.97%，综合性的和历史类的占了博物馆数量的绝大部分。艺术类的和自然类的数量所占份额很少，二者之和所占比例不到 10%。其次，在博物馆的所属部门中，文化部门所属的博物馆在数目上占比 90.05%，在从业人员上占比 93.04%，而其他部门所属的博物馆在数目上占比 9.95%，在从业人员上仅占比 6.96%。具体见表 4。

表 4　2009 年全国博物馆与文物商店基本情况

单位：个人　%

类别	合计				文化部门				其他部门			
	机构		从业人员		机构		从业人员		机构		从业人员	
	数目	比例	数目	比例	数目	比例	数目	比例	数目	比例	数目	比例
博物馆	2252	100	59919	100	2028	90.05	55746	93.04	224	9.95	4173	6.96
1. 综合性	1086	48.22	24421	40.76	1056	46.89	24008	40.07	30	1.33	413	0.69
2. 历史类	817	36.28	28143	46.97	739	32.82	25776	43.02	78	3.46	2367	3.95

续表

类别	合计				文化部门				其他部门			
	机构		从业人员		机构		从业人员		机构		从业人员	
	数目	比例	数目	比例	数目	比例	数目	比例	数目	比例	数目	比例
3. 艺术类	114	5.06	2673	4.46	78	3.46	2356	3.93	36	1.60	317	0.53
4. 自然科学类	73	3.24	1460	2.44	34	1.51	907	1.51	39	1.73	553	0.92
5. 其他类	162	7.19	3222	5.38	121	5.37	2699	4.50	41	1.82	523	0.87
文物商店	80	—	1898	—	80	—	1898	—	0	—	0	—

资料来源:根据《中国文化文物统计年鉴(2010)》资料整理。

二、博物馆免费开放的经济学分析

(一)免费开放的相关理论

1. 公共产品理论

公共经济学理论把社会产品分为公共产品和私人产品。纯粹的公共产品或劳务的特征是:每个人消费这种物品或劳务不会导致别人对该种产品或劳务的减少。公共产品或劳务具有如下性质:效用的不可分割性、消费的非竞争性和受益的非排他性,而与之相反,凡是可以由个别消费者所占有和享用,具有排他性和可分割性的产品就是私人产品。介于二者之间的产品则为准公共产品。

(1)效用的不可分割性

即公共产品是面向整个社会提供的,具有共同受益与消费的特点,其效用为整个社会的成员所共同享有,不能将其分割为若干部分,分别归个人或者社会集团享用。国防、外交、治安等是最为典型事例。

(2)受益的非排他性

即个人或集团对公共产品的消费,并不影响或者妨碍其他个人或者集团同时消费该公共产品,也不会减少其他个人或集团消费该公共产品的数量和质量。典型事例如“灯塔”。

(3)消费的非竞争性

某一个人或者经济组织对公共产品的享用,不排除和妨碍其他人或者组织同时享用,消费者的增加不引起生产成本的增加,即增加一个消费者,其边际成本等于零。边际成本可以分为边际生产成本和边际拥挤成本,其中边际生产成本为零是指:在现有的公共产品供给水平上,新增消费者不需增加供给成本(如灯塔);边际拥挤成本为零是指:任何人对公共产品的消费不会影响其他人同时享用该公共产品的数量和质量(如不拥挤的桥梁、未饱和的 Internet 网等)。其中,边际拥挤成本是否为零是区分纯公共产品、准公共产品或混合产品的重要标准。

2. 外部效应理论

外部效应是指私人费用与社会费用之间或者私人收益与社会收益之间的非一致性,关键是指某个人或者经济组织的行为活动影响了他人或经济组织,却没有为之承担应有的成本或没有获得应有的收益。外部效应分为正外部效应和负外部效应两类。

(1)正外部效应

某个人或经济组织的行为活动使得其他人或经济组织受益,但没有得到相应的补偿,则称之为正外部效应。如环境保护、研发、教育、文化等。对于正外部效应,社会享受了一部分收益,称之为收益外溢,仅仅依靠市场机制,对于具有正外部效应的物品或服务,由于得不到合理收益而会出现供应短缺,即供不应求。对于因正的外部效应造成的生产不足问题,政府可以通过财政补贴、税收优惠等方式予以鼓励。

(2)负外部效应

某一个人或经济组织的行为活动使得其他人或经济组织受损,但没有承担相应成本,则称之为负外部效应。如:工厂生产造成的污染。对于负外部效应，私人边际成本小于社会边际成本，社会为私人承担了一部分成本，称之为成本外溢，对于具有负外部效应的物品或服务，由于无需支付必要的成本，会造成过度生产，政府可以采取课征高额税收或收费等方式遏制负外部效应。

3. "市场失灵"与公共产品供给

由于公共产品的特性以及外部性的存在，导致"市场失灵"现象普遍存在，从而使市场机制难以在一切领域达到"帕累托最优"，特别是在公共产品供给方面。如果由私人部分通过市场提供就不可避免地出现"免费搭车者"，从而导致休谟所指出的"公共的悲剧"，难以实现全体社会成员的公共利益最大化，这是市场机制本身难以解决的难题，这时就需要政府来出面提供公共产品或劳务。此外，由于外部效应的存在，私人不能有效提供也会造成其供给不足，这也需政府出面弥补这种"市场缺陷"，提供相关的公共产品或劳务。

4. 需求供给理论

(1)需求理论

需求理论的出发点是人的欲望，需求是欲望的满足，而人的欲望是由效用来满足的，因此，欲望和效用是相互有关的名词。所谓需求价格就是购买者为购买一定量的某种商品而愿意支付的价格，它以商品的边际效用为基础，由边际效用决定。商品存在着边际效用递减规律，边际效用递减规律是指商品对一个人的效用随其拥有量的增加是递减的。

需求和价格水平之间存在反比例的关系，即价格越高则需求量越少，价格越低则需求量越多。

(2)供给理论

供给理论是说明商品本身价格与其供给量之间关系的理论。其基本内容是：在其他条件不变的情况下，一种商品的供给量与价格之间成同方向变动,即供给量随着商品本身价格的上升而增加,随商品本身价格的下降而减少。影响供给的因素包括影响企业供给愿望与供给能力的各种经济与社会因素,这些因素主要是:价格、生产要素的数量与价格、技术以及预期。

从上述理论可以看出,博物馆为准公共产品,如果单纯依靠市场提供就会存在"市场失灵"的现象,导致市场供给不足,满足不了市场需求,这就需要政府和市场共担该产品。

(二)免费开放的经济学分析

1. 博物馆的供求分析

(1)博物馆的需求曲线

博物馆的需求曲线是显示博物馆参观价格与需求量关系的曲线,是指其他条件相同时,在每一价格水平上消费者愿意购买的博物馆产品量的曲线。需求曲线通常以价格(price)为纵轴(y 轴),以需求量(quantity)为横轴(x 轴),为一条向右下倾斜的直线或曲线,价格和数量呈负相关关系,即当价格上升时,需求量下降,而价格下降时,则需求量上升。具体见图 1。

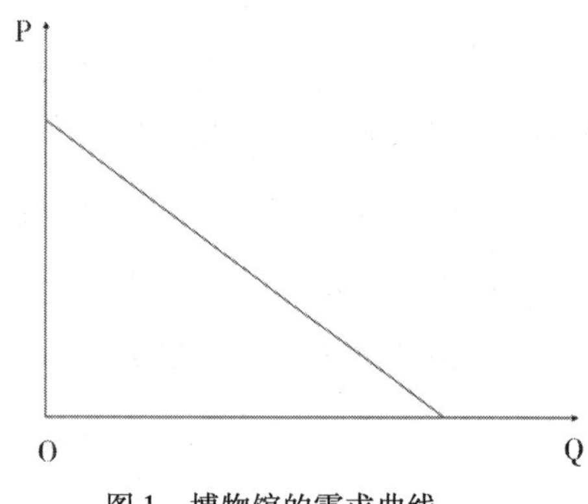

图 1　博物馆的需求曲线

(2)博物馆的供给曲线

所谓供给是指个别厂商在一定时间内,在一定条件下,对某一商品愿意并且有商品出售的数量。供给曲线是以几何图形表示商品的价格和供给量之间的函数关系,供给曲线是根据供给表中的商品的价格—供给量组合在平面坐标图上所绘制的一条曲线。

一般而言,供给量与价格会呈正相关,表现为一条向上倾斜的曲线,即当价格上升时,供给量上升,而当价格下降时,则供给量下降。具体见图 2。

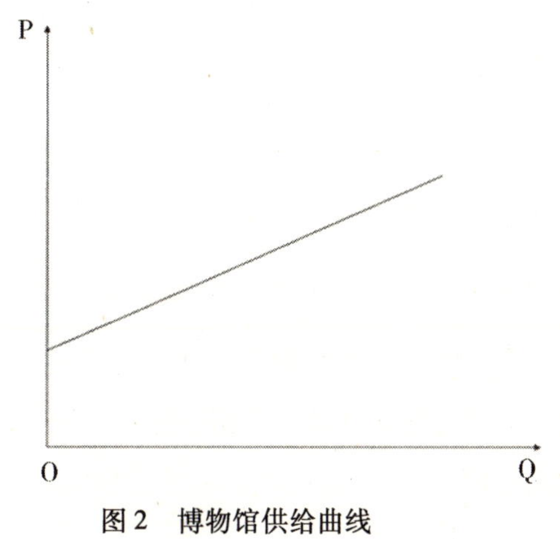

图 2　博物馆供给曲线

(3)博物馆的供给需求均衡分析

现实生活中,需求曲线和供给曲线都不是一条直线,而是一条曲线,具体如图 3 所示。在图 3 中,需求曲线是向下倾斜的曲线,而供给曲线是向上倾斜的曲线,供给曲线和需求曲线的交点为供需的均衡点,处于均衡点的价格和数量分别为P* 和 Q* 。

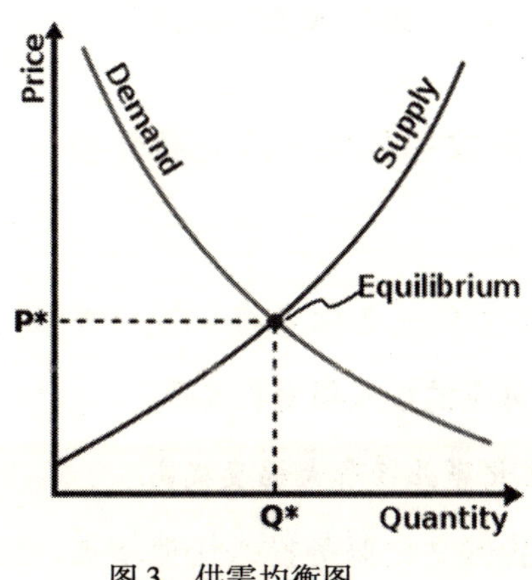

图 3　供需均衡图

2. 博物馆的消费者剩余分析

消费者剩余(consumer surplus)又称为消费者的净收益,是指买者的支付意愿减去买者的实际支付量。消费者剩余衡量了买者自己感觉到所获得的额外利益。消费者总剩余可以用需求曲线下方,价格线上方和价格轴围成的三角形的面积表示。在图4中,供给和需求曲线的交叉点为均衡价格,在均衡价格下,消费者剩余为三角形P P* E* 的面积。

当博物馆采取免费开放时,则博物馆参观的价格为0,在这种情况下,消费者剩余为三角形POQ的面积,具体见图4。

对于博物馆的免费开放,如果政府的补贴小于价格为零时与均衡价格时的消费者剩余之差时,则博物馆免费开放在经济上是合理的;如果政府的补贴大于二者剩余之差时,则博物馆的免费开放在经济上是不合理的。

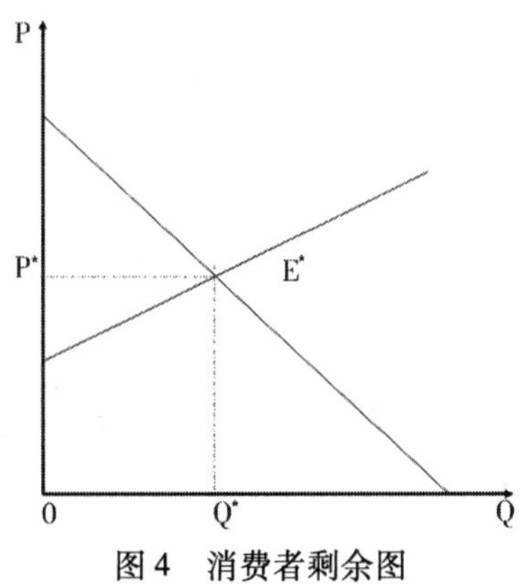

图4 消费者剩余图

三、博物馆免费开放的公共投入现状分析

(一)国家对公共文化服务体系投入现状分析

1. 公共文化服务体系的投入额增长迅速

(1)我国整体的文化事业经费大幅度提高

新中国成立以来我国文化服务投入快速增加,全国文化事业费从“一

五”时期的4.97亿元，每年平均0.99亿元增加到2009年的292.32亿元，增加了57.82倍。从1949年到1978年文化事业经费增长的幅度很小，从0.99亿元增加到4.44亿元，只增加了3.48倍。而在此后的近30年时间里，文化事业费从1978年的4.44亿元增加到2009年的292.32亿元，增长了64.84倍。具体见表5。

表5　全国文化事业费情况及增长速度

单位：亿元　%

年份	文化事业费		年份	文化事业费	
	总值	增速		总值	增速
一五时期	4.97	—	1993	22.37	14.95
二五时期	7.99	60.76	1994	28.83	28.88
三年调整	4.49	56.20	1995	33.39	15.82
三五时期	10.36	130.73	九五时期	254.51	—
四五时期	15.36	48.26	1996	38.77	15.23
五五时期	22.04	43.49	1997	46.19	19.14
1978	4.44	—	1998	50.78	9.94
1980	5.58	—	1999	55.61	9.51
六五时期	36.03	—	2000	63.16	13.58
1985	9.32	—	十五时期	496.16	—
七五时期	62.45	—	2001	70.99	12.40
1986	10.74	15.24	2002	83.66	17.85
1987	10.77	0.28	2003	94.03	12.40
1988	12.18	13.09	2004	113.66	20.88
1989	13.57	11.41	2005	133.82	17.74
1990	15.19	11.94	2006	158.03	18.09
八五时期	121.23	—	2007	198.96	25.90
1991	17.28	13.76	2008	248.04	24.67
1992	19.46	12.62	2009	292.32	17.85

注：国家财政总支出、文教科学卫生事业费均系国家财政决算数。文化事业费：1953—1980年系国家财政决算数（“一五”至“四五”时期含文物、出版经费，“五五”时期不含文物、出版经费）；1981年以后系文化事业统计年报数（不含文物、出版及科学研究费）。

资料来源：根据国家统计网站资料整理。

从表5可以看出,从连续记录的1985年到2009年,第一个连续快速增长期是1994—1997年,增长速度超过15%,而第二个连续快速增长期是2004—2009年,增长速度都超过17%。

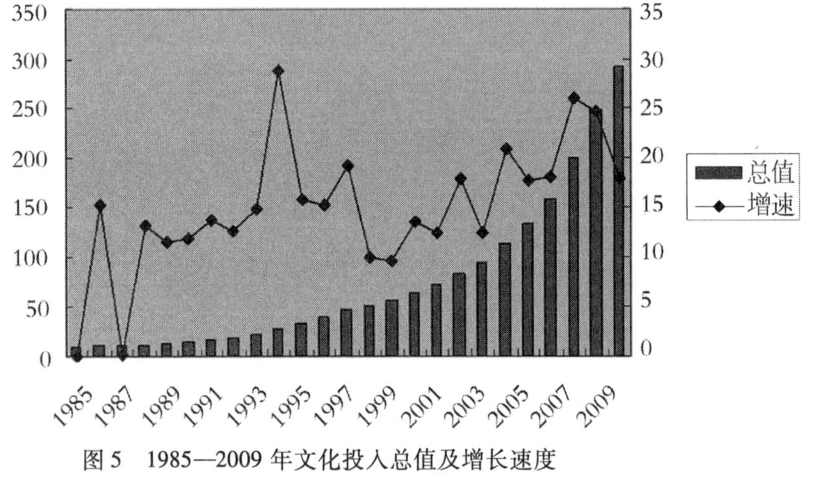

图5　1985—2009年文化投入总值及增长速度

表6　一五到十五时期文化事业费与增速

单位:亿元　%

年份	文化事业费	
	总值	增速
一五时期	4.97	——
二五时期	7.99	60.76
三五时期	10.36	29.66
四五时期	15.36	48.26
五五时期	22.04	43.49
六五时期	36.03	63.48
七五时期	62.45	73.33
八五时期	121.23	94.12
九五时期	254.51	109.94
十五时期	496.16	94.94

资料来源:根据历年《中国文化文物统计年鉴》资料整理。

从表 6 可以看出，三五时期增长速度很低，不到 30%，而八五、九五和十五时期，同比增长速度都超过了 90%。

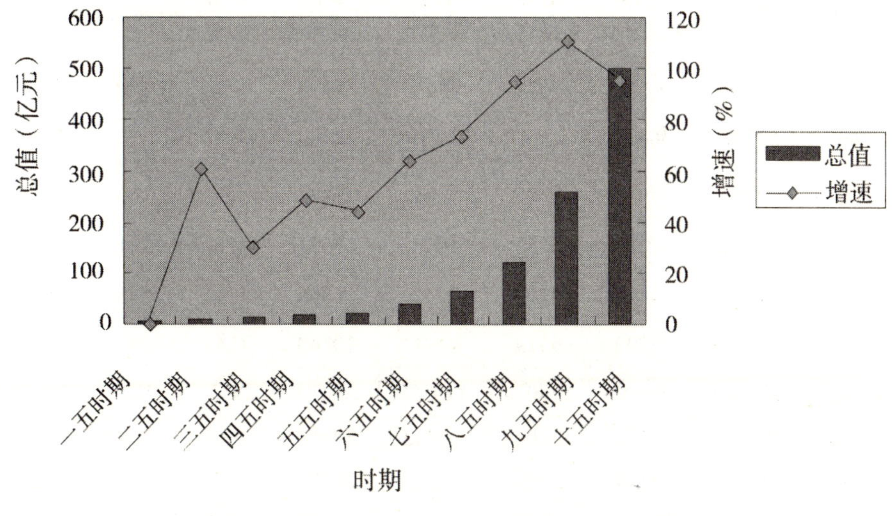

图 6　一五——十五文化投入总值及增速图

(2) 文化事业费各项支出都快速增长

艺术表演团体费用从 1981 年的 38897 万元增长到 2009 年的 865654 万元，增长了 21.26 倍；艺术表演场所费用从 1982 年的 6169 万元增长到 2009 年的 120996 万元，增长了 18.61 倍；公共图书馆费用从 1981 年的 6145 万元增长到 2009 年的 606630 万元，增长了 97.72 倍；群众文化事业费用从 1981 年的 12140 万元增长到 2009 年的 794190 万元，增长了 64.42 倍；中等专业学校费用从 1981 年的 2797 万元增长到 2000 年的 54422 万元，增长了 18.46 倍；干部训练费用从 1983 年的 261 万元增长到 2006 年的 737 万元，增长了 1.82 倍；其他费用从 1981 年的 9253 万元增长到 2009 年的 1949913 万元，增长了 209.73 倍。具体见表 7。

表 7　全国文化事业费总支出分项情况

单位:万元

年份	总计	艺术表演团体	艺术表演场所	公共图书馆	群众文化事业	中等专业学校	干部训练	其他
六五时期	459316	213563	30046	47760	74866	16421	940	75720
1981	69232	38897	—	6145	12140	2797	—	9253
1982	79318	39693	6169	252	11957	2827	—	11420
1983	89282	42861	6653	9121	13631	3114	261	13641
1984	103885	44820	7705	1184	16798	3540	335	18838
1985	117599	47292	9519	13393	20340	4143	344	22568
七五时期	980847	294857	138074	116300	168619	29521	5122	228353
1986	151892	53238	16912	17242	27118	4640	1160	31582
1987	163618	54334	21887	19030	28222	483	958	34350
1988	193954	57834	27420	2302	32385	5967	872	46454
1989	226748	61937	33601	26737	3818	6720	1000	58335
1990	244635	67514	38254	30270	42470	7357	1132	57632
八五时期	2090837	559130	302037	261106	334861	78076	8148	547478
1991	287937	76065	45634	34388	48674	8610	1228	73338
1992	328295	87797	49738	41132	55330	10483	1217	82598
1993	398478	100106	58860	48211	63172	13717	1489	112922
1994	502210	134508	68389	63295	78794	21113	1985	134126
1995	574193	160654	79416	74080	88891	24153	2229	144769
九五时期	4522682	1121883	447005	622921	835808	220970	10103	1262994
1996	741671	183534	88947	88963	137775	31477	1573	208402
1997	848548	202789	93125	113927	158861	39561	2186	238100
1998	899877	223877	92580	127032	173207	43820	2084	237277
1999	973733	242797	85653	135826	177528	51690	1486	278754
2000	1058853	268886	86700	157173	188437	54422	2774	300461
十五时期	7103503	2025076	471018	1215721	1381016	—	7969	2003334
2001	1097176	312601	89815	180489	210860	—	1933	301479
2002	1277797	363312	89374	208929	235593	—	1659	378930
2003	1384184	397890	104384	235819	265751	—	2479	378491

续表

年份	总计	艺术表演团体	艺术表演场所	公共图书馆	群众文化事业	中等专业学校	干部训练	其他
2004	1573087	459369	102174	275034	310850	—	724	425350
2005	1767102	492653	91655	312571	358641	—	1077	510506
2006	1580280	390771	21703	319479	322773	—	737	524818
2007	1989621	497445	31616	395441	432311	—	—	632808
2008	3770495	786080	119250	519841	653613	—	—	1691715
2009	4337383	865654	120996	606630	794190	—	—	1949913

资料来源:根据历年《中国文化文物统计年鉴》整理。

(3)各个地区的文化事业费也都快速增长

改革开放以来,我国各个地区的文化事业费虽然增长速度不同,但是都取得了快速增长。1990 年到 2009 年 19 年间,北京从 4592 万元增长到 139070 万元,天津从 2813 万元增长到 59419 万元。具体数据见表 8。

表 8　按年份各地区文化事业费情况

单位:万元　%

年份 地区	1990	1991	1995	2000	2002	2004		2005	2006	2007	2008	2009
北京	4592	3827	8427	24008	35359	51113	总额	64587	63817	126965	148139	139070
							增长率	26.36	-1.19	98.95	1.17	0.94
天津	2813	3073	5098	9796	12189	22614	总额	31592	29588	41934	52784	59419
							增长	39.70	-6.34	41.73	1.26	1.13
河北	6243	5659	11393	18984	24675	31742	总额	39626	44252	45694	51444	67514
							增长率	24.84	11.67	3.26	1.13	1.31
山西	6020	5278	9215	12347	18405	26337	总额	29832	35530	54990	73766	68915
							增长率	13.27	19.10	54.77	1.34	0.93
内蒙古	5861	5751	8624	14515	20478	26576	总额	30543	34403	53494	66313	90834
							增长率	14.93	12.64	55.49	1.24	1.37

续表

年份/地区	1990	1991	1995	2000	2002	2004		2005	2006	2007	2008	2009
辽宁	9417	11433	17525	26790	29710	39758	总额	47578	52538	60971	83172	103852
							增长率	19.67	10.42	16.05	1.36	1.25
吉林	5911	5712	10613	15711	20553	24276	总额	26566	34257	41470	54629	81951
							增长率	9.43	28.95	21.06	1.32	1.50
黑龙江	6358	6080	10722	16598	22422	28851	总额	33742	36244	50055	54549	66055
							增长率	16.95	7.42	38.11	1.09	1.21
上海	6426	6642	15431	42608	52761	62051	总额	79201	88135	111593	134079	179641
							增长率	27.64	11.28	26.62	1.20	1.34
江苏	7657	8286	18234	38527	51973	65916	总额	77658	104433	111808	138463	156415
							增长率	17.81	34.48	7.06	1.24	1.13
浙江	6774	6903	14764	35334	55909	86007	总额	110397	127865	149131	189152	210702
							增长率	28.36	15.82	16.63	1.27	1.11
安徽	5136	5017	8836	15849	20968	28782	总额	30541	35720	45252	50924	68005
							增长率	6.11	16.96	26.69	1.13	1.34
福建	5073	5620	11023	22174	28684	33061	总额	42949	49003	54705	67310	89566
							增长率	29.91	14.10	11.64	1.23	1.33
江西	4112	4259	7404	10696	22826	18341	总额	23398	27643	34680	45349	66782
							增长率	27.57	18.14	25.46	1.31	1.47
山东	9016	9789	16315	30944	41449	55023	总额	61687	76920	92704	116810	127359
							增长率	12.11	24.69	20.52	1.26	1.09
河南	6883	6550	12447	20948	26046	31979	总额	37708	40066	55121	77833	91641
							增长率	17.91	6.25	37.58	1.41	1.18
湖北	6349	6116	11268	19367	27191	33611	总额	43585	53757	55493	72181	97863
							增长率	29.67	23.34	3.23	1.30	1.36
湖南	5989	6171	10525	16564	20749	28967	总额	34771	40083	45699	55775	87969
							增长率	20.04	15.28	14.01	1.22	1.58

续表

年份 地区	1990	1991	1995	2000	2002	2004		2005	2006	2007	2008	2009
广东	11547	9500	27486	58321	85778	116704	总额	128095	152160	175177	203212	226179
							增长率	9.76	18.79	15.13	1.16	1.11
广西	4701	4438	8617	14608	21983	26068	总额	28089	34199	35704	50837	68074
							增长率	7.75	21.75	4.40	1.42	1.34
海南	1241	1496	2965	3468	4415	5966	总额	6007	8460	9869	22342	25626
							增长率	0.69	40.84	16.65	2.26	1.15
重庆				9151	12442	15099	总额	17505	23168	32691	46287	51464
							增长率	15.93	32.35	41.10	1.42	1.11
四川	10037	10157	16905	20500	29775	40256	总额	44523	51651	72605	110798	118242
							增长率	10.60	16.01	40.57	1.53	1.07
贵州	3364	3060	4785	9131	11010	15808	总额	18731	23419	29614	38840	53265
							增长率	18.49	25.03	26.45	1.31	1.37
云南	7247	9581	14563	23945	29373	40118	总额	42036	59584	56587	79385	76259
							增长率	4.78	41.75	-5.03	1.40	0.96
西藏	1733	1153	2124	4264	7078	7572	总额	8003	7959	9797	11101	12921
							增长率	5.69	-0.55	23.09	1.13	1.16
陕西	5758	5360	8583	13976	16027	18682	总额	23462	29038	38865	59995	72478
							增长率	25.59	23.779	33.84	1.54	1.21
甘肃	4101	3627	6935	9130	13253	17757	总额	20882	25893	30844	39396	47046
							增长率	17.60	24.00	19.12	1.28	1.19
青海	1730	1513	2574	3696	5201	6472	总额	7349	10745	13709	14772	25570
							增长率	13.55	46.21	27.58	1.08	1.73
宁夏	1888	1781	2108	3625	6356	7031	总额	9646	10311	13728	23237	24661
							增长率	37.19	6.89	33.14	1.69	1.06
新疆	4378	3852	7371	10518	16981	21993	总额	24877	32093	39463	46657	60681
							增长率	13.11	29.01	22.96	1.18	1.30

资料来源：根据历年《中国文化文物统计年鉴》整理。

从1990年到2009年间,各地区文化事业费增长速度最快的是浙江省,增长了31.10倍,第二位的是北京,增长了30.29倍,依次向下的是上海、天津、海南等。增长速度最慢的是西藏,只增长了7.46倍。具体见表9。

表9　我国部分地区文化事业费1990年、2009年对照表

单位:万元　倍

	1990	2009	2009/1990
西藏	1733	12921	7.46
黑龙江	6358	66055	10.39
云南	7247	76259	10.52
河北	6243	67514	10.81
广东	11547	226179	19.59
江苏	7657	156415	20.43
海南	1241	25626	20.65
天津	2813	59419	21.12
上海	6426	179641	27.96
北京	4592	139070	30.29
浙江	6774	210702	31.10

资料来源:根据历年《中国文化文物统计年鉴》资料整理。

2. 各地区文化事业费总支出增长迅速

(1)各地区文化事业费总支出

各地区的文化事业费总支出超过各地区文化事业费,且增长迅速。例如,北京市的总支出从1985年的2783万元增长到2009年的191173万元;天津市从1985年的1873万元增长到2009年的89095万元;新疆从1985年的3115万元增长到2009年的89967万元。具体见表10。

表 10　按年份各地区文化事业费总支出情况

单位:万元

地区＼年份	1985	1990	1995	2000	2001	2005	2006	2007	2008	2009
北京	2783	6729	18039	40313	46079	82489	87964	191865	212831	191173
天津	1873	3946	10008	16565	18359	32169	38045	68794	69876	89085
河北	4165	8522	17366	27056	39459	49487	54127	74674	91555	102891
山西	4672	12784	14724	18774	23009	38999	46006	79626	133090	117100
内蒙古	3676	5703	10720	19200	20834	33865	36885	66326	85106	106303
辽宁	6714	14313	28705	37177	39546	61594	72728	86077	114167	137344
吉林	4994	8102	16706	20204	22790	32287	40760	59909	71403	92109
黑龙江	4103	6983	15890	44298	25394	39052	39680	67627	77258	96870
上海	4599	14586	49623	97643	116380	150962	165486	233000	244695	307614
江苏	5174	15445	43011	68696	73123	105799	124187	176594	209563	232383
浙江	4980	11546	34097	61855	73876	148040	167726	227771	264978	298031
安徽	3286	6540	13798	22848	26121	39223	46498	71718	89413	114201
福建	3268	7513	16835	32134	41126	56944	68460	84746	108466	131899
江西	2995	5039	10094	14766	19313	30389	36417	55209	67623	88541
山东	5393	12879	26333	43198	48472	75425	15519	128421	154068	168872
河南	5984	11257	22947	32718	35945	51961	58450	112864	125547	143994
湖北	5535	9908	25424	35023	38233	65558	92279	108935	122650	159484
湖南	4971	8643	19554	28972	31809	48718	55111	75685	89177	129263
广东	6059	14285	44643	98294	107672	173985	210064	270597	364691	371207
广西	2884	6613	13253	20179	23479	36191	42267	58592	79950	95994
海南	—	1264	4146	5083	4383	7417	9227	14392	29125	38715
重庆	—	—	—	14876	16057	24097	29503	48170	61005	88422
四川	7483	13773	29144	34608	38742	62714	66096	116723	166835	172942
贵州	2090	3655	6537	11778	11890	21754	26337	42192	56203	78105
云南	3244	7354	17508	28646	29408	51688	61017	83868	110783	110654
西藏	1304	1063	2386	4299	4092	8353	8347	15411	16871	23362

续表

地区\年份	1985	1990	1995	2000	2001	2005	2006	2007	2008	2009
陕西	3609	7356	12724	20242	20152	32660	37825	60149	83137	108718
甘肃	2497	4095	9023	11681	14442	24719	29502	43081	57853	63797
青海	1270	1599	2853	5248	5877	8021	10959	18029	24485	33488
宁夏	1261	2168	2971	4962	5783	10823	12582	18863	34527	33448
新疆	3115	4344	9127	14099	19954	31081	39613	57535	66341	89967

资料来源:根据历年《中国文化文物统计年鉴》资料整理。

(2)2006—2009 年文化事业费总支出增速

各地区文化事业费总支出增长较快,2006—2009 年复合增长速度超过 20%。如北京市 2009 年是 1985 年的 68.69 倍;天津的该比例为 47.56 倍;上海的为 66.89 倍;广东的为 61.27 倍;西藏的也有 17.92 倍。具体见表 11。

表 11　2006—2009 年文化事业费总支出表

单位: %　倍

地区\年份	2006	2007	2008	2009	2009/1985
北京	6.64	118.12	10.93	-10.18	68.69
天津	18.27	80.82	1.57	27.49	47.56
河北	9.38	37.96	22.61	12.38	24.70
山西	17.97	73.08	67.14	-12.01	25.06
内蒙古	8.92	79.82	28.31	24.91	28.92
辽宁	18.08	18.35	32.63	20.30	20.46
吉林	26.24	46.98	19.19	29.00	18.44
黑龙江	1.61	70.43	14.24	25.39	23.61
上海	9.62	40.80	5.02	25.71	66.89
江苏	17.38	42.20	18.67	10.89	44.91

续表

地区 \ 年份	2006	2007	2008	2009	2009/1985
浙江	13.30	35.80	16.34	12.47	59.85
安徽	18.55	54.24	24.67	27.72	34.75
福建	20.22	23.79	27.99	21.60	40.36
江西	19.84	51.60	22.49	30.93	29.56
山东	-79.42	727.51	19.97	9.61	31.31
河南	12.49	93.09	11.24	14.69	24.06
湖北	40.76	18.05	12.59	30.03	28.81
湖南	13.12	37.33	17.83	44.95	26.00
广东	20.74	28.82	34.77	1.79	61.27
广西	16.79	38.62	36.45	20.07	33.29
海南	24.40	55.98	102.37	32.93	—
重庆	22.43	63.27	26.65	44.94	—
四川	5.39	76.60	42.93	3.66	23.11
贵州	21.07	60.20	33.21	38.97	37.37
云南	18.05	37.45	32.09	-0.12	34.11
西藏	-0.07	84.63	9.47	38.47	17.92
陕西	15.81	59.02	38.22	30.77	30.12
甘肃	19.35	46.03	34.29	10.27	25.55
青海	36.63	64.51	35.81	36.77	26.37
宁夏	16.25	49.92	83.04	-3.13	26.52
新疆	27.45	45.24	15.31	35.61	28.88

资料来源：根据历年《中国文化文物统计年鉴》资料整理。

3. 人均文化事业费大幅度提高

(1)全国人均文化事业经费增长迅速

全国人均文化事业经费从1980年的0.56元增加到2009年的21.9元，增长了39.11倍，具体年份的人均文化事业费和增长率见表12和图7。

表 12　1980—2009 年人均文化事业费

单位:元　%

时间	值	增长率
1980	0.56	—
1985	0.89	58.93
1990	1.33	49.44
1995	2.75	106.77
1996	3.24	17.82
2000	5.11	57.729
2001	5.70	11.55
2002	6.51	14.21
2003	7.27	11.67
2005	10.23	40.72
2006	11.91	16.42
2007	15.06	26.45
2008	18.68	24.04
2009	21.90	17.24

资料来源:根据历年《中国文化文物统计年鉴》资料整理。

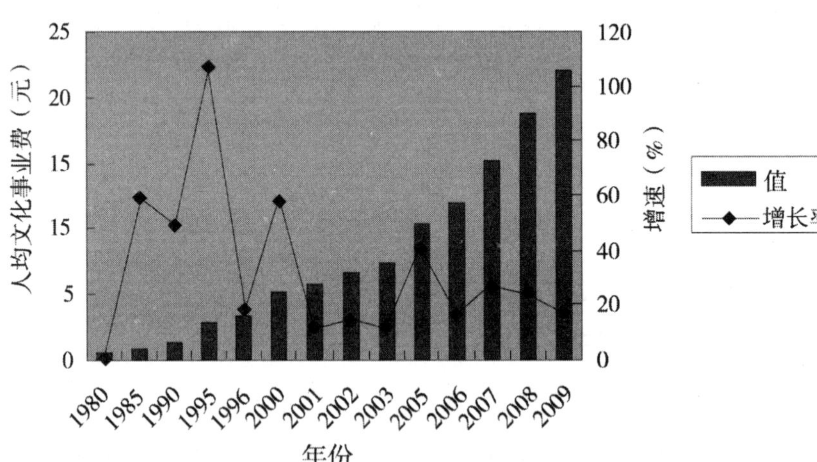

图 7　人均文化事业费及增速图

(2)全国各地的人均文化事业费都有大幅度增长

在各地区人均文化事业费方面:从1990年到2009年的19年间,北京市的人均文化事业费由3.07元增加到79.24元;上海的人均文化事业费由4.55元增加到93.51元。其他具体见表13。

表13　按年份各地区人均文化事业费

单位:元

年份 地区	1990	1995	1996	2000	2001	2002	2003	2005	2006	2007	2008	2009
北京	3.07	8.74	9.08	21.56	24.9	30.94	28.71	41.99	40.36	77.75	87.40	79.24
天津	2.63	7.56	7.40	10.66	12	13.15	13.92	30.29	27.52	37.61	44.88	48.38
河北	0.81	1.78	1.97	2.85	3.44	3.66	4.02	5.78	6.42	6.58	7.36	9.60
山西	1.57	3.12	3.57	3.86	5.27	5.67	6.31	8.89	10.53	16.21	21.63	20.11
内蒙古	2.19	4.13	5.25	6.31	7.67	8.77	9.62	12.8	14.35	22.24	27.47	37.50
辽宁	2.06	4.31	4.2	6.48	6.68	7.15	7.63	11.27	12.44	14.19	19.28	24.05
吉林	2.14	4.21	4.26	5.98	6.95	7.76	8.18	9.78	12.58	15.19	19.98	29.91
黑龙江	1.56	2.95	3.17	4.49	5.63	6.01	6.85	8.83	9.48	13.09	14.26	17.26
上海	4.55	13.10	22.0	32.24	36.8	39.54	35.18	44.54	48.56	60.06	71.02	93.51
江苏	0.99	2.62	3.05	5.45	6.2	7.29	8.98	10.39	13.83	14.66	18.04	20.25
浙江	1.42	3.26	3.74	7.85	10.3	12.33	14.97	22.54	25.68	29.47	36.94	40.68
安徽	0.78	1.48	1.67	2.52	2.95	3.29	3.79	4.99	5.85	7.40	8.30	11.09
福建	1.45	3.27	4.03	6.71	7.54	8.61	8.22	12.15	13.77	15.28	18.68	24.69
江西	0.97	1.94	2.36	2.57	3.26	5.35	3.57	5.43	6.37	7.94	10.31	15.07
山东	1.01	1.93	2.36	3.45	3.8	4.57	4.79	6.67	8.26	9.90	12.40	13.45
河南	0.70	1.34	1.61	2.20	2.51	2.72	3.01	4.02	4.27	5.89	8.25	9.66
湖北	1.05	2.04	2.25	3.26	3.76	4.55	4.92	7.63	9.41	9.74	12.64	17.11
湖南	0.84	1.67	1.86	2.54	2.85	3.16	3.55	5.5	6.32	7.19	8.74	13.73
广东	1.16	3.93	4.86	7.78	9.26	11.21	13.1	13.93	16.35	18.54	21.29	23.47
广西	0.90	1.93	1.86	3.09	3.81	4.59	4.71	6.03	7.25	7.49	10.56	14.02
海南	1.48	2.50	3.83	4.56	4.14	5.67	4.70	7.25	10.12	11.68	26.16	29.66
重庆	—	—	—	2.96	3.14	4.00	4.14	6.09	8.25	11.61	16.30	18.00

续表

地区＼年份	1990	1995	1996	2000	2001	2002	2003	2005	2006	2007	2008	2009
四川	0. 85	1. 56	1. 73	2. 44	2. 95	3. 51	3. 60	5. 42	6. 32	8. 93	13. 61	14. 45
贵州	0. 83	1. 36	1. 78	2. 48	2. 55	2. 94	3. 02	5. 02	6. 23	7. 87	10. 24	14. 02
云南	1. 57	3. 47	4. 41	5. 87	6. 11	7. 09	7. 07	9. 45	13. 29	12. 54	17. 47	16. 68
西藏	4. 40	3. 22	12. 4	16. 97	14. 8	27. 71	22. 10	28. 89	28. 5	34. 50	38. 68	44. 69
陕西	1. 34	2. 42	2. 83	3. 91	3. 82	4. 44	4. 82	6. 31	7. 77	10. 37	15. 95	19. 21
甘肃	1. 40	2. 93	2. 72	3. 60	4. 4	5. 16	6. 02	8. 05	9. 94	11. 79	14. 99	17. 85
青海	3. 03	5. 30	7. 00	7. 69	10. 7	10. 68	11. 05	13. 53	19. 61	24. 83	26. 66	45. 88
宁夏	3. 18	4. 23	3. 85	6. 54	8. 16	11. 10	10. 83	16. 18	17. 07	22. 51	37. 60	39. 44
新疆	3. 32	5. 39	4. 92	5. 87	8. 11	9. 13	10. 42	12. 38	15. 66	18. 84	21. 89	28. 11

资料来源：根据历年《中国文化文物统计年鉴》资料整理。

在各地区人均文化事业费增速方面：北京市 2009 年为 1990 年的 25. 81 倍，天津市 2009 年为 1990 年的 18. 40 倍，上海市 2009 年为 1990 年的 20. 55 倍，广东省的为 20. 23 倍，新疆的为 8. 47 倍。

表 14　2006—2009 年各地人均文化事业费增速

单位：%　倍

地区＼年份	2006	2007	2008	2009	2009/1990
北京	－3. 88	92. 64	12. 41	－9. 34	25. 81
天津	－9. 14	36. 66	19. 33	7. 80	18. 40
河北	11. 07	2. 49	11. 85	30. 43	11. 85
山西	18. 45	53. 94	33. 44	－7. 03	12. 81
内蒙古	12. 11	54. 98	23. 52	36. 51	17. 12
辽宁	10. 38	14. 07	35. 87	24. 74	11. 67
吉林	28. 63	20. 75	31. 53	49. 70	13. 98
黑龙江	7. 36	38. 08	8. 94	21. 04	11. 06
上海	9. 03	23. 68	18. 25	31. 67	20. 55

续表

地区\年份	2006	2007	2008	2009	2009/1990
江苏	33.11	6.00	23.06	12.25	20.45
浙江	13.93	14.76	25.35	10.12	28.65
安徽	17.23	26.50	12.16	33.61	14.22
福建	13.33	10.97	22.25	32.17	17.03
江西	17.31	24.65	29.85	46.17	15.54
山东	23.84	19.85	25.25	8.47	13.32
河南	6.22	37.94	40.07	17.09	13.80
湖北	23.33	3.51	29.77	35.36	16.30
湖南	14.91	13.77	21.56	57.09	16.35
广东	17.37	13.39	14.83	10.24	20.23
广西	20.23	3.31	40.99	32.77	15.58
海南	39.59	15.42	123.97	13.38	20.04
重庆	35.47	40.73	40.40	10.43	—
四川	16.61	41.30	52.41	6.17	17.00
贵州	24.10	26.32	30.11	36.91	16.89
云南	40.63	-5.64	39.31	-4.52	10.62
西藏	-1.35	21.05	12.12	15.54	10.16
陕西	23.14	33.46	53.81	20.44	14.34
甘肃	23.48	18.61	27.14	19.08	12.75
青海	44.94	26.62	7.37	72.09	15.14
宁夏	5.50	31.87	67.04	4.89	12.40
新疆	26.49	20.31	16.19	28.41	8.47

资料来源：根据历年《中国文化文物统计年鉴》资料整理。

（二）博物馆免费开放现状分析

1. 必要性

（1）城镇居民收支持续增长，对精神生活的需求强烈

2010 年全国城镇居民人均可支配收入达到 19109 元，比 2005 年的 10493 元增长 82.1%，扣除价格因素，实际增长 59.0%，年均实际增长 9.7%。工资性收入、转移性收入、经营净收入和财产性收入等各分项收入均保持快速增长。具体见图 8。

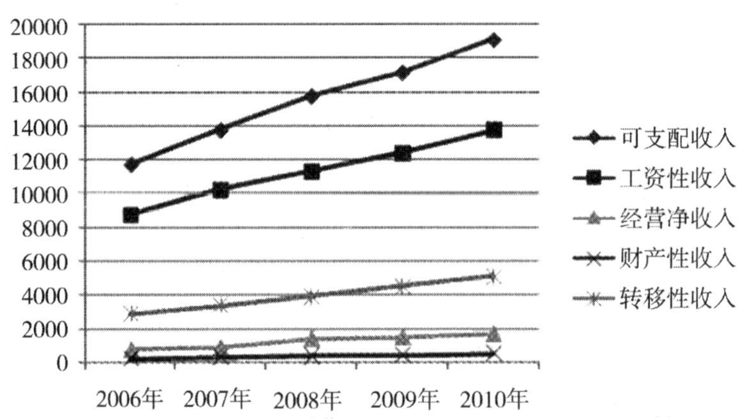

图 8　2006—2010 年全国城镇居民收入变化情况　　单位：元

在收入快速增长的同时，居民对教育文化娱乐消费的需求快速增长。2010 年城镇居民人均文化娱乐服务支出 559 元，比 2005 年增长 127.4%，年均增长 17.9%。

按照马斯洛的需求层次理论，需求被分为生理上的需求，安全上的需求，情感和归属的需求，尊重的需求和自我实现的需求，当基本的需求得到满足之后，就一定会需求更高层次的精神需求。目前，我国已经解决了温饱问题，开始向全面小康阶段发展，在这种情况下，对博物馆等提供精神产品的机构需求越来越多。

(2)更好地实施公共文化服务体系的必然要求

博物馆作为一个地域历史和文化记录的活化石,是公共文化服务体系的重要组成部分,天然地具有鲜明的公益性特征。博物馆向社会免费开放,大大降低了广大群众的进入门槛,可以把"公益性"作用发挥到最大。因此,对博物馆等公益性文化设施实施免费开放政策,不仅能够更好地满足广大群众的愿望和要求,也能更好地贯彻落实十七大提出的构建公共文化服务体系的要求,更好地满足群众基本文化权益。

2. 免费开放现状

2008 年 1 月 23 日,中共中央宣传部、财政部、文化部、国家文物局联合下发《关于全国博物馆、纪念馆免费开放的通知》(中宣发[2008]2 号,以下简称《通知》),通知要求除文物建筑及遗址类博物馆,全国各级文化文物部门归口管理的公共博物馆、纪念馆,全国爱国主义教育示范基地全部实行免费开放。中央财政将为博物馆免费开放设立专项资金,并要求各级财政部门将博物馆、纪念馆免费开放相关经费纳入财政预算。我国博物馆免费开放最早于浙江省开始于 2001 年,截至 2009 年底,全国免费开放博物馆、纪念馆总数达到 1749 个,约占文化文物部门归口管理博物馆、纪念馆和全国爱国主义教育示范基地总数的 77.66%;2009 年,接待观众 3.27 亿人次,其中免费开放参观人数为 2.47 亿人次,占比为 75.37%;财政拨款为 56.93 亿元,其中免费开放财政拨款为 42.48 亿元,占比为 74.62%;2008 年至 2009 年,中央财政已拨付 32 亿元对列入全国免费开放名单的 1444 家博物馆门票减收、运转经费增量和改善陈列布展等予以补助;地方财政在这方面投入的配套经费达到 10.48 亿元。具体见表 15。

表 15　2009 年博物馆免费开放情况表

单位:个　　千元　%

项目	总计	免费开放	免费开放所占比例(%)	项目	总计	免费开放	免费开放所占比例(%)
机构数	2252	1749	77.66	从业人数	59919	43541	72.67
高级职称	3680	2634	71.58	中级职称	8324	6142	73.79
安全保卫人员	10443	7195	68.90	收入合计(千元)	7659420	5101356	66.60
藏品(件)	15711150	11732247	74.67	财政拨款	5692991	4248313	74.62
一级品	56277	33015	58.67	事业收入	1097551	306788	27.95
二级品	1060569	254270	23.97	经营收入	169256	25022	14.78
三级品	2647498	1685294	63.66	其他收入	528089	392824	74.39
本年从有关部门接收套数	44211	38789	87.74	本年度支出(千元)	7007204	4635864	66.16
基本陈列	4853	4109	84.67	基本支出	3655770	2431280	66.51
举办展览	9204	8065	87.62	项目支出	3025596	1987293	65.68
参观人数(千人次)	327156	246573	75.37	经营支出	106359	24583	23.11
未成年人数(千人次)	99784	83228	83.41	公用房屋建筑面积(千平方米)	9669	7391	76.44
门票销售总额(千元)	990442	92150	9.30	展览用房	4616	3686	79.85
资产合计	19545758	12915607	66.08	文物库房	891	657	73.74
固定资产原值	13898959	9468387	68.12	增加值	3252904	2115301	65.03

资料来源:根据历年《中国文化文物统计年鉴》资料整理。

四、博物馆免费开放的财政政策分析

(一)我国经济实力和财力分析

1. 我国经济实力快速增长

改革开放以来,我国国内生产总值和人均国内生产总值都保持较快的速度增长,国内生产总值从 1978 年的 3645.217 亿元增长到 2009 年的 340506.9 亿元,增长了 92.41 倍;人均国内生产总值从 1978 年的 381.2311 元增长到 2009 年的 25575 元,增长了 66.09 倍。1978—2009 期间,我国经济增长存在三个快速增长区间:一是 1983—1989 年间,增长速度超过 12%;二是 1991—1996 年间,增长速度超过 16%;三是 2003—2008 年间,增长速度超过 12%,具体见表 16 和图 9、10。

表 16　1978—2009 年我国 GDP 和人均 GDP

年份	国内生产总值		人均国内生产总值	
	总值(亿元)	增速(%)	总值(元)	增速(%)
1978	3645.217	—	381.2311	—
1979	4062.579	11.45	419.2505	9.97
1980	4545.624	11.89	463.253	10.50
1981	4891.561	7.61	492.1632	6.24
1982	5323.351	8.83	527.7804	7.24
1983	5962.652	12.01	582.6828	10.40
1984	7208.052	20.89	695.2009	19.31
1985	9016.037	25.08	857.8205	23.39
1986	10275.18	13.97	963.1867	12.28
1987	12058.62	17.36	1112.377	15.49
1988	15042.82	24.75	1365.506	22.76

续表

年份	国内生产总值		人均国内生产总值	
	总值(亿元)	增速(%)	总值(元)	增速(%)
1989	16992.32	12.96	1519.002	11.24
1990	18667.82	9.86	1644	8.23
1991	21781.5	16.68	1892.76	15.13
1992	26923.48	23.61	2311.088	22.10
1993	35333.92	31.24	2998.364	29.74
1994	48197.86	36.41	4044.004	34.87
1995	60793.73	26.13	5045.73	24.77
1996	71176.59	17.08	5845.887	15.86
1997	78973.03	10.95	6420.18	9.82
1998	84402.28	6.87	6796.03	5.85
1999	89677.05	6.25	7158.502	5.33
2000	99214.55	10.64	7857.676	9.77
2001	109655.2	10.52	8621.706	9.72
2002	120332.7	9.74	9398.054	9.00
2003	135822.8	12.87	10541.97	12.17
2004	159878.3	17.71	12335.58	17.01
2005	184937.4	15.67	14185.36	15.00
2006	216314.4	16.97	16499.7	16.31
2007	265810.3	22.88	20169.46	22.24
2008	314045.4	18.15	23707.71	17.54
2009	340506.9	8.43	25575	7.88

资料来源:根据国家统计局资料整理。

2. 财力大幅度提升

得益于我国经济社会的快速发展,我国的财力大幅度提升。我国的财政收入从 1978 年的 1132.26 亿元增长到 2010 年的 83080 亿元,增长了 72.38 倍;财政支出从 1978 年的 1122.09 亿元增长到 2010 年的 89575.38

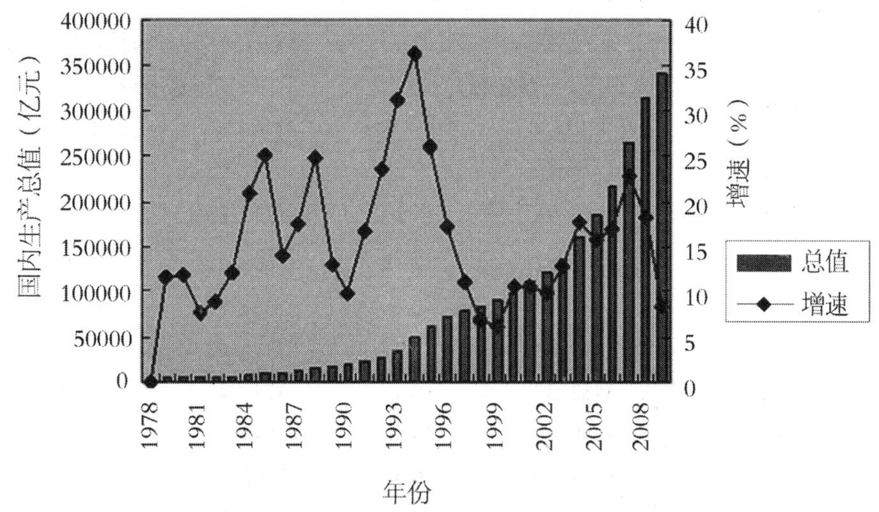

图9　1978—2009 年国内生产总值及增速图

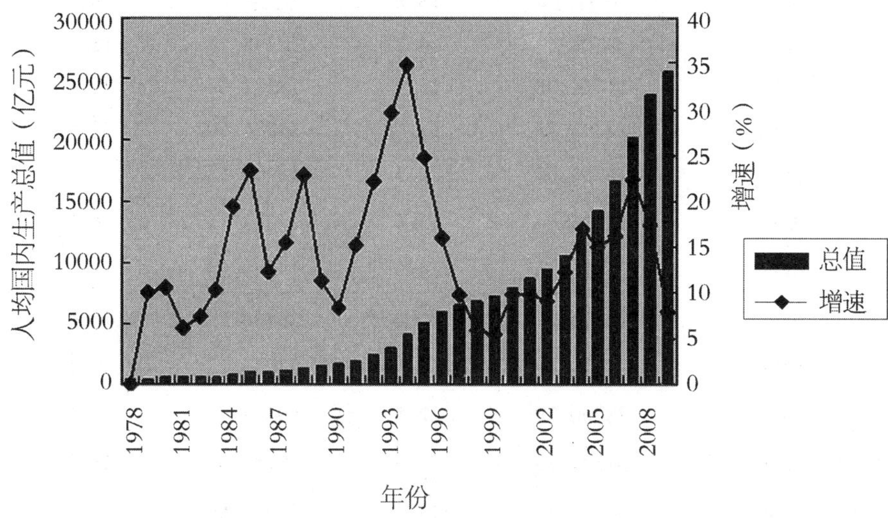

图10　1978—2009 年人均国内生产总值及增长速度图

亿元，增长了 78.83 倍。1993—2010 年期间，财政收入和财政支出基本保持着 15%以上的速度高速增长，具体见表 17 和图 11、12。

表 17　1978—2010 年我国财政收入、支出与增速表

单位:亿元　%

年份	财政收入		财政支出	
	总值(亿元)	增速(%)	总值(元)	增速(%)
1978	1132.26	—	1122.09	—
1980	1159.93	1.2	1228.83	-4.1
1985	2004.82	22.0	2004.25	17.8
1990	2937.10	10.2	3083.59	9.2
1991	3149.48	7.2	3386.62	9.8
1992	3483.37	10.6	3742.20	10.5
1993	4348.95	24.8	4642.30	24.1
1994	5218.10	20.0	5792.62	24.8
1995	6242.20	19.6	6823.72	17.8
1996	7407.99	18.7	7937.55	16.3
1997	8651.14	16.8	9233.56	16.3
1998	9875.95	14.2	10798.18	16.9
1999	11444.08	15.9	13187.67	22.1
2000	13395.23	17.0	15886.50	20.5
2001	16386.04	22.3	18902.58	19.0
2002	18903.64	15.4	22053.15	16.7
2003	21715.25	14.9	24649.95	11.8
2004	26396.47	21.6	28486.89	15.6
2005	31649.29	19.9	33930.28	19.1
2006	38760.20	22.5	40422.73	19.1
2007	51321.78	32.4	49781.35	23.2
2008	61330.35	19.5	62592.66	25.7
2009	68518.30	11.7	76299.93	21.9
2010	83080	21.3	89575.38	17.4

注:1. 在国家财政收支中,价格补贴 1985 年以前冲减财政收入,1986 年以后列为财政支出。为了可比,本表将 1985 年以前冲减财政收入的价格补贴改列在财政支出中。

2. 财政收入中不包括国内外债务收入。

3. 从 2000 年起,财政支出中包括国内外债务付息支出。

资料来源:根据国家统计局网站资料整理。

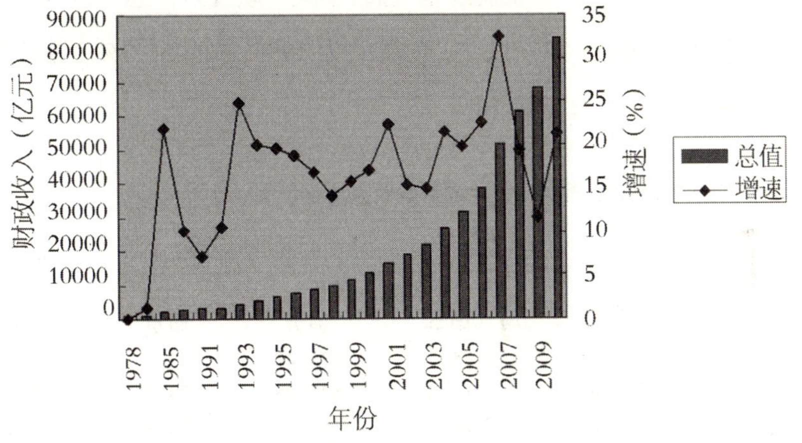

图 11　1978—2010 年我国财政收入与增长速度图

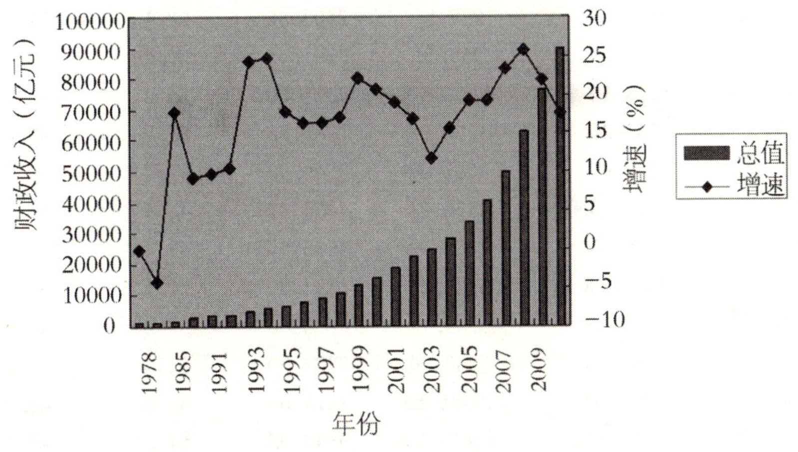

图 12　1978—2010 年我国财政支出与增长速度图

3. 中央财政转移支付能力强

首先，我国中央财政收入从 1978 年的 175.77 亿元增长到 2010 年的 42470.52 亿元，增长了 559.52 倍，远远高于整体财政收入的增长速度（同期增长了 72.38 倍），而地方财政收入从 1978 年的 956.49 亿元增长到 2010 年的 40609.8 亿元，增长了 41.46 倍。中央和地方在财政收入中所占比例以 1994 年的分税制改革为界，发生了巨大变化。在分税制改革之前，中央财政收入占总财政收入的比重一直较低，最低的是 1978 年的 15.5%，最高的是1985年的38.4%。分税制改革之后,中央财政收入占总财政收入的比重大幅度上升,一般在50%以上,最高的为1994年的55.7%,最低的为1997年的48.9%。具体见表18。

表18　1978—2010我国中央和地方财政收入比例

单位:亿元　%

年份	财政收入	财政收入总值		比重	
		中央	地方	中央	地方
1978	1132.26	175.77	956.49	15.5	84.5
1980	1159.93	284.45	875.48	24.5	75.5
1985	2004.82	769.63	1235.19	38.4	61.6
1990	2937.10	992.42	1944.68	33.8	66.2
1991	3149.48	938.25	2211.23	29.8	70.2
1992	3483.37	979.51	2503.86	28.1	71.9
1993	4348.95	957.51	3391.44	22.0	78.0
1994	5218.10	2906.50	2311.60	55.7	44.3
1995	6242.20	3256.62	2985.58	52.2	47.8
1996	7407.99	3661.07	3746.92	49.4	50.6
1997	8651.14	4226.92	4424.22	48.9	51.1
1998	9875.95	4892.00	4983.95	49.5	50.5
1999	11444.08	5849.21	5594.87	51.1	48.9
2000	13395.23	6989.17	6406.06	52.2	47.8
2001	16386.04	8582.74	7803.30	52.4	47.6
2002	18903.64	10388.64	8515.00	55.0	45.0
2003	21715.25	11865.27	9849.98	54.6	45.4
2004	26396.47	14503.10	11893.37	54.9	45.1
2005	31649.29	16548.53	15100.76	52.3	47.7
2006	38760.20	20456.62	18303.58	52.8	47.2
2007	51321.78	27749.16	23572.62	54.1	45.9
2008	61330.35	32680.56	28649.79	53.3	46.7
2009	68518.30	35915.71	32602.59	52.4	47.6
2010	83080.32	42470.52	40609.8	51.1	48.88

注:1. 中央、地方财政收入均为本级收入。
　2. 本表数字不包括国内外债务收入。
资料来源:根据国家统计局资料整理。

其次,从支出比例来看,中央级财政支出从1978年的532.12亿元增加到2010年的15972.89亿元，增长了29.02倍，远低于我国整体财政支出的增速(同期为78.83倍)，而地方级的财政支出从1978年的589.97亿元增加到2010年的73602.49亿元，增长了123.76倍。具体见表19。

表19 1978—2010年我国中央和地方财政支出比重

单位:亿元 %

年份	财政支出	财政支出总值		比重	
		中央	地方	中央	地方
1978	1122.09	532.12	589.97	47.4	52.6
1980	1228.83	666.81	562.02	54.3	45.7
1985	2004.25	795.25	1209.00	39.7	60.3
1990	3083.59	1004.47	2079.12	32.6	67.4
1991	3386.62	1090.81	2295.81	32.2	67.8
1992	3742.20	1170.44	2571.76	31.3	68.7
1993	4642.30	1312.06	3330.24	28.3	71.7
1994	5792.62	1754.43	4038.19	30.3	69.7
1995	6823.72	1995.39	4828.33	29.2	70.8
1996	7937.55	2151.27	5786.28	27.1	72.9
1997	9233.56	2532.50	6701.06	27.4	72.6
1998	10798.18	3125.60	7672.58	28.9	71.1
1999	13187.67	4152.33	9035.34	31.5	68.5
2000	15886.50	5519.85	10366.65	34.7	65.3
2001	18902.58	5768.02	13134.56	30.5	69.5
2002	22053.15	6771.70	15281.45	30.7	69.3
2003	24649.95	7420.10	17229.85	30.1	69.9
2004	28486.89	7894.08	20592.81	27.7	72.3
2005	33930.28	8775.97	25154.31	25.9	74.1
2006	40422.73	9991.40	30431.33	24.7	75.3
2007	49781.35	11442.06	38339.29	23.0	77.0
2008	62592.66	13344.17	49248.49	21.3	78.7
2009	76299.93	15255.79	61044.14	20.0	80.0
2010	89575.38	15972.89	73602.49	17.83	82.17

资料来源:根据国家统计局资料整理。

综上所述，中央级财政收入的实收额和所占比例都远远超过财政支出，如2010年中央级财政收入为42470.52亿元，所占比例为51.1%，而财政支出只有15972.89亿元，所占比例为17.83%。可以看出，中央转移支付的能力很强。

（二）博物馆免费开放财政政策的制度体系构建

博物馆免费开放的财政政策作为一项复杂的系统工程，主要包括法律体系、投入的长效机制、转移支付政策、投入构成、投入分配等一系列因素。

1. 法律体系

应把博物馆建设和管理纳入国家法律体系，制定博物馆法等。

2. 投入的长效机制

（1）投入确定的原则

首先，稳步提升的原则。保持投入所占财政支出的比例稳步提升，避免出现反复。

其次，投入增速超过国内生产总值、财政收入和财政支出增速的原则。

（2）文化投入占财政支出的比例

要建立起文化投入的长效机制，必须明确文化投入占财政支出的比例。

（3）博物馆投入占文化投入的比例

3. 博物馆免费开放的转移支付制度

一是各地方博物馆应有数量。

二是博物馆各种开支比例。

确定建设、维修和运营等开支的科学比例。

三是确定需要转移支付的标准。

四是确定各地的转移支付数量。

4. 确定对博物馆补贴的标准

按照博物馆吸引的观众人数作为补贴的标准，由中央和地方联合给予充足的财政补偿。

五、博物馆免费开放的主要问题

（一）文化投入方面存在的主要问题

1. 文化投入增长速度和国民经济及财政收入的增长不相匹配

我国GDP从1985年的9016.04亿元增加到2009年的340506.9亿元，增长了37.77倍；国家财政支出从1985年的1844.8亿元增加到2009年的75874亿元，增长了41.13倍；文化事业费从1985年的9.32亿元增加到2009年的292.32亿元，增长了31.36倍。文化事业费的增长速度低于GDP和国家财政支出的增长速度。按理论来说，随着经济社会的全面发展，文化事业的投入增速应该大于经济发展的增速，但是我国文化事业投入的增速却低于经济发展和财政能力的增速。具体见表20和图13。

表20　文化事业费、国家财政支出、GDP情况

单位：亿元　%

年份	文化事业费		国家财政总支出		国内生产总值	
	总额	增长率	总额	增长率	总额	增长率
1985	9.32	—	1844.8	—	9016.037	—
1986	10.74	15.24	2330.8	26.34	10275.18	13.97
1987	10.77	0.28	2448.5	5.05	12058.62	17.36
1988	12.18	13.09	2706.6	10.54	15042.82	24.75
1989	13.57	11.41	3040.2	12.33	16992.32	12.96
1990	15.19	11.94	3452.2	13.55	18667.82	9.86
1991	17.28	13.76	3813.6	10.47	21781.5	16.68
1992	19.46	12.62	4389.7	15.11	26923.48	23.61
1993	22.37	14.95	5287.4	20.45	35333.92	31.24
1994	28.83	28.88	5792.6	9.55	48197.86	36.41

续表

年份	文化事业费		国家财政总支出		国内生产总值	
	总额	增长率	总额	增长率	总额	增长率
1995	33.39	15.82	6809.2	17.55	60793.73	26.13
1996	38.77	16.11	7914.4	16.23	71176.59	17.08
1997	46.19	19.14	9197.1	16.21	78973.03	10.95
1998	50.78	9.94	10771	17.11	84402.28	6.87
1999	55.61	9.51	13136	21.96	89677.05	6.25
2000	63.16	13.58	15879.44	20.89	99214.55	10.64
2001	70.99	12.4	18844	18.67	109655.2	10.52
2002	83.66	17.85	22012	16.81	120332.7	9.74
2003	94.03	12.4	26768	21.61	135822.8	12.87
2004	113.66	20.88	28360.79	5.95	159878.3	17.71
2005	133.82	17.74	33708.12	18.85	184937.4	15.67
2006	158.03	18.09	40213.2	19.3	216314.4	16.97
2007	198.96	25.9	49565.4	23.26	265810.3	22.88
2008	248.04	24.67	62427	25.95	314045.4	18.15
2009	292.32	17.85	75874	21.54	340506.9	8.43

资料来源：根据历年中国统计年鉴和中国文化年鉴整理。

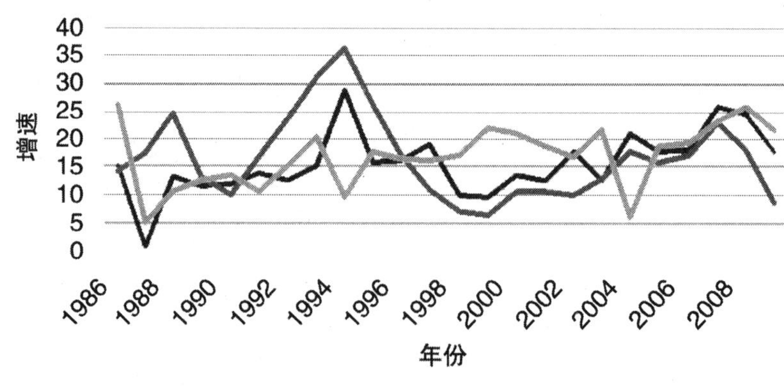

图 13　文化事业费、GDP 和财政支出增速比较图

2. 文化投入虽然大幅度增长,但是占国家财政支出的比例一直不高,远远低于国外发达国家的水平

(1)国家层面

20 多年来,我国文化事业费占国家财政支出的比例不仅没有上升,反而在下降,1985 年为 0.51%,2009 年只为 0.39%。虽然该比例中间有反复,但是整体上在下降,而且最低年份的 2003 年只有 0.35%,远远低于国外发达国家 2%—3% 的水平。尤其是进入 21 世纪以来,一直在 0.40% 以下徘徊。具体见表 21 和图 14。

表 21 1985—2009 年文化事业费占国家财政支出比例

单位:%

年份	比例	年份	比例	年份	比例	年份	比例
1985	0.51	1992	0.44	1999	0.42	2006	0.39
1986	0.46	1993	0.42	2000	0.40	2007	0.40
1987	0.44	1994	0.50	2001	0.40	2008	0.40
1988	0.45	1995	0.49	2002	0.38	2009	0.39
1989	0.45	1996	0.49	2003	0.35		
1990	0.44	1997	0.50	2004	0.40		
1991	0.45	1998	0.47	2005	0.39		

资料来源:根据历年中国统计年鉴和中国文化文物统计年鉴整理。

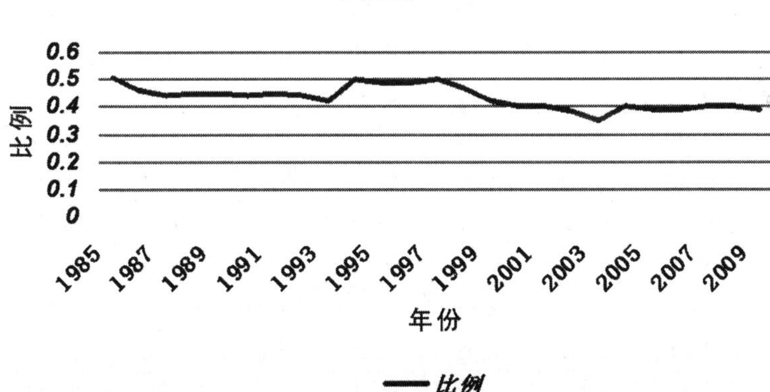

图 14 1985—2009 年文化事业费所占比例图

(2)省级区域层面

在省级区域方面,1995 年以来,除了北京、天津、浙江、广东、重庆这五个地区之外,其他地区呈现下降趋势,有些地区该比例甚至下降了 50% 以上,有些地区的比例只有 0. 29% 。具体见表 22。

表 22　按年份各地区文化事业费占国家财政支出的比例

单位: %

地区＼年份	1995	2002	2003	2004	2005	2006	2007	2008
北京	0. 55	0. 56	0. 57	0. 57	0. 61	0. 49	0. 77	0. 76
天津	0. 5	0. 46	0. 45	0. 60	0. 71	0. 54	0. 50	0. 61
河北	0. 6	0. 43	0. 43	0. 39	0. 4	0. 37	0. 31	0. 28
山西	0. 82	0. 55	0. 51	0. 50	0. 44	0. 39	0. 53	0. 56
内蒙古	0. 84	0. 52	0. 51	0. 47	0. 44	0. 42	0. 49	0. 45
辽宁	0. 64	0. 43	0. 41	0. 43	0. 39	0. 37	0. 35	0. 39
吉林	0. 88	0. 57	0. 54	0. 48	0. 42	0. 48	0. 47	0. 46
黑龙江	0. 61	0. 42	0. 46	0. 41	0. 42	0. 37	0. 38	0. 35
上海	0. 59	0. 61	0. 55	0. 45	0. 48	0. 49	0. 51	0. 52
江苏	0. 72	0. 6	0. 65	0. 50	0. 46	0. 52	0. 45	0. 43
浙江	0. 82	0. 75	0. 78	0. 81	0. 87	0. 87	0. 83	0. 86
安徽	0. 65	0. 46	0. 48	0. 48	0. 42	0. 38	0. 37	0. 31
福建	0. 64	0. 72	0. 63	0. 64	0. 72	0. 67	0. 61	0. 60
江西	0. 67	0. 83	0. 4	0. 43	0. 41	0. 40	0. 38	0. 38
山东	0. 59	0. 48	0. 43	0. 46	0. 42	0. 42	0. 41	0. 43
河南	0. 6	0. 42	0. 41	0. 36	0. 33	0. 28	0. 30	0. 34
湖北	0. 69	0. 53	0. 55	0. 52	0. 55	0. 51	0. 44	0. 44
湖南	0. 61	0. 39	0. 42	0. 40	0. 39	0. 38	0. 34	0. 32
广东	0. 52	0. 56	0. 61	0. 63	0. 55	0. 60	0. 56	0. 54
广西	0. 61	0. 52	0. 52	0. 55	0. 45	0. 47	0. 37	0. 39
海南	0. 7	0. 48	0. 36	0. 47	0. 39	0. 48	0. 38	0. 63
重庆	—	0. 41	0. 38	0. 37	0. 35	0. 39	0. 30	0. 46
四川	0. 61	0. 42	0. 43	0. 45	0. 41	0. 38	0. 41	0. 37
贵州	0. 56	0. 35	0. 35	0. 38	0. 35	0. 38	0. 38	0. 37
云南	0. 62	0. 56	0. 53	0. 60	0. 54	0. 67	0. 50	0. 54

续表

地区＼年份	1995	2002	2003	2004	2005	2006	2007	2008
西藏	0. 61	0. 51	0. 41	0. 57	0. 43	0. 40	0. 35	0. 29
陕西	0. 84	0. 4	0. 42	0. 35	0. 36	0. 35	0. 37	0. 42
甘肃	0. 85	0. 48	0. 52	0. 50	0. 48	0. 49	0. 46	0. 41
青海	0. 89	0. 44	0. 48	0. 47	0. 43	0. 50	0. 49	0. 41
宁夏	0. 92	0. 55	0. 59	0. 54	0. 6	0. 53	0. 57	0. 72
新疆	0. 76	0. 47	0. 54	0. 52	0. 47	0. 47	0. 45	0. 44

资料来源：根据历年中国统计年鉴和中国文化文物统计年鉴整理。

3. 区域差距悬殊

(1)各地区文化事业费占财政支出比例方面

2008 年，最高的为浙江省，为 0. 86%，是最低的河北省(0. 28%)的 3. 07 倍。文化事业费占财政支出的比例和当地的经济发展水平密切相关，经济发展水平较高的地区，该比例就较高。此外，边远地区和少数民族地区由于国家大量的转移支付，该比例也较高。具体见表 23。

表 23　2008 年各地区文化事业费占财政支出比例

单位：%

地区	比例	地区	比例	地区	比例
浙江	0. 86	重庆	0. 46	江西	0. 38
北京	0. 76	内蒙古	0. 45	四川	0. 37
宁夏	0. 72	湖北	0. 44	贵州	0. 37
海南	0. 63	新疆	0. 44	黑龙江	0. 35
天津	0. 61	江苏	0. 43	河南	0. 34
福建	0. 6	山东	0. 43	湖南	0. 32
山西	0. 56	陕西	0. 42	安徽	0. 31
广东	0. 54	甘肃	0. 41	西藏	0. 29
云南	0. 54	青海	0. 41	河北	0. 28
上海	0. 52	辽宁	0. 39		
吉林	0. 46	广西	0. 39		

资料来源：根据《中国文化文物统计年鉴》资料整理。

(2)各地区人均文化事业费方面

2009年,人均文化事业费最高的上海市为93.51元,最低的河北省为9.60元,上海市是河北省的9.74倍,差距悬殊,具体见表24。

表24　2007年各地区人均文化事业费

单位:元

地区	人均事业费	地区	人均事业费	地区	人均事业费
北京	79.24	福建	24.69	湖北	17.11
上海	93.51	吉林	29.91	四川	14.45
天津	48.38	江苏	20.25	江西	15.07
西藏	44.69	辽宁	24.05	贵州	14.02
浙江	40.68	黑龙江	17.26	广西	14.02
青海	45.88	云南	16.68	安徽	11.09
宁夏	39.44	甘肃	17.85	湖南	13.73
内蒙古	37.50	海南	29.66	河北	9.60
新疆	28.11	重庆	18.00	河南	9.66
广东	23.47	陕西	19.21		
山西	20.11	山东	13.45		

资料来源:根据《中国文化文物统计年鉴》资料整理。

4. 投入方式不够合理

(1)文化事业经费各分项的支出不合理

文化事业经费一般应该投入为公共文化服务领域,而对于那些具有营利能力性质和营利能力的单位则应通过改制,建立起现代企业制度,使其成为真正的市场主体。在目前的文化事业经费的各支出分项来看,艺术表演团体和艺术表演场所都是具备盈利能力的,但是这两项投入却占据了总投入的很大比例,虽然所占比例从1981年的56.18%下降到2009年的22.8%,但是仍然占总开支的近四分之一。公共图书馆和群众文化事业两项为公共文化服务领域,虽然所占比例在增长,由1981年的26.42%增加到

2009 年的 32. 3% ,但是所占比例一直低于 50% 。而其他支出所占的比例却从 1981 年的 13. 37% 增加到 2009 年的 45. 0% ,增长过快。具体见表 25。

表 25　全国文化事业费总支出分项所占比例

单位:万元　%

年份	总计	艺术表演团体占总投入比例	艺术表演场所占总投入比例	公共图书馆占总投入比例	群众文化事业占总投入比例	干部训练占总投入比例	其他占总投入比例
六五时期	459316	46. 50	6. 54	10. 40	16. 30	0. 20	16. 49
1981	69232	56. 18	–	8. 88	17. 54	–	13. 37
1982	79318	50. 04	7. 78	0. 32	15. 07	–	14. 40
1983	89282	48. 01	7. 45	10. 22	15. 27	0. 29	15. 28
1984	103885	43. 14	7. 42	1. 14	16. 17	0. 32	18. 13
1985	117599	40. 21	8. 09	11. 39	17. 30	0. 29	19. 19
七五时期	980847	30. 06	14. 08	11. 86	17. 19	0. 52	23. 28
1986	151892	35. 05	11. 13	11. 35	17. 85	0. 76	20. 79
1987	163618	33. 21	13. 38	11. 63	17. 25	0. 59	20. 99
1988	193954	29. 82	14. 14	1. 19	16. 70	0. 45	23. 95
1989	226748	27. 32	14. 82	11. 79	1. 68	0. 44	25. 73
1990	244635	27. 60	15. 64	12. 37	17. 36	0. 46	23. 56
八五时期	2090837	26. 74	14. 45	12. 49	16. 02	0. 39	26. 18
1991	287937	26. 42	15. 85	11. 94	16. 90	0. 43	25. 47
1992	328295	26. 74	15. 15	12. 53	16. 85	0. 37	25. 16
1993	398478	25. 12	14. 77	12. 10	15. 85	0. 37	28. 34
1994	502210	26. 78	13. 62	12. 60	15. 69	0. 40	26. 71
1995	574193	27. 98	13. 83	12. 90	15. 48	0. 39	25. 21

续表

年份	总计	艺术表演团体占总投入比例	艺术表演场所占总投入比例	公共图书馆占总投入比例	群众文化事业占总投入比例	干部训练占总投入比例	其他占总投入比例
九五时期	4522682	24. 81	9. 88	13. 77	18. 48	0. 22	27. 93
1996	741671	24. 75	11. 99	11. 99	18. 58	0. 21	28. 10
1997	848548	23. 90	10. 97	13. 43	18. 72	0. 26	28. 06
1998	899877	24. 88	10. 29	14. 12	19. 25	0. 23	26. 37
1999	973733	24. 93	8. 80	13. 95	18. 23	0. 15	28. 63
2000	1058853	25. 39	8. 19	14. 84	17. 80	0. 26	28. 38
十五时期	7103503	28. 51	6. 63	17. 11	19. 44	0. 11	28. 20
2001	1097176	28. 49	8. 19	16. 45	19. 22	0. 18	27. 48
2002	1277797	28. 43	6. 99	16. 35	18. 44	0. 13	29. 65
2003	1384184	28. 75	7. 54	17. 04	19. 20	0. 18	27. 34
2004	1573087	29. 20	6. 50	17. 48	19. 76	0. 05	27. 04
2005	1767102	27. 88	5. 19	17. 69	20. 30	0. 06	28. 89
2006	1580280	24. 73	1. 37	20. 22	20. 43	0. 05	33. 21
2007	1989621	25. 00	1. 59	19. 88	21. 73	—	31. 81
2008	3770495	20. 8	3. 2	13. 8	17. 3	—	44. 9
2009	4337383	20. 0	2. 8	14. 0	18. 3	—	45. 0

资料来源：根据历年《中国文化文物统计年鉴》资料整理。

(2)国家对文化投入的增长速度虽然远高于地方，但是比例太低

1978—2009年，全国财政事业费从4. 4亿元增长到292. 31亿元，其中中央从0. 1亿元增长到20. 71亿元，增长了206. 1倍；地方从4. 3亿元增长到271. 60亿元，增长了62. 16倍。虽然中央文化事业费增长速度远远大于地方的增长速度，中央事业费投入占总投入的比例从1978年的2. 27%增加到2009年的7. 08%，但是依然很低，和我国财政支出中中央所占的比例相

比低很多(2009 年为 20%)。具体见表 26。

表 26　全国文化事业费基本情况

单位:亿元　%

年份	全国	中央		地方	
		值	比例	值	比例
1978	4.4	0.1	2.27	4.3	97.73
1985	9.3	0.6	6.45	8.7	93.55
1990	15.2	1.1	7.24	14.1	92.76
1995	33.4	2.1	6.29	31.3	93.72
2000	63.2	3.0	4.75	60.2	95.25
2005	133.82	9.23	6.90	124.59	93.10
2006	158.03	9.3	5.88	148.73	94.12
2007	198.96	13.15	6.61	185.81	93.39
2008	248.04	20.09	8.10	227.95	91.90
2009	292.31	20.71	7.08	271.60	92.92

资料来源:根据《中国文化文物统计年鉴》资料整理。

(二)博物馆免费开放存在的主要问题

1. 我国博物馆数量较少,与西方发达国家差距很大

2009 年,我国只有 2252 个博物馆,而西方发达国家的博物馆可以用星罗棋布来形容。英国拥有上万家规模不一的博物馆,博物馆已成为广大民众的休闲、学习之地。在法国,其博物馆超过 4900 座,巴黎仅大型博物馆就有 60 多座,其中包括举世闻名、被誉为"万宝之宫"的卢浮宫。最新统计显示,美国有约 1.75 万家博物馆,为全球之最。

2. 我国博物馆参观人数较少,人均次数更少

2009 年,我国博物馆参观人数为 3.27 亿人次,人均每年 0.24 次。而在许多发达国家,市民参观博物馆的平均次数达到了每人每年 3—5 次,如美

国每年参观者达8.65亿人次，日均超过230万人次。西方人曾经自豪地说，他们不是在博物馆、美术馆，就是在去博物馆、美术馆的路上。

3. 我国博物馆机构和其他机构相比也相对较少

我国的艺术表演团队从1978年的3150个增长到2009年的6139个，虽然增长速度远远低于博物馆，但是在绝对数量上远远高于博物馆的数量，此外，2009年艺术表演场馆为2137个，和博物馆的数量相差无几。具体见表27。

表27 艺术表演团体、场馆和博物馆数量比较

单位：个

年份	艺术表演团体	艺术表演场馆	博物馆
1978	3150	1095	349
1980	3533	1444	365
1985	3317	1756	711
1990	2805	2055	1013
1995	2684	1972	1194
1996	2664	1934	1219
1997	2663	1947	1282
1998	2652	1929	1339
1999	2632	1911	1363
2000	2630	1912	1392
2001	2605	1854	1461
2002	2587	1829	1511
2003	2618	1912	1515
2004	2580	1846	1548
2005	2805	1866	1581
2006	2866	1839	1617
2007	4512	2070	1722
2008	5114	1944	1893
2009	6139	2137	2252

资料来源：根据中国文化文物统计年鉴资料整理。

4. 各地博物馆数量差距悬殊

2009 年,我国博物馆数量最多的是江苏省,为 182 个,最少的为西藏,只有 2 个,前者是后者的 91 倍;人均博物馆数量最多的是甘肃,每百万人均 3.56 个,最少的西藏为每百万人均 0.67 个,前者是后者的 5.31 倍。无论从博物馆总量还是从人均数量方面来看,各地区的博物馆分布都差距很大。具体见表 28。

表 28　2009 年各地区博物馆数与人均博物馆数

单位:个人　个/百万人

地区	博物馆数	人口数	每百万人均博物馆数
北京	40	19612368	2.04
天津	18	12938224	1.39
河北	64	71854202	0.89
山西	86	35712111	2.41
内蒙古	46	24706321	1.86
辽宁	61	43746323	1.39
吉林	71	27462297	2.59
黑龙江	71	38312224	1.85
上海	29	23019148	1.26
江苏	182	78659903	2.31
浙江	100	54426891	1.84
安徽	68	59500510	1.14
福建	93	36894216	2.52
江西	103	44567475	2.31
山东	111	95793065	1.16
河南	103	94023567	1.10
湖北	116	57237740	2.03
湖南	75	65683722	1.14
广东	160	104303132	1.53

续表

地区	博物馆数	人口数	每百万人均博物馆数
广西	62	46026629	1.35
海南	15	8671518	1.73
重庆	37	28846170	1.28
四川	89	80418200	1.11
贵州	53	34746468	1.53
云南	113	45966239	2.46
西藏	2	3002166	0.67
陕西	101	37327378	2.71
甘肃	91	25575254	3.56
青海	18	5626722	3.20
宁夏	6	6301350	0.95
新疆	63	21813334	2.89
合计	2252	1339724852	1.68

注:人口数为2010年第六次人口普查数。

资料来源:根据《中国文化文物统计年鉴》和国家统计局资料整理。

5. 博物馆方面的财政投入较低

首先,我国在博物馆方面的总额投入较低。2009年,在财政拨款方面,对博物馆的财政拨款占文化总财政拨款的比例为13.79%,占文物合计拨款的比例为57.01%;在财政支出方面,博物馆的财政支出占文化总支出的11.44%,占文物合计支出的51.01%。

其次,博物馆拨款的构成不合理。2009年,在财政拨款方面,中央对博物馆的财政拨款占总财政拨款的25.32%,占文物合计拨款的比例为73.10%,而地方上的比例远远低于中央的比例,如北京市博物馆拨款占总财政拨款的9.52%,占文物合计拨款的28.77%;在财政支出方面,中央对博物馆的财政支出占总财政支出的18.25%,占文物合计支出的比例为65.71%,而地方上的比例远远低于中央的比例,如北京市财政支出占总财政支出的 7.60%，占文物合计支出的 25.66%。

第三，各地对博物馆的财政投入水平参差不齐。2009 年，在财政拨款方面，博物馆占总财政拨款水平最高的是甘肃省，占到 22.55%，而最低的西藏只有 0.51%；在财政支出方面，博物馆财政支出占文化总支出水平最高的是陕西省，占 23.27%，而最低的西藏只有 0.26%。具体见表 29、30。

表 29　2009 年文化财政拨款及博物馆所占比例

单位：千元　%

地区	总计	文物合计	博物馆	博物馆占总拨款比例	博物馆占文物合计比例
总计	39366891	9520658	5427586	13.79	57.01
中央	3168659	1097458	802222	25.32	73.10
北京	2079162	688460	198037	9.52	28.77
天津	750500	105382	96493	12.86	91.56
河北	972570	260919	154814	15.92	59.33
山西	1175261	400027	121074	10.30	30.27
内蒙古	1114238	194835	134372	12.06	68.97
辽宁	1307986	264025	177900	13.60	67.38
吉林	952437	132931	101068	10.61	76.03
黑龙江	790179	109556	73903	9.35	67.46
上海	2116052	313482	286001	13.52	91.23
江苏	2045508	409471	308711	15.09	75.39
浙江	3227987	1043995	495182	15.34	47.43
安徽	927125	247071	82243	8.87	33.29
福建	1172285	241862	162242	13.84	67.08
江西	839708	171892	145627	17.34	84.72
山东	1683313	400273	223037	13.25	55.72
河南	1430363	473490	199957	13.98	42.23
湖北	1256621	262371	183261	14.58	69.85

续表

地区	总计	文物合计	博物馆	博物馆占总拨款比例	博物馆占文物合计比例
湖南	1165091	280645	151108	12.97	53.84
广东	2751750	443101	350101	12.72	79.01
广西	797441	96964	73478	9.21	75.78
海南	288246	31991	28091	9.75	87.81
重庆	690203	168586	122376	17.73	72.59
四川	1670954	455142	259446	15.53	57.00
贵州	674810	142159	94018	13.93	66.14
云南	898468	121422	46912	5.22	38.64
西藏	169664	40064	867	0.51	2.16
陕西	1048588	323813	109970	10.49	33.96
甘肃	715154	244691	161233	22.55	65.89
青海	294168	38465	20884	7.10	54.29
宁夏	311472	54888	28119	9.03	51.23
新疆	880928	261227	34839	3.95	13.34

资料来源：根据《中国文化文物统计年鉴》资料整理。

表 30　2009 年文化总支出及博物馆所占比例

单位：千元　%

地区	总计	文物合计	博物馆	博物馆占总支出比例	博物馆占文物合计比例
总计	57108553	12809156	6534172	11.44	51.01
中央	4449981	1235885	812073	18.25	65.71
北京	2715652	803918	206256	7.60	25.66
天津	1065286	113070	101458	9.52	89.73
河北	1559159	467266	150469	9.65	32.20
山西	1946991	649414	226171	11.62	34.83
内蒙古	1283521	209046	122723	9.56	58.71

续表

地区	总计	文物合计	博物馆	博物馆占总支出比例	博物馆占文物合计比例
辽宁	1727487	346836	242145	14.02	69.82
吉林	1080364	159276	126703	11.73	79.55
黑龙江	1120935	120839	83630	7.46	69.21
上海	3460155	374672	305045	8.82	81.42
江苏	2921764	494461	380109	13.01	76.87
浙江	4384532	1294509	487966	11.13	37.70
安徽	1411371	268134	89670	6.35	33.44
福建	1554689	192056	163154	10.49	84.95
江西	1085722	200314	165233	15.22	82.49
山东	2352601	649069	228275	9.70	35.17
河南	2374723	873433	252097	10.62	28.86
湖北	1985804	369119	238016	11.99	64.48
湖南	1636420	337520	164148	10.03	48.63
广东	4377008	581335	423202	9.67	72.80
广西	1135895	149112	110970	9.77	74.42
海南	414410	27257	21290	5.14	78.11
重庆	1102648	203252	150429	13.64	74.01
四川	2549580	743242	417506	16.38	56.17
贵州	931192	150147	95864	10.29	63.85
云南	1282479	153872	50761	3.96	32.99
西藏	288671	55054	757	0.26	1.38
陕西	1955311	868136	455077	23.27	52.42
甘肃	1041075	403101	175817	16.89	43.62
青海	371040	36159	16862	4.54	46.63
宁夏	408565	61741	29328	7.18	47.50
新疆	1133522	217911	40968	3.61	18.80

资料来源：根据《中国文化文物统计年鉴》资料整理。

六、博物馆免费开放的对策

（一）功能确定

由于博物馆具有准公共产品的属性以及其免费开放在经济学上是合理的，博物馆应被纳入公共文化服务体系，成为公共文化服务体系的重要组成部分，并实施免费开放政策，当然，发挥政府在博物馆免费开放的主导作用的同时，也应积极发挥市场的力量。

（二）原则

1. 公益性原则

即博物馆应以公共服务为目的，而不以盈利为目的。

2. 均等服务原则

即人人都能享受到博物馆的服务。

3. 高效原则

即博物馆的免费开放要实现高效率和良好的社会效益。

4. 建设和运营并重原则

由于我国博物馆的数量相对较少，且分布不均衡，因此，应坚持既要多建设博物馆，又要实现博物馆的高效免费开放。

（三）具体政策建议

1. 加强博物馆相关法律的建设

博物馆的免费开放要实现健康发展必须有完善的制度保障，而这就需要构建完善的公共文化服务体系法律法规，即应把公共文化服务体系与博物馆建设和管理纳入国家法律体系建设，制定公共文化服务法和博物馆法等。

只有把博物馆的建设和免费开放形成法律、法规，才能使之成为政府的行政治理意志，才具有行政强制性，才能实现长远、可持续发展。

2. 建立博物馆投入的长效机制

(1)坚持稳步提升、较高增速的原则

即一方面要实现对博物馆的投入增速要超过国内生产总值、财政收入和财政支出的增速，另一方面要实现博物馆投入占财政支出的比例稳步提升，避免大幅度波动，只有这样，才能更好地实现博物馆建设和免费开放的科学规划和管理，更好地发挥博物馆的社会效益。

(2)提高文化事业费投入占财政支出的比例

博物馆作为文化事业费投入的一个重要组成部分，只有文化事业费投入这个母体得到了快速发展，博物馆投入这个子体才能真正得到发展。而要建立起文化事业费投入的稳定机制，必须明确文化事业费投入占财政支出的比例。

首先，确定文化事业费投入占国家财政支出比例。2009 年，我国文化事业费占国家财政支出的比例仅为 0. 38%，随着我国经济社会的快速发展和全面进步，到 2015 年应达到 0. 8% 的水平，每年的复合增长率为 12. 72%；而到 2020 年我国文化事业费占国家财政支出比例应达到 1. 2%，低于西方发达国家的水平(平均为 1. 5%)，每年的复合增长率为 8. 45%。具体见表 31。

表 31　文化事业费占财政支出比例估算值表

单位：%

年份	2009	2010	2011	2012	2013	2014
比例	0. 38	0. 44	0. 50	0. 56	0. 63	0. 71
年份	2015	2016	2017	2018	2019	2020
比例	0. 80	0. 87	0. 94	1. 02	1. 11	1. 2

其次，确定每年财政总支出和文化投入估算值。

我国的财政总支出从1978年以来一直保持较高的增长速度，具体见表32，但是经过近几年的高度增长之后，未来几年内将保持平稳的速度增长，我们这里按照15%的线性增长速度可以估算出未来几年的国家财政总支出，并结合上述文化投入比例的估算值，可以计算出未来几年内文化投入的金额，具体见表33。

表32　1978—2010年财政总支出增长速度

单位：亿元　%

年份	国家财政总支出		年份	国家财政总支出	
	总额	增长率		总额	增长率
1978	1122.09	33	1999	13187.67	22.13
1980	1228.83	-4.13	2000	15886.5	20.46
1985	2004.25	17.83	2001	18902.58	18.99
1990	3083.59	9.20	2002	22053.15	16.67
1991	3386.62	9.83	2003	24649.95	11.78
1992	3742.2	10.50	2004	28486.89	15.60
1993	4642.3	24.05	2005	33930.28	19.11
1994	5792.62	24.78	2006	40422.73	19.13
1995	6823.72	17.80	2007	49781.35	23.20
1996	7937.55	16.32	2008	62592.66	25.70
1997	9233.56	16.33	2009	76299.93	21.90
1998	10798.18	16.94	2010	89575	17.4

资料来源：根据历年中国统计年鉴整理。

表 33　2010—2020 年财政总支出等估算值

单位:亿元　%

	2010	2011	2012	2013	2014	2015
财政总支出	89575	103011. 3	118462. 9	136232. 4	156667. 2	180167. 3
文化事业费占财政支出的比例	0. 44	0. 50	0. 56	0. 63	0. 71	0. 80
文化事业费	394. 13	515. 06	663. 39	858. 26	1112. 34	1441. 34
年份	2016	2017	2018	2019	2020	
财政总支出	207192. 4	238271. 3	274012	315113. 8	362380. 8	
文化事业费占财政支出的比例	0. 87	0. 94	1. 02	1. 11	1. 2	
文化事业费	1802. 57	2239. 75	2794. 92	3497. 76	4348. 57	

第三,确定每年国家文化事业费投入和地方财政投入的比例及估算值。2009 年的财政支出中,中央本级支出占 20%,地方本级支出占 80%。而在文化投入中,中央所占比例为 7. 08%,地方所占比例为 92. 92%。文化投入按照其公益性性质,应该多由中央级支付,但是目前,中央级支付过低,因此,应快速增加中央级文化投入的力度和比例,力争在 2015 年达到 20%,在 2020 年达到 25%。要想在 2015 年达到 20%,按照线性增长模型,则每年的增长率应该为 23. 08%;2020 年中央财政投入达到 25%,则每年的复合增长速度为 4. 57%。则中央级和地方的文化投入估算值见表 34。

表 34　2010 - 2020 年中央级和地方级文化事业费投入的估算值

单位:亿元　%

	2010	2011	2012	2013	2014	2015
文化事业费总投入	394. 13	515. 06	663. 39	858. 26	1112. 34	1441. 34
中央级投入所占比例	7. 08	8. 71	10. 73	13. 20	16. 25	20. 00
中央级投入亿元	27. 90	44. 88	71. 15	113. 30	180. 73	288. 23
地方级投入所占比例	92. 92	91. 29	89. 27	86. 80	83. 75	80. 00

续表

	2010	2011	2012	2013	2014	2015
地方投入亿元	366.23	470.18	592.24	744.96	931.61	1153.11
文化事业费总投入	1802.57	2239.75	2794.92	3497.76	4348.57	
中央级投入所占比例	20.91	21.87	22.87	23.91	25.00	
中央级投入亿元	376.92	489.83	639.20	836.32	1087.14	
地方级投入所占比例	79.09	78.13	77.13	76.09	75	
地方投入亿元	1425.66	1749.92	2155.72	2661.45	3261.43	

综上所述，随着城镇居民人均可支配收入的增长，文化事业费投入比例应由2009年的0.38%提高到2015年的0.80%，进一步提高到2020年的1.2%。在具体的措施方面，一是要使文化事业费投入的增长速度远高于国家财政总支出的增长速度，到2015年，文化投入的增长速度是财政支出增长速度的2.05倍，2015—2020年，文化事业费投入的增长速度是财政支出增长速度的1.5倍；二是要使中央级的文化事业费投入达到和中央级财政支出相对称的地位，必须保证中央级文化事业费投入增速远远高于文化事业费投入增长速度，到2015年，要保证中央级文化事业费投入的增长速度是文化事业费投入增长速度的2.82倍，2015—2020年，中央级文化事业费投入的增长速度是文化事业费投入增长速度的1.25倍。

(3)提高博物馆投入占文化事业费投入的比例

要解决文化事业费投入的结构问题，提高博物馆等公共文化服务体系等组成部分的投入比例，同时降低可以产业化的艺术团体、表演场所的投入比例。

首先，提高博物馆投入占文化事业费投入的比例。2009年，博物馆占文化总支出的比例为11.44%，其中，中央的文化支出中，博物馆所占比例为18.25%。到2015年，应把博物馆投入占文化事业费投入的比例提高到18%的水平，基本和2009年中央的文化支出中博物馆的所占比例持平，每年的复合增长率为 7. 85%；而到 2020 年我国博物馆投入占文化事业费投入的比例提高到 25% 的水平，每年的复合增长率为 6. 79%。具体见表 35。

表 35　博物馆投入占文化事业费投入的比例测算表

单位：　%

年份	2009	2010	2011	2012	2013	2014
比例	11. 44	12. 34	13. 31	14. 35	15. 48	16. 69
年份	2015	2016	2017	2018	2019	2020
比例	18. 00	19. 22	20. 53	21. 92	23. 41	25. 00

其次，确定博物馆事业费拨款预估值。按照表 35 估算的博物馆投入占文化事业费投入的比例和表 33 估算的文化事业费的数值，可以估算出 2010 年—2020 年博物馆事业费拨款的估算值，具体见表 36。

表 36　2010—2020 年博物馆事业费拨款估算值

单位：亿元　%

年份	2010	2011	2012	2013	2014	2015
文化费事业拨款预估值	394. 13	515. 06	663. 39	858. 26	1112. 34	1441. 34
博物馆所占比例	12. 34	13. 31	14. 35	15. 48	16. 69	18. 00
博物馆事业费拨款预估值	48. 64	68. 55	95. 20	132. 86	185. 65	259. 44
年份	2016	2017	2018	2019	2020	
文化费事业拨款预估值	1802. 57	2239. 75	2794. 92	3497. 76	4348. 57	
博物馆所占比例预估值	19. 22	20. 53	21. 92	23. 41	25. 00	
博物馆事业费拨款预估值	346. 45	459. 82	612. 65	818. 83	1087. 14	

3. 大力加强博物馆建设

(1)国家博物馆数量预测

我国博物馆数量相对较少,2009 年只有 2252 个,建议大力发展博物馆事业,到 2015 年实现博物馆数量达到 5000 个,每年复合增长率 14.22%;到 2020 年博物馆数量达到 8000 个,复合增长率达到 9.86%。具体见表 37。

表 37 2010—2020 年博物馆数量预算表

单位:个

年份	2009	2010	2011	2012	2013	2014
博物馆数量	2252	2572	2938	3356	3833	4378
年份	2015	2016	2017	2018	2019	2020
博物馆数量	5000	5493	6035	6630	7283	8000

(2)各地方博物馆应有数量

在计算各地博物馆应建设数量时,一是假设各地的人口数量按照同样的增长速度增长,二是假设各地的每百万人博物馆数量日渐均衡。基于上述假设,各地区博物馆数量的预测见表 38。

表 38 各地区博物馆数预测表

地区	2009 年人口数(人)	2009 年博物馆数量(个)	2009 年每百万人均博物馆数量(个)	2020 年博物馆应有数量(个)
北京	19612368	40	2.04	150
天津	12938224	18	1.39	80
河北	71854202	64	0.89	390
山西	35712111	86	2.41	240
内蒙古	24706321	46	1.86	150
辽宁	43746323	61	1.39	251

续表

地区	2009 年人口数（人）	2009 年博物馆数量（个）	2009 年每百万人均博物馆数量（个）	2020 年博物馆应有数量（个）
吉林	27462297	71	2.59	180
黑龙江	38312224	71	1.85	235
上海	23019148	29	1.26	130
江苏	78659903	182	2.31	550
浙江	54426891	100	1.84	340
安徽	59500510	68	1.14	300
福建	36894216	93	2.52	250
江西	44567475	103	2.31	300
山东	95793065	111	1.16	480
河南	94023567	103	1.10	460
湖北	57237740	116	2.03	370
湖南	65683722	75	1.14	360
广东	104303132	160	1.53	600
广西	46026629	62	1.35	240
海南	8671518	15	1.73	60
重庆	28846170	37	1.28	140
四川	80418200	89	1.11	430
贵州	34746468	53	1.53	200
云南	45966239	113	2.46	330
西藏	3002166	2	0.67	16
陕西	37327378	101	2.71	280
甘肃	25575254	91	3.56	230
青海	5626722	18	3.20	60
宁夏	6301350	6	0.95	35
新疆	21813334	63	2.89	163
合计	1339724852	2252	1.68	8000

注：人口数为 2010 年第六次人口普查数。

4. 合理确定博物馆的建设、维护和运营等开支的科学比例

首先，我国博物馆的数量相对较少，既需要大量建设博物馆，又需要加强博物馆馆藏品的添置和维护；其次，博物馆要实现免费开放，又需要大量的经费补贴来保障。

基于上述分析，一方面要合理确定博物馆建设管理和免费开放运营的费用比例，另一方面要科学确定博物馆建设和维护的费用比例。

5. 进一步加强博物馆投入的转移支付力度

应进一步明确中央与地方的事权，改进博物馆事业费投入方式，中央财政通过转移支付对经济欠发达地区、中西部地区和广大农村地区给予适当扶持和倾斜。

首先，确定博物馆投入转移支付的衡量指标。确定博物馆投入转移支付比例时，应以各区域的人均地方一般预算收入作为关键参照指标，其原因在于，人均地方一般预算收入是体现当地的财力状况的最好指标，人均地方一般预算收入越高，则表明当地的财力雄厚，在博物馆投入方面不需要中央转移支付；反之，则表明当地的财力不足，在博物馆投入方面需要中央进行转移支付。此外，在确定不同区域博物馆投入转移支付比例时，人均地方一般预算收入越低，则中央的转移支付比例应较高；反之，则越低。

其次，具体确定各地博物馆投入转移支付比例。在确定各区域的博物馆投入转移支付比例时，主要考虑如下几个因素：一是区域的经济社会发展水平高低和财力强弱，人均地方一般预算收入（由于还有一部分中央转移支付的财政收入，所以某区域的人均财政收入实际上高于人均地方一般预算收入）高于国家平均水平的不再进行博物馆投入转移支付；二是对于少数民族地区（广西壮族自治区、内蒙古自治区、西藏自治区、宁夏回族自治区、新疆维吾尔自治区）给予较高的转移支付比例；三是对于西部地区（新疆、甘肃、宁夏、青海、陕西、四川、重庆、西藏、贵州、云南、内蒙古、广西以及湖南的湘西、湖北的恩施两

个土家苗族自治州）给予较高的转移支付比例。

表 39　博物馆投入转移支付比例测算表

地区	一般预算收入（亿元）	人口数（人）	人均预算收入（万元）	转移支付比例（%）
北京	2026.809	19612368	1.03	0
天津	821.9916	12938224	0.64	0
河北	1067.123	71854202	0.15	15
山西	805.8279	35712111	0.23	0
内蒙古	850.8588	24706321	0.34	10
辽宁	1591.22	43746323	0.36	0
吉林	487.0943	27462297	0.18	15
黑龙江	641.6627	38312224	0.17	15
上海	2540.298	23019148	1.10	0
江苏	3228.78	78659903	0.41	0
浙江	2142.513	54426891	0.39	0
安徽	863.9175	59500510	0.15	15
福建	932.4282	36894216	0.25	0
江西	581.3012	44567475	0.13	30
山东	2198.632	95793065	0.23	0
河南	1126.064	94023567	0.12	30
湖北	814.8653	57237740	0.14	30
湖南	847.6178	65683722	0.13	30
广东	3649.811	104303132	0.35	0
广西	620.9888	46026629	0.13	40
海南	178.242	8671518	0.21	15
重庆	655.1701	28846170	0.23	0
四川	1174.593	80418200	0.15	20
贵州	416.4761	34746468	0.12	35
云南	698.2525	45966239	0.15	20
西藏	30.0894	3002166	0.10	75
陕西	735.2704	37327378	0.20	20
甘肃	286.5898	25575254	0.11	35
青海	87.7381	5626722	0.16	25
宁夏	111.5755	6301350	0.18	25
新疆	388.7848	21813334	0.18	25
合计	32602.59	1332774867	0.24	

资料来源：根据国家统计局资料整理。

综合考虑上述三个关键因素，则可以确定出如下转移支付比例。一是人均地方一般预算收入高于或略低于国家平均水平，又不是少数民族地区和西部地区的区域，主要包括上海、北京、天津、浙江、广东、江苏、辽宁、福建、重庆、山东和山西，国家不再进行博物馆投入转移支付，转移支付比例为0；

二是人均地方一般预算收入高于国家平均水平，但是少数民族的区域，如内蒙古自治区，国家进行较低的博物馆投入转移支付，转移支付比例为当地文化投入的10%；

三是人均地方一般预算收入高于1500元但低于国家平均水平，且为非少数民族地区和非西部地区的区域，主要有安徽、吉林、黑龙江、海南和河北等省，国家对这些地区的转移支付比例为当地文化投入的15%；

四是人均地方一般预算收入高于1500元但低于国家平均水平，且是西部地区的区域，主要有陕西、云南和四川等省，国家对这些地区的转移支付比例为当地文化投入的20%；

五是人均地方一般预算收入高于1500元但低于国家平均水平，是少数民族地区且是西部地区的区域，主要有新疆、宁夏和青海等自治区，国家对这些地区的转移支付比例为当地文化投入的25%；

六是人均地方一般预算收入低于国家平均水平，且低于1500元，非少数民族地区和非西部地区的区域，主要有湖北、河南、江西、湖南等省，国家对这些地区的转移支付比例为当地文化投入的30%；

七是人均地方一般预算收入低于国家平均水平，低于1500元，西部地区的区域，主要有甘肃和贵州等省，国家对这些地区的转移支付比例为当地文化投入的35%；

八是人均地方一般预算收入低于国家平均水平，低于1500元，是少数民族地区且是西部地区的区域，主要有广西和西藏等自治区，其中，国家对广西的转移支付比例为当地文化投入的40%；由于西藏自治区的经济社会发展水平很低，则国家对西藏的转移支付比例为当地文化投入的75%。

此外，在各省、自治区和直辖市内部，应加大实施文化投入转移支付的力度和比例，对较为不发达地区进行较高程度的转移支付。

6. 合理确定对博物馆补贴的标准

由于把博物馆作为准公共物品，实施免费开放政策，就可能导致博物馆的运行效率低下问题，为了更好地解决博物馆的利用率低下问题，就必须科学确定博物馆免费开放补贴和事业拨款的标准和绩效考核指标。

在确定该指标时，可以引入市场化指标，即以博物馆吸引的观众人数作为补贴和事业拨款的标准，这样就能更好地促进博物馆改善服务质量，提高博物馆的利用效率。

7. 博物馆自身开展多种经营，培养造血机制

首先，大力发展博物馆文物商店。博物馆文物商店的商品必须与收藏的文物相关，博物馆的纪念品不管是印刷品、复制品、工艺品都来源于馆藏精品及展览本身，是博物馆展示其特色藏品的延伸或浓缩。

其次，举办大量的精品陈列展览。

第三，寻求与旅游业、娱乐业、群众文化业和信息产业的融合，提升自身造血机能。

参考文献：

1. 王列生、郭全中、肖庆：《国家公共文化服务体系论》，文化艺术出版社2009年版。
2. 文化部财务司编著：《中国文化文物统计年鉴》（2008、2009、2010），国家图书馆出版社。
3. 王列生：《文化制度创新论稿》，中国电影出版社2011年版。
4. 王列生：《论构建公共文化服务体系的意识形态前置》，《文艺理论与批评》2007年第2期。
5. 郭铁：《"文化福利也要精密指标"——访中国艺术研究院公共文化政策研究中心主任王列生》，《人民日报　民生周刊》，2011年第43期。
6. 毛少莹、任珺：《公共文化服务绩效评估问题初探》，《2007年深圳文化蓝皮书》，中国社会科学出版社2007年版。
7. 周飞强：《门票问题与博物馆公共性》，《博物馆研究》2007年第1期。

“非遗”生产性抢救、保护与利用的财政政策支持与保障标准研究调研报告

鲍婧

前言

(一)立项背景

在经济全球化、文化国际化背景之下,如何保持各国文化的独立性成为当今世界的共同话题,因此在发展现代经济文化的征程中,保护各国传统非物质文化遗产,利用其独特的社会价值和经济价值保持文化多样性,便不失为一条绝佳途径。就如何保护传承并合理开发利用“非遗”的问题,世界各国虽面临不同的情势,但在相关问题上已达成广泛共识——联合国教科文组织于2003年通过了《保护非物质文化遗产公约》,旨在扩大世界各国人民和社会团体在保护非物质文化遗产过程中的合作与交流,以尽快加强立法,建立相关制度法规,进一步维护世界文化的多样性和创造性,促进人类文化遗产共同发展。

中国政府对非物质文化遗产的保护传承工作也愈发重视，近年来一系列非遗相关法律法规的诞生，让非遗保护工作逐步从自由放任式向规范化保护轨道转变。2005 年 3 月，国务院发出《关于加强我国非物质文化遗产保护工作的意见》；同年 12 月下发《关于加强文化遗产保护的通知》，决定从 2006 年起，将每年 6 月的第二个星期六定为"文化遗产日"；2006 年 5 月下发《关于公布第一批国家级非物质文化遗产名录的通知》，建立了我国第一批国家级非物质文化遗产名录共 518 项；2011 年 2 月，全国人大常委会审议通过了《中华人民共和国非物质文化遗产法》，成为继《文物保护法》后国家文化领域的第二部立法，把非物质文化遗产保护工作全面推向法制化的轨道，并从国家发展战略的高度提出了非物质文化遗产保护传承工作的新目标。这一系列法律法规的相继出台，标志着我国非遗的保护传承工作进入了新的历史阶段，正式有了法律保护的基础。与此同时，政府还与相关领域的专家学者进行深度合作，从财政学、管理学、社会学等角度出发，共同探讨非遗事业发展的事宜，制定了一系列针对非遗保护的政策法规和管理办法，从理论上为非遗的传承发展提供了有力支撑。

中国实施非遗保护，主要采取抢救性保护、生产性保护、整体性保护、立法保护四种重要方式。其中，非物质文化遗产生产性保护是指非物质文化遗产传承人运用劳动工具和特殊技能，将文化资源转化为经济产品或服务，以满足人们物质文化和精神需要的生产实践过程，从而达到活态的、自觉的、积极的保护非物质文化遗产的目的。然而，并不是所有的非遗项目都适用生产性保护方式，适用于生产性保护的主要是指传统技艺、传统医药和部分传统美术类非遗项目。

这些非遗项目不仅具有鲜明的民族文化特色，还具有耗能低、污染少、收益快等特点，适合发展劳动密集型特色文化产业，因此在带动相关产业发展、拉动内需、扩大就业方面能够发挥重要作用。开展非物质文化遗产生产性保护，在保护的前提和基础上合理开发利用，可以推动非物质文化遗产更好地融入社会、融入民众、融入生活，丰富滋养当代人的精神生活，推动政治、经济、文化、社会的协调发展。在这一思路指导下，一些非物质文化遗产项目通过生产性保护，焕发出勃勃生机。通过民间能工巧匠们的努力，使得传统手工艺品重新步入市场，走进千家万户，登上国际舞台，巧夺天工的技艺让中国人备感自豪，也让世界为之惊叹，古老的传统工艺不仅没有随着时空的转换褪色，反而在现代人传承和创新中历久弥新。

(二)研究方法

关于此次调研项目采用的研究方法如下：

1. 文献调研法

通过对国内外文化遗产抢救、保护和利用情况的文献调研，了解当前国际上部分国家文化遗产保护工作现状及特点，与我国非物质文化遗产保护发展情况进行对比及分析。文献来源主要包括文化组织机构的网站，如中华人民共和国文化部网站①、安徽省文化厅网站②、中国网络电视台③等，以及图书专著、期刊论文、政府部门年鉴等。

2. 实地调研法

对安徽省黄山市、宣城市六家生产性非物质文化企业进行实地考察和调研，并通过与当地行政管理人员和企业相关负责人深入交流，了解地方非遗发展整体情况和企业目前生存状况，共同探讨取得的成绩和存在的问题。

3. 专家访谈法

为更好地保护和发展生产性非物质文化遗产，作者走访了部分非遗保

① http://www.ccnt.gov.cn

② http://www.ahwh.gov.cn/

③ http://www.cntv.cn

护方面政府官员和专家学者，就如何通过“财政政策支持与保障开展非物质文化遗产生产性抢救、保护与利用”话题，进行深入访谈。

4. 分析归纳法

在研究相关文献及实地调研基础上，对我国生产性非物质文化遗产抢救、传承保护及保护工作情况进行了具体分析和归纳，在对生产性非遗企业当前面临的主要问题和困难深入剖析基础上，借鉴国外非遗生产性保护工作的成功经验，提出我国非物质文化遗产生产性抢救、保护与利用的财政政策支持与保障标准相关建议。

一、背景情况

（一）生产性非物质文化遗产目前生存概况

保护非物质文化遗产是我国文化发展战略的重要内容，是建设中华民族共有精神家园的一项重要工作。在非遗十大类项目中，传统工艺类项目不仅以其精美观赏性成为博物馆和展览会中的热门展品，更以其实用性和收藏性成为消费者争相追逐的目标。非遗产品与基于发明创造、技术创新和专利保护制度的现代工业生产不同，属于稀缺资源，有些更是不可再生资源，是区域间文化资源禀赋差异的根本成因之一和主要表现。禀赋差异和技艺原创的本质决定了非物质文化遗产不能完全照搬现代生产组织方式和产业化经营模式进行生产创作、参与市场竞争。因此，各地在非遗保护工作实践中创新地采用了生产性保护非物质文化遗产的方式，促进了非物质文化遗产的活态传承。

1. 各级行政管理部门已经认识到非物质文化遗产所具的社会价值、文化价值和经济价值，地方政府在中央宏观政策引导下，根据地方特色和非物质文化遗产的不同特点，因地制宜采取保护措施。不仅制定了一系列促进非遗生产性企业发展的政策法规，还在金融和税收方面给予非遗生产诸多优惠措施；对辖区内非遗企业的创立和发展从政策层面予以引导，从实际运作过程中予以大力协助；积极帮助企业融资，简化企业用地审批程序，带领企业进行宣传和展示，通过多项举措实实在在地扶持地方非遗企业发展。

2. 近年来，由于社会民众的广泛关注和各界媒体的大力宣传，各级非物质文化遗产传承人和传承单位的社会地位皆有很大提升，他们一改往日地位低下的“手艺人”的形象，成为传承具有强烈民族精神、蕴含浓郁民族感情的传统技艺的模范标兵。部分传承人在研习技艺的同时还注重自身文化素养的提升，不仅使自己的产品顺利融入现代产业体系远销海外，还在参阅古籍的过程中恢复了已经消亡多年的技艺，使得传承体系更加完善，日常生产和销售中，根据当下消费者的审美和使用需要创新研发出新产品，满足更多顾客的个性化需求。

3. 非物质文化遗产生产性保护促进了区域文化产业的快速成长，形成了新的经济增长极，拉动了区域内旅游业、服务业及相关文化产业的发展，为地方经济发展作出了重要贡献。丰富多彩、富于人文精神的非物质文化遗产，是内容文化产业发展的创意源泉和不可或缺的生产要素。当下非物质文化遗产的生产性保护实践，深入挖掘了地方优秀传统文化资源，在遵循文化发展规律和经济发展规律的前提下，将传统文化巧妙地导入现代产业体系，通过借助现代科技和生产技术平台催生出新的文化业态，盘活了存量资产，实现了文化产业增量扩张。在某些城市，生产性非物质文化项目单位已成为利税大户，是地方招商引资的有力推手，俨然成为推动当地经济增长的主导产业。

（二）生产型非物质文化遗产面临的主要问题

1. 非遗保障体系构建缺乏理性支撑

目前，非遗保护工作虽有各项法律法规及相关扶持政策保驾护航，但仍旧存在普查不严谨、立法不规范、机构设置不合理的情况。尤其在财政支持方面，不论是国家还是地方的财政拨付，从初期的申报核查到中期的批准拨付再到后期的监督管理，皆存在衡量标准不一、计算方法缺乏科学理性的问题。常常仅依据一般性体制保障政策和财政支出惯性进行参照对比式财政补贴和政策倾斜，需求和供给严重不符、传统性和现代性不相适应，往往是政策下达了资金拨付了却未取得好的预期效果。

2. 体制上存在多头管理，行政管理效率低

文化部门与财政部门、工商部门、税务部门之间的沟通协调机制不够完善，非遗保护资金的筹集使用、管理和监督尚未形成健全的体系，导致政出多门，无法以统一标准和制式进行引导。财政政策方面，专项资金主要向国家级名录或重大项目倾斜，忽略了省市级和中小型非遗项目，此外，项目申请手续复杂，审批层级过多。这不仅会使一些还未进入国家级名录，甚至在普查阶段就被遗漏的非遗项目得不到应有保护，还会使一些即使是国家级重点项目的非物质文化遗产由于审批时间过长而延滞保护。

3. 政府部门督查工作力度不大

当前，我国非物质文化遗产整体状况仍不甚明晰，管理部门对非遗种类、数量和存在状况缺乏深入调查了解，对项目的挖掘缺乏细致性和系统性。同时，由于非遗保护工作未纳入国民经济和社会发展整体规划，与保护相关的一系列问题不能在政府层面上及时得到回应，保护标准和管理目标难以统一，收集、整理、调查、记录、建档、展示、利用、人员培训等工作相对薄弱。某些已经批准的国家和省市级文化遗产项目存在"重申请，轻保护"的问题。行政主管部门未配套开展后期监控工作，部分传统手工艺类项目传承人或传承单位认为申遗一经成功就万事大吉，既未将宝贵的手工技艺投入生产，也没有开展传徒授课，传承保护工作停滞不前。

4. 原材料供应难以为继

目前，生产性非遗企业普遍面临原材料缺乏的问题。例如：歙砚方面，

砚石供应短缺,尤其是婺源龙尾山石因历代盲开滥采,石尽山崩,而歙县古已有之的砚坑,如大谷运、周家村、老竹铺、上丰、溪头等地,同样面临资源枯竭的窘境;徽墨方面,国家对天然麝香、熊胆严格控制,制造墨印的石楠树砍伐日益加重,农民土地承包后,各家各户桐子树种植数量减少,给胡开文徽墨的原材料采购带来了困难;宣纸方面,由于水稻优良品种的推广,长杆沙田稻草的种植已越来越少,青檀皮原料的供给虽已采取一些措施,但仍有不敷供应之虞;徽笔方面,特种原料如山兔毛、石獾毛、黄鼠狼毛等因动物数量少、人为猎杀和偷杀现象难以禁止,导致物种偏少,毛价贵如金,其次由于利益推动,皖南山区如今很难收购到徽笔制管的特种原料——斑竹、苦竹,这些都严重制约了徽笔的生产和发展。

5. 技艺传承后继乏人

传统手工作业,生产技术难度大,习艺周期长,需要通过长期训练才能掌握技艺的窍门,例如,文房四宝制作工艺除需辅以其他相关的知识和基本功,如书法、绘画、美术的功底,对一名成熟工匠的培养需要大量的财力、物力和时间;另一方面,传统制作技艺的从业人员,工作环境艰苦,收入微薄,随着城市化进程的加快,年轻人大多涌入城市工作而不愿留在家乡学习传统工艺。另外,国家发掘、认定非遗传承人的过程还不够科学客观,重申报、轻保护,重数量、轻质量,重开发、轻管理;教育领域对非物质文化遗产缺乏重视和价值认知,教育资源与文化遗产的传承保护脱节,大中院校课程设置中与非物质文化遗产相关的学科极度缺乏,不能为保护文化遗产培养所需的人才。

6. 市场不够规范,行业缺乏整合

由于非遗资源一旦投入生产便步入了市场经济运行轨道,但当前非遗市场监管较为乏力,认证和维护体系尚未完善,某些经营者仅注重眼前利益,在经营活动中以次充好、以劣充优,造成了当前非遗市场较为混乱的局面。例如,安徽省境内一些工业造纸企业打着“宣纸”的旗号从事书画纸生产,但从原料采集到生产工艺都与传统宣纸大相径庭,使得大量赝品和劣质“宣纸”充斥市场,负面影响极大;传统徽墨也难逃此劫,各种赝品“胡开文徽墨”和劣质徽墨以低价进行市场倾销,给徽州胡开文墨业造成了极大的压力;徽笔制造业也面临这种境遇,由于利益的驱动,国内多处出现机械制作毛笔半成品及人工制造毛笔生产原料的现象,假冒徽笔冲击市场,质劣价低,严重影响传统手工制笔行业,损害了名牌徽笔声誉。与此同时,生产性非遗企业普遍存在规模较小、力量薄弱、厂家分散、微利经营的弱点,没有知识产权保护,也没有行业协会和质量认证体系的监管,严重缺乏市场竞争力和抗风险能力。

7. 行政人员缺失、扶持资金来源单一

各级地方文化主管部门设立非遗科室者甚少,大多仅是挂牌不营业的“空壳部门”,专门从事非遗保护研究工作的人员严重缺乏,挖掘、普查、记录、保护、传承、组织生产等相关工作不能科学高效地开展。资金扶持方面,虽然国家每年都提供一定的财政资金对口支持,并设立国家非物质文化遗产保护专项基金,但文化事业方面经费投入基数较小,覆盖面狭窄,比例偏低,增长速度缓慢,难以满足非遗保护工作巨大的资金需求。相比西方发达国家而言,我国文化经费投入主要依赖政府,资金来源单一,在民众中没有起到积极的引导和示范作用,不利于资金渠道的扩充和资本融通。其次,由于文化财政政策体系建构不甚完善,鼓励社会捐赠或投资生产的力度不够,私人资本难以补充公共文化事业投入的不足。如何吸纳社会资金支持非遗传统手工艺发展已成为一个迫在眉睫的问题。

二、田野调查

(一)实地调研现实针对性

此次调研对象均位于安徽省古徽州地区,主要分布在黄山市屯溪区、徽

州区、歙县以及宣城市泾县,被调研的六家企业规模从小到大,依次为小型家庭作坊式、中型私营企业、大型国有和民营企业,这些单位全都保留了传统手工技艺生产技术。行业涉及万安罗盘、徽笔(又名“宣笔”)、歙砚、徽墨、宣纸、徽州竹雕、木雕等;企业注册资金由几万元到百万元不等;生产模式既有单纯由家庭内部成员组成的小型作坊,也有百余名一线技工组成的大型生产单位;年销售额最低为几万,最高逾亿元;纳税项目各家各有不同,分别涵盖定额税、营业税、企业所得税、增值税等。

报告基本反映了当前生产性非遗企业三种生存状态,这种分层方式对结构复杂且行业分布广泛的生产性非遗项目具有区分和比较意义,在实际运作层面具有可参照价值,对扶持政策和补贴标准的制定及推广能够起到针对性作用。此次调研通过前期资料收集,中期考察实地情况、采访调查对象、发放调查问卷,后期调查回访、数据分析核对,历时四个月,全面系统地介绍了六家生产性非遗企业的现实生存状态。

(二)被调查对象整体介绍

此次非遗生产性保护补贴标准的调研对象主要为安徽省徽州文化生态保护实验区内的六家企业,分别为:休宁县万安吴鲁衡罗经老店、杨文笔庄、歙县老胡开文墨业有限公司、黄山市屯溪胡开文墨厂、中国宣纸集团和黄山徽州竹艺轩雕刻有限公司。其中,国家级保护单位三家,省级保护单位三家,保护形式均为生产性保护,这种保护方式既使艺人生产、生活方式得以延续传承,生产产出也是地方经济新的增长点,更使相传千年的中华民族的优秀文化资源得以合理开发和利用。

1. 地理位置及文化渊源

安徽襟江带淮,中原文化、吴楚文化在这里交融汇合,文化底蕴极为深厚。“十一五”期间,安徽省全面建立起国家、省、市、县四级呈梯形分布的非遗名录体系。其中，宣纸制作技艺、传统木结构营造技艺两项入选联合国教科文组织命名的人类非物质文化遗产，数量位居全国前列。截至 2011 年底，全省国家级“非遗”保护名录项目 60 项，省级非物质文化遗产名录共计 273 项，市级非遗名录 641 项，县(区)级名录 1728 项。安徽省在挖掘和保护传统文化遗产的同时，促进“非遗”走出深闺：据不完全统计，安徽基于“非遗”特色发展起来的“专、精、特”的中小文化企业 3000 多家，在和当代市场体制接轨方面，安徽“非遗”门类的产业化进程走在了全国的前列。

徽州地区位于安徽省南部，是一个具有典型意义的中国传统文化区域。相对封闭的自然地理环境、大移民所形成的宗法社会、“东南邹鲁”的文化氛围、徽商经济的厚实基础，促成了徽州文化区域的全面发展。宋代以来，徽州“儒风独茂”，文化教育昌隆，名人辈出，人文荟萃，形成了许多著名的学术流派和文化品牌。

徽州文化是以历史上徽州府为中心，长期积累而成具有丰富遗存的特色地域文化。徽州文化是以宗族、徽商、理学为三大支撑的百科全书式的文化，涉及徽州经济、政治、军事、社会、教育、哲学、史学、宗教、文学、艺术、建筑、数学、医学等诸多学科，内容丰富，特色鲜明，博大精深，是中国传统文化的重要组成部分，具有文化典型意义和标本价值。

2. 生存环境

2008 年 1 月，徽州文化生态保护实验区由文化部批准设立，这是我国第一个跨省区的文化生态保护实验区。古徽州“一府六县”，是徽州文化孕育和发展的主要空间，保护区范围包括安徽省黄山市、宣城市绩溪县和江西省上饶市婺源县。该实验区就是在徽州文化产生、发展、传承的区域对其所承载的文化表现形式，开展以非物质文化遗产保护为主的全面的整体性保护工作的徽州文化圈涉及的地缘范围。近年来，安徽省贯彻“保护为主，抢救第一，合理利用，传承发展”的工作方针，全省非物质文化遗产保护工作扎实推进,2011 年,文化部批准通过《徽州文化生态保护实验区总体规划》,于 6 月 1 日起正式实施。生产性保护政策的落实和实施促进了非物质文化遗产项目业态不断扩展。近年来,安徽主要依托宣纸、徽墨、宣笔、歙砚的传统制作工艺,开发了一大批制作水平精、文化品位高的手工艺品,已基本形成原料基地化、产品系列化、加工多元化、销售网络化、企业集团化的产业集群发展格局。目前,宣纸、宣笔、徽墨、歙砚生产经营企业超过 1000 家,每年产值超 10 亿元,从业人员近 2 万人,产品畅销国内各省市,并远销日本、东南亚和欧美各国。

3. 历史发展脉络

(1)罗盘:罗盘是广泛运用于天文、地理、军事、航海、占卜、居屋、墓葬选址的重要仪器,是中国古代四大发明之一指南针的延续和发展,是在指南针的基础上发展而来的传统实用民俗工艺品。中国罗盘的制作史可上推到宋朝或者更早些,北宋科学家沈括的《梦溪笔谈》中,记载了四种罗盘的样式,而明朝郑和下西洋的船队里用以指示航海方向的,就是更早些出现的“沿海型中国罗盘”。万安罗盘是全国唯一现存的以传统手工技艺制作的罗盘,因其诞生、生产地为安徽省休宁县万安镇万安老街而得名。万安罗盘为传统地学仪器名品,包括航海罗盘、堪舆罗盘和日晷数种。罗盘尺寸不等,式样有上百种,精密度高。清末即畅销国内外。万安罗盘制作业兴起于元末,在明代得到发展,清代中叶进入鼎盛时期。

(2)徽笔:又名“宣笔”,是毛笔中一种,因产于古宣州而得名。宣笔是中国历史名笔,不仅在中国毛笔制作史上享有很高的地位,而且以其独特的制作工艺和性能,在当代中国毛笔市场中占有极其重要的地位。宣笔源于秦代,盛于唐宋,唐代是宣笔发展的鼎盛时期,宣州一举而成全国制笔中心。新中国成立后,宣城先后组建了“泾县宣笔厂”、“泾县文华宣笔厂”、“宣州宣笔厂”等几十家宣笔生产企业,使传统宣笔生产技艺在宣笔的发祥地——宣城市又重获新的生机和活力。尤其是泾县宣笔厂生产的“三兔牌”宣笔和宣州宣笔厂(张苏笔庄）生产的“海鸥牌”宣笔均荣获省、部优质产品和“国之宝”称号。

（3）徽墨：据史料记载，自南宋李廷圭始，取当地的制墨原料用易水墨法制墨，质量上乘；宋宣和三年（公元1121年）歙州易名徽州，“徽墨”由此而来；明代是徽墨的黄金时代，从正德、嘉靖年间起，徽墨形成歙、休、婺三派，以歙派见长，造墨影响最大；清代徽墨生产进一步发展，曹素功、汪近圣、汪节庵和胡开文以精致集锦墨而成为徽墨四大名家，其中胡开文制墨和经营方式在四大家中最具特色。

（4）歙砚：歙砚已有1200多年的历史，其特点是“石质坚润、纹理缜密、涩不留笔、滑不拒墨、贮水不涸”。汉、晋时期已有歙砚问世，至唐代名声日盛，民国时期因书写工具的变革，砚台失去在文房中的主流地位，歙砚的生产销售奄奄一息。改革开放以来，歙砚的生产与发展出现了历史上的鼎盛时期。目前歙县为歙砚的主要生产加工基地，屯溪老街为歙砚主要的展示和销售窗口。

（5）宣纸：产于安徽泾县。据《旧唐书》记载：唐代废宣城郡为宣州，辖当涂、泾县、南陵、太平、宁国等县。泾县所产纸张，于宣州府集散，故因地得名曰“宣纸”，即宣州府管辖之地所产佳纸之称。宣纸自问世以来，一直备受社会各界和文人雅士的关注。宋元时期，宣纸制作技艺得到进一步发展，不仅品种增多，产地扩大，纸质也达到“色泽腻白，纸性软弱，既光且坚”。至明代，由于水墨写意画的兴起，宣纸艺术的运用手法又推到一个新的阶段，宣纸的加工工艺日趋精湛。清代是我国宣纸业发展的鼎盛时期，纸坊遍及皖南各地。1915年，泾县小岭“桃记”宣纸在巴拿马国际博览会上获金奖。1935年，泾县“汪六吉”宣纸在伦敦国际博览会上获大奖。1951年，泾县人民政府组织当地宣纸艺人恢复宣纸生产，成立了“泾县宣纸联营处”，1954年联营处更名为公私合营“泾县宣纸厂”，1992年更名为“中国宣纸集团公司”。该厂生产的“红星”牌宣纸于1979年、1984年、1989年三次蝉联国家质量审定委员会金质奖章，1981年获国家出口免检权。1999年，“红星”牌宣纸商标被国家工商局商标局认定为

"中国驰名商标"。二十世纪六十年代以后,泾县宣纸产业发展很快,到八十年代宣纸厂家已发展到四十余家。1995 年,泾县被中国农学会授予"中国宣纸之乡"称号。2002 年,泾县又被国家批准为"宣纸原产地域"。2008 年宣纸制作技艺入选联合国教科文组织"人类非物质文化遗产代表作名录"。

(6)竹雕:也称竹刻,是在竹制的器物上雕刻多种装饰图案和文字,或用竹根雕刻成各种陈设摆件。竹雕成为一种艺术,自六朝始,直至唐代才逐渐为人们所识,并受到喜爱。竹雕发展到明清时期大盛,雕刻技艺的精湛超越了前代,在中国工艺美术史上独树一帜。历史上,砖雕、木雕、石雕并称"徽州三雕",在海内外享有盛誉,而且竹雕也形成了自己的风格,拥有骄人业绩。因此,随着嘉定、金陵、浙江三个艺术流派的兴起,"徽派竹雕"也很快显明于世。"徽派竹雕"的代表人物有吴元满、李希乔、张立夫和程文在等。吴元满是明末安徽人,精通书法,擅长篆刻,尤喜"六书"研习。因此竹雕独显文字风采,并以金石碑体为主,运刀时都能和运笔一样得心应手。形成了浑如三代鼎彝的独特艺术风格。李希乔是清初著名的竹雕大师,号"石鹿山人",他的竹雕既有吴元满书法入竹的风绪又有独特创新,简笔刻画竹石、人物山水臂搁、笔筒,线条简洁、流畅,画面清丽而富有意韵。张立夫是清代道光、咸丰年间成名的竹雕大师,以多才多艺饮誉江南,以雕版、刻漆为业,多有建树,竹雕作品也独具一格。

(三)田野调查报告

家庭作坊式小型私营企业

休宁县万安吴鲁衡罗经老店

万安吴鲁衡罗经老店是一家历史悠久的中华老字号企业,店面是一栋面积为 400 多平方米的双层老楼,典型的"粉墙黛砖马头墙"式徽派建筑。

灯笼高悬，一块上书“吴鲁衡罗经老店”的老牌匾格外引人注目，店里一排老柜台古色古香，成品罗盘样品陈列在柜面上。玻璃柜里则是历年保留下来的罗盘珍品。琳琅满目的奖状和证书挂满了木制墙面，彰显着这家老店百年来获得的荣誉和辉煌。接受调查并为我们介绍情况的是吴鲁衡第八代传人——吴兆光。现年 27 岁的吴兆光是从部队退伍回到家乡继承家业的。年青人胆子大，敢闯敢做，短短几年内就做了几件大事：首先耗资近 200 万元翻修老楼作为传习基地，现在正着手兴建一座万安罗盘博物馆，准备作为展示场所，初步建设资金预计为 200 万元。

图 1　翻修后的传习基地。前厅作为陈设、销售和接待场所（上），后面有工人现场制作，作为生产间和展示间（下）。

图2 吴水森(右)、吴兆光(左)介绍罗盘的制作过程。说起家传绝学,父子俩如数家珍。父亲吴水森——首批非物质文化遗产国家级代表性传承人,中国高级工艺美术师。

休宁县万安吴鲁衡罗经老店生存状况

一、企业简介

1. 企业名称:休宁县万安吴鲁衡罗经老店

国家级传承人:吴水森　　联系方式:13905593086

企业性质:私营　　注册资金:3万元

2. 主营业务:万安罗盘、吴鲁衡日规(晷)

3. 产品简介:

罗盘又称罗盘针或罗经,古时广泛在航海、勘察、探险、旅行、军事等活动中用于方位测定;民间则多用于测定宅基朝向等。

日规亦名日晷,是根据日影(月影)测定时间的计时器,两者皆为我国古代杰出的科技成果,其核心定向所使用的指南针是我国古代四大发明之一。

4. 吴鲁衡罗经老店特色:

专业生产传统手工木质罗盘、日规、风水尺等罗经产品,秉承祖传工艺,按古法制作，质量上乘、精密度高，畅销国内外。

罗盘原料选用虎骨木、白果树，尤其是罗盘指针采用全国独有的祖传天然陨石磁化，被磁化的指针具有灵敏度高，永不退磁等性能。

5. 发展历程：

吴鲁衡罗经店由吴国柱（字鲁衡，1702—1760），在清雍正元年（1723年）初创于万安镇，此后一直由吴氏祖孙世代传承。目前为止，经营已有近三百年历史。

1915年，第五、六代传人吴毓贤、吴慰苍共同制作的日规获“巴拿马万国博览会金奖”，1915年获“民国政府农商部二等奖”、“南洋劝业会优等奖”。

吴鲁衡老店在第七、八代嫡系传人吴水森、吴兆光父子的努力下，获得了“中华老字号”、“安徽省著名商标”、“安徽省首批非物质文化遗产传习基地”的殊荣。掌门人吴水森被文化部评为“首批国家级非遗——万安罗盘制作技艺国家级代表性传承人”，吴兆光获“省级非遗代表性传承人”称号。

二、生产运营情况

1. 生产员工人数：15人

2. 生产原料种类：白果树（银杏树）、虎骨树（丝绵木）

原料一般在黄山市辖区内选材砍伐。其中，成年白果树（树龄都在20年以上）平均售价每棵在一万元左右；虎骨树价格稍低，但数量已经稀少。

3. 生产工艺和流程简介：

整个制作过程由七道主要制作工序构成，具体如下：

第一道：选料。首先精选坯料进行裁制，然后根据不同直径、厚度、锯好罗盘毛坯，刨平木坯表面。

第二道：车盘。将木料毛坯用车床车圆成型，并挖好装磁针的圆孔，而后以细砂纸和木贼草（亦为一种中草药）磨光。

第三道：分格。依照不同型号、盘式的图谱，从同一圆心以长短各别的半径划圆周为横格，再按阴阳八卦、天干地支等刻直格。依推数派系、诸家盘式分别刻画，不许有细微的误差。

第四道：清盘。将盘面刻画处做渗黑处理并清理干净，用细砂纸和木贼草再次磨光。

图3 生产过程中的两个工序，分别为清盘（上）和抹油（下）

第五道：写盘。遵照秘藏图谱，以毛笔用蝇头小楷依各种盘式书写分格中的内容。这是很见功力的一道工序，须严谨细心，端正无误。

第六道：油货（又称抹油），其中还包括熬炼桐油，是一项独特的传统工艺。需要反复抹油，其技艺水平超过对一般漆匠的要求。罗盘光亮度全凭这道工序,油得好的罗盘百年后仍光洁清晰。

第七道:安针。这是最关键的一道工序,一般由店主亲自在密室内单独操作。为使技艺不致泄密外传,传统老店采用“传媳不传女”的规矩。先将钢针置放在祖传天然磁石上使其磁化,吴鲁衡店中的磁石,源自天外陨石,磁化的磁针具有灵敏度高,永不退磁的性能,为“镇店之宝”。磁针安放时要精密地测定针的重心,然后牢固地安放在圆孔里,最重要的是不能使支点产生阻力,保证指针能够自由转动。磁针装毕,最后封盖圆玻璃片。一具罗盘便制作完成。

4. 销售渠道:通过店面陈设,顾客上门提货。

产品销往全国各地,主要为学校教学使用,收藏和旅游性质产品需求量也在不断增加,每年产品供不应求。

5. 年产量(表1)

单位:面

2007 年	2008 年	2009 年	2010 年	2011 年
500	800	1000	1500	3000

注:总体看来,企业年销售额 50—100 万元,利润则在 10—20 万元之间。

三、非生产性运营开支

1. 上缴利税(表2)

单位:元

年份 税种	2008 年	2009 年	2010 年	2011 年
国税	3246	9243	14352	28000
地税	500	500	500	500

注:其中,增值税税率为 3%。

2. 其他缴纳的费用开支

由于是小型私营企业,生产经营过程中并未缴纳其他的费用开支。

四、历年来政府扶持政策和资金补贴

2010年：

维修吴鲁衡百年老店，县政府补贴10万元

2011年：

（1）评为"省级非遗传习基地"，黄山市政府奖励10万元（目前资金还未拨付），安徽省文化厅奖励5万元。

（2）建设中国罗盘博物馆，由于企业营业额较低，固定资产规模小，银行不予提供贷款，休宁县政府财政担保贷款150万元。

图4　正在兴建的博物馆

五、主要困难和问题

通过走访我们得知，目前吴鲁衡罗经老店的维修基本系吴兆光自筹资金，还贷压力巨大，资金十分紧缺。

2009年维修吴鲁衡百年老店，投资100多万元；2010年修建万安罗盘技艺传习馆，投资80多万元；2011年修建"中国罗盘博物馆"，预计投资200万元。以上资金均不含家族性传承和吴兆光个人后期收购抢修的藏品。目前建成的传习馆免费对外开放，博物馆建成后，将展出家族收藏的400余件展品，免费供游人参观。

由于万安罗盘全系手工生产，生产周期较长，产量低，年营业额较小，在修建吴鲁衡百年老店和非遗传习馆时已借款几十万元，建设博物馆所需资金也主要靠银行贷款。

在谈到日后发展时，吴兆光对于将家传的罗盘制作技艺继续发展下去信心满满，但他也坦言目前还款压力很大："银行的贷款150万，还有亲戚朋友借来的几十万，每年仅利息一项就需资金近20万元。"

另一方面，由于制作使用的原材料，即白果树和虎骨树，都属国家珍稀保护品种，目前乱砍滥伐的状况不利于产业可持续发展。为了保持发展的长期性和稳定性，只有通过大量人工种植，为十年后储备原料，才能保证原料供给。吴兆光说："长远之计是能开辟山林专门种植原料，不然再过五到十年，就找不到树了，但种植成本很高，最低投入50万元，政府没有优惠政策，企业也没有合适的融资渠道，我们也是踌躇不前。不是每个传承人都像我们这样锐意进取的，如果政府不来扶持，不来帮助我们，很多好的项目就只能停滞不前或面临萎缩。"

小吴盼望政府能够对小型传统手工企业提供对口帮扶。虽然现在市县级政府、市文化局等主管部门相当关心，共同帮助谋划发展，但相关财税政策仍然缺失，资金缺口仍然较大，仅靠企业单枪匹马，长期发展难以维系。他希望文化部、财政部、工信部等各级相关部门能够针对小型传统手工企业，给予一定的优惠政策。尤其需要给予一定的奖励或项目资金补助，在贷款和税收方面能够提供减免或贴息政策。此外，较大规模企业和高税收企业在申报项目方面较有优势，而小微企业力量薄弱，急需得到支持和关怀。

"非常希望国家能对私人修建的博物馆，特别是免费开放的、具有正规博物馆馆藏内容的，给予一定的资金补助；对我们每年教习、传承制作技艺给予一定奖励性的补助政策措施。"

杨文笔庄

杨文，省级非物质文化遗产传承人，高级工艺美术师，黄山市徽笔工艺研究所所长。杨文笔庄位于黄山市屯溪老街，门店是银行按揭贷款购买，面积约70平方米。前半部柜面上陈列着各种式样的毛笔，墙上挂着的是知名书法家和画家赠与的书画作品，后半部是加工车间，家庭成员就在这儿一边销售一边进行后期组装加工。整个店面显得丰富、整洁，富有人情味。

图5　杨文笔庄店面，位于黄山市屯溪老街

杨文，1969年生于制笔世家，祖辈所制之笔曾为贡品。杨文自幼开始学习制作毛笔，20多岁时已为桂林四宝公司制作高档毛笔；1994年在黄山市屯溪老街创办杨文笔庄；2006年成立黄山市徽笔工艺研究所；2011年末被黄山市推荐为第三批省级非物质文化遗产项目“徽笔制作技艺”代表性传承人。笔庄目前主要靠杨氏家族的力量支撑：他的父亲、母亲，三个姐姐与姐夫，妹妹与妹夫，还有妻子、儿子，共十三人，人人都是徽笔制作的行家里手。

家庭成员各自负责不同的制笔工序，进行流水线生产，平日分别各自在家生产，成品拿到店里销售。

徽笔的制作技艺相当考究，仅一只笔头的制作，就有七十二道工序之多：选毛、齐毛、配料、整理、固定毛根、泡水、去油脂等。制作过程也十分艰辛："尤其是水洗工序，工人整天都要把手泡在冰冷的水里，一到冬天手便冻烂了，很多人都坚持不了，慢慢地就不从事生产了。我们克服了多种困难，到现在还没有丢弃祖祖辈辈传下来的手艺，已经很不容易了。"

"杨文笔庄"与"徽笔工艺研究所"，现在已发展到拥有制笔、研究人员20多名的规模，年产各式徽笔十多万支。杨文的儿子杨达完成大学学业后，也子承父业，跟随家人学习徽州毛笔的制作技艺，祖业后继有人令杨文很是欣慰。他表示，自己非常愿意将传统制笔技艺传承下去："只要有人来学，我肯定毫无保留地教。"但目前笔庄仍然仅是家族式小型生产经营单位，资本、厂房和生产基地等资源严重缺乏，无法扩大经营，"作坊"始终未能变"企业"。目前面临的最大困难是没有教学场地，即使有人求学，也无法提供食宿和操作场所。此外，学徒在学习过程中耗材量较大，无论哪个环节出错整个原料就报废了，因此收徒成本高也成为杨文担忧的问题。他非常期望政府能够牵头，统一划拨非遗生产园地，作为传习基地，将非遗相关生产行业集中起来，互相促进，共谋发展。

谈起收益，杨文眉头紧锁："屯溪老街的这家门面，是按揭贷款买的房，一个月还款三千多元，现在笔的销量虽不错，但市场价格不高，利润比较低。除去成本和家庭成员吃喝住用，每人每月平均收入两千元左右。安徽省给我们每个省级传承人每年补贴一千元。"

关于税费一项，笔庄每年缴纳一万元定额税，杨文表示，这项开支压力不大，并且销售过程中有时必须开具发票，所以税收费用不可避免。

杨文虽然作为高级工艺美术师，但丝毫未因这项荣誉享受到贷款优惠政策。企业想通过融资,进购原料、租借生产地,但由于是家庭作坊式生产模式,规模小,产量低,固定资产抵押不够,贷款利率太高,无法实行。“我们要想贷款是很麻烦的,希望政府能够出台相关优惠政策,比如降低利率、贴息、提供政府担保等措施来帮助我们融资。”

在技艺创新方面,杨文始终在努力:2001 年,杨文为中国美术家协会副主席、天津著名画家杜滋龄先生研制出一支特别的徽笔,不需像往常那样在作画过程中更换多支特性各异的毛笔,仅凭这一支笔就能完成整幅作品。徽笔创新试制的成功案例充分肯定了杨文的徽笔制作技艺。为此,杜先生不但挥毫为其题写“杨文笔庄”,还用这支笔绘制了一幅《藏族风情》赠给他,杨文说:“对我而言,这不仅是肯定和赞扬,更令我明白,在现今的制笔行业,创新才是最重要的,尤其是对于传承了几百年的徽笔。”

在诸多“非遗”传承人中,杨文所坚持的“在研究中传承、在创新中传承”的这条路是独具特色的。他在重视祖传的徽笔工艺的同时还注重与时俱进,提倡高端徽笔要量身定制而非千篇一律。他认为毛笔要主动去适应书画家的要求和时代所需,通过与书画家的交流,根据他们当下用笔、用墨、用色的特殊要求创制出新品种,满足顾客的需求。如今,杨文的儿子跟着父亲学习制笔,他的女儿在西安美术学院学习中国画专业,这位有远见的父亲期望一双儿女将来能够互相交流,互相学习,共同促进家传技艺的发展。

中等规模注册公司

歙县老胡开文墨业有限公司

位于歙县的这家老墨厂已经有些年头了,建筑式样依然是上世纪七八十年代的老厂房制式,白色墙面历经岁月沧桑已经变成灰黑色。办公室和生产车间里都未安装空调或取暖器等现代设备,生产条件比较简陋。

图6　歙县老胡开文墨业有限公司正门

图7　样品展示间，窗明几净。案头上整齐地码放着千余种生产成品，同时也作为陈列与销售的场所。

歙县老胡开文墨业有限公司生存状况

一、企业简介

1. 企业名称：歙县老胡开文墨业有限公司

国家级传承人：周美洪　　联系方式：0559－6535356

企业性质：民营　　注册资金：180万元

主营业务：徽墨、歙砚、墨汁、文苑盒。

2. 发展历史

歙县老胡开文墨厂，为中华老字号企业，始创于清乾隆四十五年（1782年），1956年由歙县仅存的四家中华老字号胡氏墨庄合并组成安徽省歙县老胡开文墨厂，1999年7月，歙县老胡开文墨厂兼并歙县工艺厂（安徽歙砚厂），2003年6月改制为歙县老胡开文墨业有限公司。2009年公司营业额总资产达到2944万元，企业规模达到120余人。

早在1915年，歙县老胡开文墨厂即获巴拿马万国博览会金奖；1980年获中华人民共和国质量金奖；1994年获第五届亚洲及太平洋地区国际博览会金奖。从1997年起企业享有自营进出口和产品免检权；1990年始至今，为安徽省"重合同守信用"企业；2000年开始连续荣获"国之宝"证书，被评为全国轻工业重点骨干企业、全国旅游商品定点生产企业；2004年被国家旅游局定为全国工业旅游示范点。

二、企业运营情况

1. 企业规模及员工情况

占地面积9042平方米，现有员工126人，其中专业职称42人（不包括两名国家级技师）：高级职称3人；中级23人；初级18人。公司具备年产徽墨120吨、歙砚30万方的生产能力，是全国徽墨和歙砚生产的龙头企业。年销售额徽墨占市场比例达65%以上，歙砚占45%以上。

2. 生产原料种类及来源

徽墨的生产主料是油烟、松烟、炭黑；辅料是皮胶和金箔、麝香、梅片等20余种名贵中药材。主料油烟的来源是购入动物、植物油，企业自行加工制造，松烟、炭黑从市场直接采购；辅料全部从市场购买获得。

歙砚的生产原料主要为砚石，大部分从江西订购。

3. 生产工艺和流程简介

（1）徽墨制作：

①和料：胶的配方按烟料胶质、制作时令、销售地区等因素酌定。胶化过滤后，将所有的材料，药物、香料混合在一起搅拌均匀，并杵捣至一定程度，方可制成墨倮。如今的老胡开文墨厂现用三辊轧机和搅拌机替代来进行生产。

②制墨：先将墨倮在炕炉里恒温后起出，置于墨墩上用六磅方锤翻打后，按墨重计量成小倮，在恒温板上搓、捺、推、收成墨锭式样的丸放入墨模，放置坐担下，以墨工自重压平正，待冷却定型脱模。

③晾墨：晾墨房保持恒温恒湿，依据季节时令的变化，防裂防霉，保持墨锭的内质和外观标准。

④整理：晾墨三成干时，要进行锉边，五成干时，要检查平整度，八成干时用纸包封，视气候情况，开包复晾至全干。

⑤填彩：对墨的表面进行处理后，用胶水拌和高级国画颜料、铜金粉根据墨锭的图案和字填彩。

⑥包装：一则为了防潮，保持墨的品质，二则装潢艺术对墨锭起拱托作

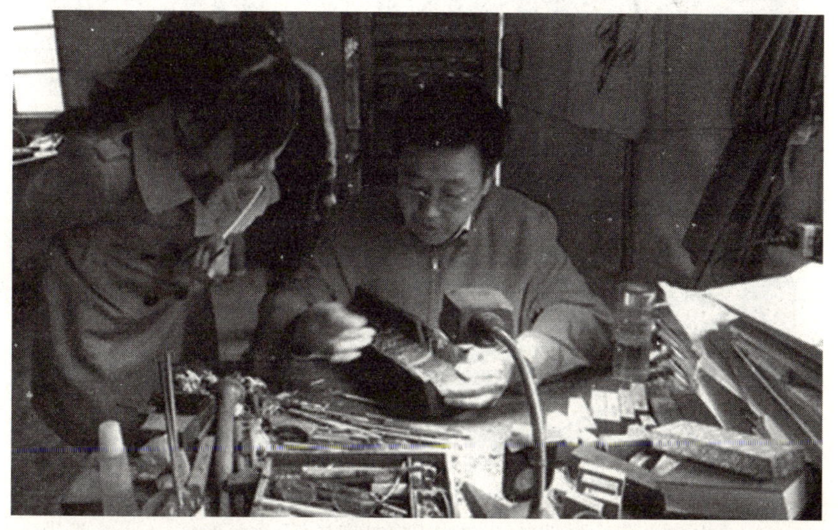

图8　墨厂核心技工——刻模具工人，每月工资也是厂里最高的，4000元左右。照片上的师傅正在刻制墨模。

图 9　加工车间，压模成形的工人基本为四十岁上下的中年男性。

图 10　描金车间，描金对眼力和笔力要求较高，工人一般为三十岁左右年轻女工（上）。　包装车间，包装工序难度较低，重复度高，工人大都为四十岁以上的女工（下）

用，使产品更显典雅、古朴、大方。徽墨包装分为软包装和硬包装两类。

⑦墨模制作：墨模是塑造徽墨的模具，集中体现书法、绘画、金石、雕刻的艺术水平，是传统手工艺术制作的典型代表。

（2）歙砚制作：

①选料：按规格、形制、工艺要求进行取料。清脆如铜声者为上品；发音低沉者次之；声音发木者即有石病，不宜琢砚，此外砚石硬度要适中。

②制坯：分锯坯和磨坯两步。制成的砚坯以见不到节理裂隙和次生填充物的矿物细脉者为上品。

③设计：按砚坯大小、质地优劣、形状方圆等赋以不同图案，先将图摹于砚坯上，再循图雕刻（也可用铁笔直接勾画）。

④雕刻：分打坯和出细两步，先将水池、砚池，背面阴肚凿成后，再用雕刀修饰。图案先刻出轮廓，逐步细修。

⑤磨光：砚刻完成后，根据要求把砚磨光。

⑥上光：以棕帚蘸油脂涂抹全砚。使其晶莹光洁。

⑦包装：佳砚均须配砚盒，以保护图饰和铭文，且对砚起装饰作用。精

图 11　歙砚生产过程中

心制作的砚盒,本身就是一件艺术品。砚盒有褪光漆盒、楠木盒、红木盒、梨木盒、红椿木盒等,成品砚台经包装后方可出厂。

4. 主要销售渠道

国内外均设有主营或代销点,利用网络宣传、邮购、电话直销等方式销售。

5. 年产量(表3)

	2007 年	2008 年	2009 年	2010 年	2011 年(1—9 月)
徽墨	18 吨	20 吨	22 吨	25 吨	23 吨
歙砚	6 万方	9 万方	12 万方	15 万方	16 万方

6. 年销售额、利润(表4)

单位:万元

	2007 年	2008 年	2009 年	2010 年	2011 年(1—9 月)
年销售额	350	385	430	520	550
利润	35	38	42	52	55

三、非生产成本运营开支

1. 上缴利税(表5)

单位:万元

税种 \ 年份	2008	2009	2010	2011 年 1—9 月
总计	33.3	37.8	42.9	44.6
其中:1. 城建税、印花税	1.4	1.6	1.7	1.8
2. 房产、土地税	4.7	4.9	6.9	6.6
3. 所得税及其他	2.0	2.2	3.4	3.7
4. 增值税	25.2	29.1	30.9	32.5

2. 其他缴纳的费用开支(表6)

单位:万元

种类 \ 年份	2008	2009	2010	2011 年 1—9 月
总计	109	128.4	147.6	162.9
其中:1. 产品销售费用	22.9	25.3	34.1	42.4
2. 财务费用	15	18	25	30
3. 管理费用	71.2	85.1	88.5	90.5

四、历年来所获荣誉、政府扶持措施

改革开放以来，政府着力宣传推介，通过举办或组织企业参加各类文化用品展览会、重大文化旅游节庆等活动，将徽墨、歙砚作为整体品牌对外推介：

2004年，歙县政府向国家申报，荣获"中国徽墨之都"、"中国歙砚之乡"荣誉称号；2006年申报的"徽墨制作技艺"和"歙砚制作技艺"，被列入首批国家级非物质文化遗产名录项目；2007年，老胡开文墨厂厂长周美洪和歙县工艺厂副厂长曹阶民被分别授予国家级首批非物质文化遗产"徽墨制作技艺"与"歙砚制作技艺"国家级代表性传承人；2009年老胡开文墨厂被安徽省文化厅授予"徽州文化生态保护实验区非物质文化遗产传习基地"。

墨厂一直以来立足技艺创新研发徽墨新产品，已有22个徽墨品种获国家"外观设计"专利，"李廷珪"商标成为徽墨著名品牌，连续数年荣获中国文房四宝"金质奖"和"国之宝"证书。2010年歙县老胡开文墨业有限公司被上海世博会定为徽墨歙砚特许产品生产商，歙县政府补贴资金40万元资助企业参展。

五、主要困难和问题

从老厂长周美洪的介绍中，我们了解到，近年来随着国家非遗保护政策法律法规和各项举措的落实，不论是工厂的知名度、产品销量，还是工人生活条件，都有了很大改观。"过去我们手艺人没有地位，经常被人瞧不起，现在我们变成了技艺大师，成为保护中国传统文化的一员，社会地位和公认度大大提升，工人声誉提高了，员工有了自豪感。"

但是，新形势也产生了新问题：

1. 大师越来越少，技术工人难招成了非遗行业的共性

"最大的困难就是员工培养：一方面，某些手工艺生产行业的工人50岁以后就面临退休，新员工力量衔接不上；手艺活学习周期长，就拿做墨来说，学懂两个月，做精要一辈子。另一方面，由于现在独生子女居多，大学毕业

后很少有返乡工作的，招录新人相当困难；其次由于手工艺人工作条件简陋，环境艰苦，基本都是体力活，也是细活，一工作就是一整天，奉献一辈子大多却默默无闻。“我们招来的工人一般干不了几个月就忍受不了艰苦和孤独离开了。”因此，提高一线生产者的工资待遇，改善他们的工作环境成为当下急需解决的问题。

2. 提高产量和原料紧缺之间的矛盾

如今，徽墨制作所用的桐油、松烟，歙砚的砚石，相当一部分是不可再生资源，目前原料的大量使用，使资源面临枯竭窘境，所谓“巧妇难为无米之炊”，对于原料的保护和可持续性开发成为维持墨砚长期生产的必然之路，切记要避免产业链的盲目延伸。对于如何保证生产性非遗企业的发展，同时又不对生态环境过度开发造成破坏是当下应该着重考虑的问题。

3. 企业负税重，贷款困难

“我们是劳动密集型企业，原料又是石头、松烟这样的农副产品，收购时农户不具开票条件，所交的增值税基本没有抵扣项，希望政府能出台优惠办法。”目前，企业发展资金不足，而自主创新、扩大发展都需要大量融资，贷款过程中遭遇的困难成为制约小企业发展的主要因素。例如徽墨生产，周期长、成本高、利润小，尤其凸显税赋过高。因此，政府要对行业的龙头企业、非遗保护单位提供更好的帮助和资金的扶持。

4. 政府补贴仍然偏少

周厂长认为，在当前工厂运转良好的形势下，政府要加强对一线生产工人的补贴和保护，“我们每年税后销售额约600多万，应该来说市场还是不错的。但目前为止我们仅受到国家级传承人年经费补贴一项，希望国家能够按照一线生产员工数量来进行补贴”。

他认为，在日后运作过程中，省级和国家级传承人申请奖金，需要出具发票报销和资金流向证明，以监督他们是否把基金实际用于投入再生产，而不应粗放式地发放资金。另一方面，补贴程序要经由各地主管部门进行统计、立项、监督和评估，以保障补贴资金直接拨付到一线工人，避免造成不必要的浪费和损失。

周厂长还期望国家能够鼓励生产，而不应把重点放在销售层面："现在的生产者不是太多，而是太少，大家都在拼销量，很少有静下心来挖掘传统技艺的厂家了。"他同时呼吁要建立动态型博物馆而不是纯陈设型博物馆，因为只有在活态的流动性实际生产中，观众才能体味非遗的趣味和传承千年的技艺之神奇，要特别避免非遗"生于民间，死于庙堂"。

安徽省黄山市屯溪胡开文墨厂

位于黄山市屯溪区的胡开文墨厂，区位优势明显，这里不仅是徽墨现在的生产基地，更是徽墨生产中重要工序——"古法点烟"的遗址所在地，慕名而来的游客络绎不绝。游览墨厂不仅可观赏墨之精品，也可观看制墨的全套工序，颇添墨趣。和歙县的老墨厂一样，这家墨厂也是依山而建，老树盘根错节，青苔依石而上，不同的是，这家墨厂厂房比较开阔，生产车间也稍显整洁，一进墨厂便是销售和陈设厅，成品墨罗列整齐，琳琅满目，令人目不暇接。

图12　屯溪胡开文墨厂正门

图 13　屯溪胡开文墨厂院内

安徽省黄山市屯溪胡开文墨厂生存状况

一、企业简介

1. 企业名称:安徽省黄山市屯溪胡开文墨厂

企业性质:民营　　　　　　注册资金:110 万元

省级传承人:汪培坤　　　　联系方式:0559－2513147

2. 主营业务:徽墨生产

3. 企业发展历史:

乾隆三十年(1765 年),胡天柱首创“休城胡开文墨店”的招牌。

从胡天柱开始,胡氏按辈分“天、德、锡、贞、祥、洪、恩、善、良”等字排列传承,休城胡开文墨店第二代传人是胡天柱次子胡馀德、第三代传人是胡馀德的次子胡锡熊、第四代传人是胡锡熊的长子胡贞观、第五代传人是胡贞观的四子胡祥禾、第六代传人是胡祥禾的儿子胡洪椿。

在第五代传人胡祥禾经营期间,“胡开文”品牌迅猛发展,除休城胡开文墨庄、屯溪起首胡开文老店外，先后在歙县、芜湖、汉口、长沙、九江、安庆、南京、镇江、扬州、杭州、上海等地，或设分店，或开新店，其经营范围遍及大江南北，抗日战争期间，各处分店都先后停业。

1956年原屯溪胡开文老店与徽州各处胡开文墨庄、作坊、字号公私合营组成徽州胡开文墨厂（即现在的黄山市屯溪胡开文墨厂），胡开文第七代传承人胡连生（字号义记）出任该厂副厂长，继续传承胡开文徽墨制作技艺。当年休城胡开文停业，部分员工和设备迁入屯溪，屯溪胡开文墨厂是当时全国制墨行业唯一一家国有企业，新厂成立后，屯溪区政府投入大量资金，用于建设厂房、添置设备，胡开文墨厂开业不久就成为国内著名的墨厂，多次获得国家优质产品奖章。

1981年，汪培坤进入屯溪胡开文墨厂，师从胡开文第七代传承人胡连生学习、研究、传承徽墨制作技艺和新产品研发。2001年屯溪胡开文墨厂实行了改制，由国营改制为民营，由徽墨艺人、中国制墨大师、国家高级工艺美术师、省级非物质文化遗产传承人汪培坤出任屯溪胡开文墨厂厂长，并承接经营。

二、生产运营情况

1. 员工数量：96人

2. 生产原料种类：

纯桐油、纯动物油、纯菜籽油、纯冰片（大梅片）、纯度99%以上的纯金箔、全纯银箔、纯天然麝香、纯公丁香、纯皮胶、真牛黄、真熊胆、真狗宝、真青鱼胆、真雄猪胆等原材料。

3. 生产工艺和流程简介：

徽墨制作坚持按“易水法”的严格要求，配方、操作精益求精，使用动物胆、纯皮胶、植物油烟、纯金银箔、天然麝香、大梅片、公丁香等十几种贵重中药原料精制而成。

易水法制是指将松烟、油烟放入水缸，经过三次沉淀、过滤，除去杂质。

用其法制成的墨“坚如玉，纹如犀，色如漆”。

整个生产过程有十余道工序。主要包括：一、点烟；二、漂烟；三、和料；四、打胚；五、刻模；六、制墨；七、晾墨；八、挫墨；九、洗水；十、描金；十一、成品包装。

4. 主要销售渠道：厂里自主经营，全国范围内设经销商和代理商

5. 年销量收入（表7）

单位：万元

2008 年	2009 年	2010 年
260	305	342

屯溪胡开文墨厂是国内制墨行业中三大制墨厂之一，年产量和年销量均列全国制墨企业前三甲，是全国制墨行业中唯一一家2005年荣获国家首批“中华老字号”称号的企业。企业三年共实现销售收入907万元，平均年销售收入递增14.70%。

6. 税后年利润（表8）

单位：万元

2008 年	2009 年	2010 年
19.2	22.6	25.4

三年共实现利润67.2万元，平均年利润递增15.5%

三、非生产性运营开支

1. 上缴利税（表9）

单位：万元

	2008 年	2009 年	2010 年
总计	26.1	30.4	33.9
其中：1. 增值税	18.1	21.2	23.8
2. 城建税	1.3	1.5	1.7
3. 教育费附加	0.5	1.6	0.7

续表

	2008 年	2009 年	2010 年
4. 地方教育费附加	0.2	0.2	0.2
5. 所得税	3.6	4.5	5.1
6. 房产税	0.7	0.7	0.7
7. 土地使用税	1.7	1.7	1.7

三年共上缴利税 90.4 万元,平均年上缴利税递增 13.99%

2. 其他费用支出(表 10)

单位:万元

	2008 年	2009 年	2010 年
总计	120.94	145	167.5
其中:1. 营业费	4.34	5.21	5.81
2. 管理费	100.45	116.78	123.4
3. 财务费	16.15	23.39	38.3

3. 职工保险缴纳(表 11)

单位:万元

	2008 年	2009 年	2010 年
总计	17.76	20.57	25.44
其中:1. 单位缴纳	12.83	14.85	18.41
2. 个人缴纳	4.93	5.72	7.03

其中,单位缴纳比率为 72%,个人缴纳比率为 28%

四、近年来主要项目成果

胡开文徽墨是传统手工艺的典型代表,2005 年 12 月被国务院认定为第一批国家级非物质文化遗产。为使这一极其宝贵的文化遗产得以世代流传,汪培坤与屯溪区政府及有关部门共同研究出台一系列保护措施,“十一五”期间,企业自筹资金 300 万元,用于非遗项目保护与传承。

(1)自筹资金 30 万元用于保护、整修宋代古法点烟遗存。

(2)投入资金 30 万元对本厂保存的 10000 余付历代制墨名家创作雕刻

的珍贵墨模进行清理、保护。特别是对其中2000余付发生虫蛀霉变的进行防蛀、防霉抢救处理;对收藏的明清以来的古墨实物、制墨工具及制墨文献资料(包括墨谱、证书、墨票、价表等)进行特殊处理与保管。

(3)设立了徽墨传承制作技艺研究和保护室。一是保护了一批技艺水平精湛的老艺人;二是重新调查、整理了徽墨制作技艺工艺流程资料和研究徽墨传统制作技艺,培养人才,使徽墨制作技艺后继有人。

(4)投入资金80万元建立徽墨古法生产作坊,按照徽墨技艺流程购置制墨工具和设备,全面恢复了徽墨的传统制作工艺。

(5)自筹资金160万元建立胡开文徽墨博物馆一座。力求实现多功能、全方位展示胡开文徽墨的传统制作技艺,及历代极其珍贵的制墨名家墨模、明清古墨实物和具有历史价值的各种文献资料等。

为切实保护好徽墨制作技艺,在生产活动中,企业坚持非遗本真性、完整性和核心技艺的保护与传承,企业恢复建立了徽墨古法生产作坊,按照徽墨技艺流程购置制墨工具和设备,全面恢复了徽墨的传统制作工艺。

五、"十二五"期间保护传承总体计划目标

总体规划筹措资金1500万元(企业自筹500万元,企业融资300万元,政府资助700万元),完成建设"一馆一地一室一线二中心"六个建设项目,重点将是建设徽墨传习馆、徽墨原材料生产基地和徽墨检测中心。

汪厂长踌躇满志地说道:"通过我们一系列的保护措施,真正使胡开文徽墨这个光辉灿烂的民族文化遗产,世代得到延续和传播。"

具体保护与传承计划为:

(1)2011年,投资350万元建设胡开文徽墨传习馆一个和徽墨检测中心一个(其中:企业自筹140万元、融资60万元、政府资助150万元),通过电教方式和实际操作传授、传播、研究徽墨制作技艺,培养年轻的徽墨后继人才,通过广大徽墨书法爱好者和游客亲手参与徽墨制作等,达到宣传、保护、传承非物质文化遗产之目的;配备专职质检人员,购置徽墨理化检测设备和计量设备等,确保出厂的胡开文徽墨质量每项指标达到国家颁布的规定标准。

(2)2012 年,投资 550 万元建立徽墨原材料生产基地一个(其中:企业自筹 250 万元、融资 100 万元、政府资助 200 万元),购置 500 亩山地一块,栽种桐油籽树 20 万棵。预计 2 至 3 年后每年可生产桐油 100 吨以上,确保本厂徽墨生产主要原材料的供给。

(3)2013 年,投资 130 万元建立胡开文徽墨艺术培训中心一个(其中:企业自筹 70 万元、融资 10 万元、政府资助 50 万元),通过开展国内外书画艺术交流研讨,著名书画艺术家书法、绘画等专题讲座,和开展各种书法、绘画培训班及各项比赛,进一步扩大胡开文徽墨品牌知名度,传播徽墨文化,保护、传承徽墨制作技艺。

(4)2014 年,投资 280 万元建设墨模古墨恒温保护监控室一个(其中:企业自筹 150 万元、融资 50 万元、政府资助 80 万元),通过恒温保护,使珍藏的万余付历代珍贵的墨模及古墨实物等,能完好无损地保存,世代相传,为反映中国千百年来政治、经济、文化等方面的悠久历史提供最真实的物证。

(5)2015 年,投资 180 万元建设年产 200 吨的徽墨墨汁、彩色墨汁生产线一条(其中:企业自筹 90 万元、融资 20 万元、政府资助 70 万元),通过扩大再生产,增产增效,做大做强胡开文徽墨品牌,进而真正保护、传承、创新、发展胡开文徽墨。

介绍起自己珍藏的五百多方砚台和一万余付历代制墨名家制作的徽墨,汪厂长滔滔不绝。这里每一件历史文物背后不仅蕴藏着一段故事,更是古时高超制造工艺的最有力证明。他为这些珍品因为没有平台向世人展示整日只能待在暗无天日的仓库里感到可惜。他认为自己收藏的这些文物都属于国家和人民,希望日后可以探索出一种企业捐献文物给国家,国家帮助建立博物馆,后期由企业经营管理的保护办法。

图 14　汪培坤厂长多年珍藏的五百多方唐宋元明清的砚台和一万余付历代制墨名家制作的徽墨。仓库里各式古砚台、徽墨堆放在一起，硕果累累

走访期间，我们还遇到了前来观光的两位意大利朋友，汪厂长粗略地估算了一下，每年参观厂房和徽墨制造遗址的游客达到四万人。目前，自筹资金 160 万元建立的胡开文徽墨博物馆，已于 2011 年 11 月份向外界免费开放，虽然这是一笔巨款，也不能为厂里创造多少效益，但用汪厂长的话的来说："身为历史悠久的老厂厂长，将这些藏品保护起来，传承下去是我，也是厂里的责任。"后期他还准备恢复"古法点烟"活态陈列室，为避免游人触碰造成损坏，四面采用玻璃进行封隔。

图 15　自筹资金 160 万元建成的胡开文徽墨博物馆，已于 2011 年 11 月向游人开放

图 16　自筹资金 30 万元整修恢复的宋代古法点烟遗存

图 17　工厂目前使用的收集烟灰方式:使用机械化点烟机进行生产,通过上方管道抽烟,收集到袋中。传统“古法制式”,烟房密不透风,通过点燃油灯上的灯草,收集到每盏灯上覆盖的瓷碗中,烟熏在碗里,到时扫取,由于耗时太长,早已被摒弃。

汪厂长兢兢业业,毕生致力于产品创新和对古法的传承恢复,大胆地在徽墨制作工艺上和材质上进行改进、探索,在徽墨制作材料、材质上进行创新,研制出国内首创、深受书画界赞赏喜爱的精细纯松烟墨、十万杵墨、精细油烟墨、特制油烟墨等一批高级书画徽墨。

近来又成功恢复漆烟墨制法——漆烟墨是以生漆为主要原料烧烟制成的墨,始于宋代。漆烟墨犀利滋润,光亮如漆,但由于造价较高,生产量少。失传几百年后得以复原,使胡开文徽墨这项焕发着灿烂光辉的民族文化遗产，得以世代延续和传播。“这些年来，在我们坚持不懈地保护、传承和传播下，胡开文徽墨犹如一幅幅优美的画，一首首动人的诗，展现在世人面前，它更富含文化品位，更具备艺术和收藏价值，在徽州这片神奇的大地上盛开出艳丽的花朵。”

不得不说，正是由于有这样一批热爱传统技法，刻苦钻研技艺的老手艺人的坚守，老祖宗的宝贝才能一代一代绵延不绝。国家和地方政府应当给予坚持创新和恢复传统技艺的企业和个人以相应的奖励措施，鼓励大家积极传承技艺，确保非遗项目和核心技艺的本真性、完整性保护与传承。

汪厂长建议，政府可以出台相关政策措施，从对一线生产工人的补贴和博物馆、传习所的基本建设支持上加强对非遗重点企业的保护。要避免“撒胡椒式”面面俱到的保护，这种保护模式由于没有侧重点而往往忽略了真正在生产中干实事有实力敢担当的传承单位。最后，汪厂长真切地说道：“我们的税负太重，挣的不多交的不少，希望国家能对我们这样劳动密集型传统手工艺生产企业给予帮助。”

大规模国有制和民营制企业

中国宣纸集团

提到非遗生产性企业，就不得不提起中国宣纸集团。这家首批国家级非物质文化遗产保护单位，坐落在中外闻名的宣纸之乡——安徽省泾县，创建于1951年，是我国规模最大的宣纸生产企业、全国工业旅游示范点和全国精神文明建设先进单位，也是安徽省出口创汇重点企业、宣纸旅游重点项目单位和宣纸旅游品生产单位。2009年9月，由宣纸集团申报的“宣纸制作技艺”被联合国科教文组织列入“人类非物质文化遗产代表作名录”。

图 18　宣纸集团荣誉

中国宣纸集团生存状况

一、企业简介

1. 企业名称:中国宣纸集团公司

企业性质:国营

国家级传承人:邢春荣　　　　联系方式:0563－5600018

2. 主营业务:生产经营宣纸,注册商标为“红星”牌

3. 发展历史:

中国宣纸集团公司(从属名称:安徽省泾县宣纸厂)的前身是泾县宣纸联营处。

1951 年 7 月,由新中国泾县人民政府组织成立,当时属私营联户性质,设立了董事会,下设三个生产处,办公地点在泾县县城北街,启用“红星”刀口印。

1954 年 3 月泾县人民政府正式批准成立“公私合营泾县宣纸厂”,并设立董事会,厂长由政府派人担任,设私方代表,并将生产点全部集中到乌溪关猫山,办公地点也由县城转至乌溪。

1966 年 11 月,经安徽省轻工业厅批准更名为“安徽省泾县宣纸厂”,撤销私方代表,为全民所有制企业性质。

1983 年,新中国颁布了《商标法》,“红星牌”通过申请,于 1984 年 11 月正式成为泾县宣纸厂的注册商标。

1986 年,泾县宣纸厂收购了距乌溪有 3 公里的乌溪荆竹坑原上海老三线厂,经过技术改造成为自 1954 年以来的第二个生产区,宣纸产量逐步扩大。

1992 年 2 月经安徽省人民政府批准、国家工商总局核准,将安徽省泾县宣纸厂、泾县宣纸工业局、中国宣纸公司合并成立“中国宣纸集团公司”,使用“安徽省泾县宣纸厂”为企业从属名称,为全资国有企业性质。

二、生产运营情况

1. 规模:

企业占地面积约为 19 万平方米,在职员工人数 1126 人。

2. 生产原料种类、来源:

宣纸生产主要有沙田稻草、青檀皮,纸药为猕猴桃藤。

3. 生产工艺和流程简介:

宣纸以榆科落叶乔木青檀皮和精选沙田稻草为原料,先分别制成皮料浆和草料浆,然后按不同的比例混合,添加纸药(猕猴桃藤汁)抄制不同品种的宣纸。

整个生产过程有 100 多道工序,主要包括:

(1)皮料制作工序

砍条、蒸料、浸泡、剥皮、晒干、水浸、渍灰、腌沤、灰蒸、踩皮、腌置、踩洗、碱蒸、洗涤、撕选、摊晒、碱蒸、洗涤、摊晒成燎皮、鞭皮、碱蒸、洗皮、压榨、拣皮、做胎、选皮、舂料、切皮、踩洗、淘洗、漂白成檀皮纤维料。

(2)草料制作工序

选草、切草、捣草(破节)、埋浸、洗涤、渍灰、堆积、洗涤、日光晒干成草坯、蒸煮、洗涤、日光摊晒、蒸煮、洗涤、日光摊晒制成燎草、鞭草、舂料、洗涤、漂白成草纤维料。

(3)配料

将草纤维料与檀皮纤维料按一定比例混合,棉料配比是40%皮料+60%草料,净皮为60%皮料+40%草料,特种净皮是80%皮料+20%草料,纯皮为100%皮料。再经筛选、打匀、洗涤,制成混合纸浆。

(4)制纸

将混合纸浆配水,配胶(加猕猴桃藤汁),再经捞纸、压榨、焙纸、选纸、剪纸、包装为成品。

图19 捞纸工序,由一位掌帘的大师傅和一位抬帘的二师傅合作完成,以前旁边还需要一位搅拌师傅,现在已用电动搅拌机代为完成。

图20　晒纸和剪纸工序。晒纸车间(上)一年四季都是高温如火,师傅要将从水中捞起的纸一张张贴到烧热的石板上再揭下;剪纸工(下)多为女性,主要工作为剪去烘干后的宣纸毛糙的边角,制成统一规格的成品纸。

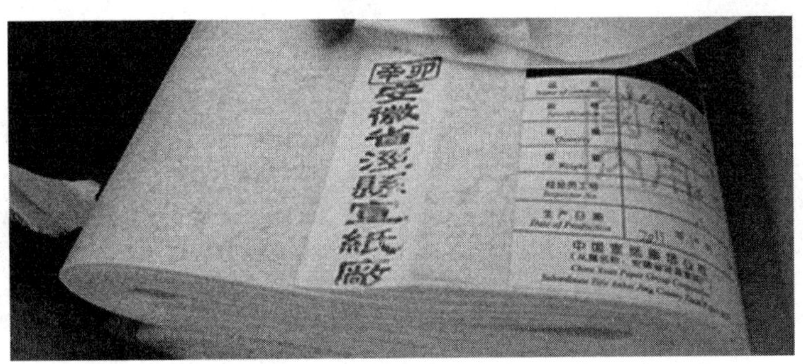

图21　制作完成等待包装出厂的宣纸成品,商标上附有详细的品名、规格、数量、质检员工号和生产日期。

4. 主要销售渠道：

宣纸集团的产品输出分内销和外销。

内销：全国所有大中小城市，书画从业者和爱好者。

外销：主要是日本、韩国等东南亚国家和地区。

5. 年产量（表12）

单位：吨

2007年	2008年	2009年	2010年	2011年1－9月
646	681	623	646	495

2010年，全年生产宣纸634吨，实现销售额1.17亿元，同比增长17%。

三、非生产性运营开支

1. 上缴利税（表13）

单位：万元

年份 税种	2008年	2009年	2010年	2011年1—9月
增值税（17%）	655.3	968	1148.9	1144.3
企业所得税	192.76	333.05	440.5	562.14
城建税	32.8	48.46	57.51	57.28
总计	880.85	1349.5	1646.9	1763.77

2. 其他缴纳的费用开支（表14）

单位：万元

年份 类目	2008年	2009年	2010年	2011年1—9月
排污费	11.4	11.4	13	7
水资源费	/	3	3	/

3. 企业承担的养老、失业等保险额度（表15）

单位:万元

年份 \ 类目	养老	失业	医保	工伤	生育	总额
2006 年	385.4	27.04	166.47	32.51		611.41
2007 年	407.46	57.5	173.62	36.16	2.48	677.22
2008 年	379.32	38.84	126.73	20.08	14.9	579.88
2009 年	473.34	43.68	112.24	19.4	16	664.65
2010 年	544.02	34.19	132.71	18.92	22.9	752.74

四、历年来政府扶持政策和资金补贴

2008 年:

古法宣纸生产技改项目,25 万元,安徽省经委

千秋檀神宣纸新产品,15 万元,安徽省农委

2009 年:

日节水 5000 吨技改项目,400 万元,国家发改委

宣纸质量数字监控系统项目,15 万元,安徽省经委

宣纸燎草基地项目,25 万元,安徽省农委

国家文化出口重点企业和重点项目,50 万元,商务部

2010 年:

外贸重点企业发展资金项目,25 万元,安徽省商务厅

宣纸非物质文化遗产保护工程项目,100 万元,文化部

五、目前困境

1. 原料紧缺、采伐艰辛

从集团宣纸研究所常务副所长黄飞松的访谈中我们了解到,目前制作原料非常紧缺。一般来说,100 斤青檀皮可以制成 25 斤纸浆,100 斤草料可制成 10 斤纸浆,合起来 35 斤纸浆,而这 35 斤纸浆只能制成不到 100 张成品纸。由此可见宣纸制作工艺对原料的需求量是相当大的。

不同于伐木工可以将木头捆扎起来直接滚到山下，剥皮工（青檀树皮）的工作十分艰辛，因为檀皮一旦采用滑滚方式下山便会受损，运输车辆更是无法驶入崎岖的山林，剥皮工每天要上到高山上剥下青檀树皮，然后全凭人力一捆一捆背下山。辛苦劳作一天，工资也只有30到40元。“工厂必须提高收购价来保证原料供给。2005年青檀皮每斤200元，现在涨到每斤600元，因此对上游原料的合理开发和保护是支持制造型非遗企业的当务之急。”

2. 生产周期长，工序多

由于宣纸制作需要经过100多道工序，制作周期历时一年多，横跨一、二、三产业，既要从农户手中收购原料，又要自己进行生产加工，还要进行企业文化宣传和市场开拓，不能像一般大工业企业或普通造纸企业那样大规模高效率生产。纸厂工作技术含量虽不高，但劳动强度大，粉尘污染较多，每天需要持续工作10多个小时，高温或严寒等恶劣环境下也要继续工作。

3. 税收压力较大

目前公司除缴纳营业税、环境资源税、土地税外，还需缴纳税率高达17%的增值税。业内皆知，农副产品收购时农户没有开具发票的条件，企业增值税能够抵扣的额度很小，亟须政府在税收层面上给予非遗生产企业税收减免优惠政策。

六、未来发展对策

1. 员工培养方面

黄所长谈到，与市职业高中合作以来，学校开设了宣纸班，招收学生学习宣纸制作工艺，但造纸的艰辛让年轻的学生很难坚持下去，第一届招进厂的毕业生，到现在只剩下两名继续从事生产，其余的已经陆续放弃了。为了引进新鲜血液，留住一线人才，目前集团考虑与在校学生签订就业合同后通过分期付款形式分担其学费、生活费等。

近年来，宣纸集团开展“宣纸技艺大师评比”活动，企业奖励每位被评上的技师每个月100元、高级技师200元，这种做法极大地激励了一线工人加强训练，扎实自身技艺的积极性。一位年轻的工人笑着说道：“成为宣纸大师，很有面子，我会努力的！”由于传统技艺属口传心授的传承模式，职业高中虽教授书本知识，但缺乏实践操作，依旧是纸上谈兵，目前，集团十分鼓励师傅带徒弟，对每位授徒的师傅都按带徒数量进行补助。“师傅好好教，出来的就是掌帘的大师傅，否则，只能教出抬帘的二师傅。”

2. 员工体系维护方面

由于宣纸技艺属于集体传承性质，不像剪纸工艺那样一个人可以代表一项技艺，宣纸制作历经上百道工序，必须多人共同合作完成，并非一两个人就能完成，从更好的传承角度出发，需要给所有从业者以适当的补助。黄所长认为：“厂里目前有1200名员工，800名生产工人，其实都是传承人。现在我们的国家级领衔传承人的个人名誉和社会地位都提高了，国家每年还给颁发10000元的奖励金，我们都备感光荣。希望政府能够对宣纸这种集体传承的企业实行集体传承的保护办法，可否根据不同工序的难易程度，对一线工人而非行政管理人员制定相应的补贴标准，保证生产工人的积极性。”

“由于手艺人长期在艰苦环境中工作，常发职业病，‘工作寿命’有限，我们初步设想施行人性化管理，为工作年限达到一定年份以上的在职工人办理提前退休手续，男性可由六十岁提前到五十五岁，女性可由五十岁提前到四十五岁。对退休后依然有工作热情和能力的工人继续返聘，这样，工人不仅能够拿到退休金，还能够领到实际工资。有了归属感，自然就能够安下心来踏实工作了。”

为了留住人才，公司已连续多年提高工人工资，2011年提高幅度更是达到50%。待遇提高的同时，宣纸集团重视加强企业文化建设，在公司内部宣传企业取得的成绩和各项荣誉，培养员工的主人翁意识，更在全县范围内树立宣纸集团的良好口碑，企业的社会地位提高了，员工的责任感加强了。

采访中我们发现，厂里的工作气氛很活跃，生产车间条件虽然简陋，但扩音喇叭里一直播放着轻松愉悦的歌曲；中午食堂里人头攒动，领导和员工说说笑笑好不热闹，很多在职员工为能从事一线生产，加入到保护中华民族传统技艺的行列中感到自豪和光荣。

3. 企业宣传方面

宣纸相较于其他大众行业受众面还是很小，属于阳春白雪，曲高和寡类。为了让社会上更多人知道这项千年流传下来的传统技艺，集团耗资 2.1 亿，建设了占地 1 平方公里的宣纸传习基地，用于技艺传承、展示、工艺博览、加工、制造。计划于 2012 年建成一座宣纸博物馆，企业和政府相关部门都参与了投资兴建，用于宣纸文化的宣传和展示。

图 22　建设过程中的原料产地，总投资 1300 万，其中中央财政投入达 900 万。

黄山徽州竹艺轩雕刻有限公司

黄山徽州竹艺轩雕刻有限公司生存状况

一、企业简介

1. 企业名称:黄山徽州竹艺轩雕刻有限公司

企业性质:民营　　　　　　注册资金:100 万元

省级传承人:朱泓　　　　　联系方式:13085598776

2. 主营业务:

徽州竹雕、木雕工艺品及艺术品;红木家具

3. 发展历史:

(1)1995—1997 年董事长朱泓 15 岁从师,学习传统徽州竹雕、木雕制作技艺。

(2)1997 年朱泓在家中成立个人工作室,招收的学徒由 2 人发展到 6 人,成立黄山竹艺轩雕刻工艺厂。

(3)1998 年,租赁 50 平方米厂房,招收学徒 15 名,主要生产徽州竹雕笔筒、对联,年产值 5 万元。

(4)2000 年,在徽州区黄山路 153 号租赁 300 平方米仓库作为厂房,工厂人员发展到 30 人,年产值 30 万元。

(5)2004 年在徽州区城北工业园征地 10 亩,建立 700 平方米钢构车间。

(6)2005 年,新建 700 平方米钢构车间,工厂整体搬迁入新厂。

(7)2006 年 9 月成立黄山徽州竹艺轩雕刻有限公司,年产值 200 万元,新征用地 20 亩。

(8)2010 年,发展成为拥有现代化生产车间 12000 平方米,员工 150 余人,各类生产设备 150 余台的现代化、专业化、规模化文化产品生产企业。年产各类竹、木雕刻文化产品 20 万件,年产值 3600 余万元,利税 600 余万元。经过10余年的发展，产品由单一到多元，现已发展成为集室内装饰、商务礼品、旅游纪念、文化包装饰品为一体的专业化生产企业。在全国各级大中城市发展800多家经销商，产品出口到美国、韩国、日本、东南亚等国家和地区。公司被评为国家文化出口重点企业、安徽省文化产业示范基地、全国工业旅游示范点；董事长朱泓被评为安徽省非物质文化遗产传承人。

(9)公司计划下一步将文化、旅游、科技紧密结合，发展成为集雕刻文化展览（建立世界雕刻雕塑文化博物馆）、现代雕刻科技实验、徽州雕刻手工技艺展示、雕刻文化研究、朱氏家族文化研究、精雕艺术品生产、徽派古建筑雕饰艺术创作、文化产品包装、雕刻雕塑文化创意爱好者俱乐部、文化交流为一体的综合性企业。形成黄山市乃至全国最具影响力的文化旅游产业。并在全国成立200家竹艺轩连锁加盟店。至“十二五”时期末，黄山徽州竹艺轩雕刻有限公司力争生产规模达到5亿元，用工数达400人，利税1.2亿元。

二、生产运营情况

1. 规模

公司占地面积30亩，员工150余名。

2. 生产原料种类、来源

原材料以毛竹和红木为主，毛竹主要来源于黄山周边地区的毛竹林，红木主要从东南亚国家进口。

3. 生产工艺和流程简介

主要产品竹筒——采用手工雕刻结合现代机器制作竹雕工艺品，先将书画作品在电脑中勾画出线描图，在激光雕刻机中输入线描图，激光雕刻机在竹材上雕刻形成线条图案，再在有线条图案的竹木材上进行手工雕刻，除去线描图案以外的竹料表面。

4. 主要产品用途及销售渠道

经销商、网点加盟和自营。主要覆盖高档礼品市场（商务礼品、政务礼品、会议礼品）、旅游纪念品市场、家居装饰市场、收藏品市场、文化产品外包装市场。

5. 年产量（表16）

单位：万元

	2007年	2008年	2009年	2010年	2011年
年产量	800	1600	2500	3600	5000

三、非生产性运营开支

1. 上缴利税（表17）

单位：万元

税种 \ 年份	2008	2009	2010	2011
国税	16.76	22.22	20.13	22
地税	7.32	10.25	12.36	14

2. 其他缴纳的费用开支（表18）

单位：万元

年份	2008	2009	2010	2011
工商管理费	703	712	756	829

四、历年来政府扶持政策和资金补贴

1. 文化企业入工业园，政府给予土地指标优惠；

2. 2007年，黄山市商务局给予中小企业开拓资金3万元；

3. 2008年，获得经信委中小企业技术改造资金补助10万元；

4. 多次参加政府组织的展览会：深圳文博会、义博会、山东非遗展等；

5. 被评为2009—2010年国家文化出口重点企业和项目，获得25万元资金补贴；

6. 安徽省及黄山市政府，多次采购徽州竹木雕刻工艺品作为政务礼品和外事礼品；

7. 2011年被评为安徽省文化产业示范基地。

五、对政府有哪些期待和要求，需要提供哪些帮助和扶持

1. 政策：出台强有力的扶持政策鼓励文化产业发展；

2. 资金：对非遗文化企业项目予以资金支持；

3. 交流：建议主管部门组织更多的国内国际性文化交流活动；

4. 贷款：目前融资渠道狭窄，企业抵押物有限，最好能提供政府担保信用贷款，出台针对生产性非遗企业的优惠贷款政策，搭建融资平台；

5. 针对目前学徒较少的状况，希望政府能够对文化艺术专业人才培养给予支持；

6. 建议各级政府采购当地的非遗文化产品作为政务礼品；

7. 对从事文化产业生产的人员，统一进行培训和指导，提高其文化素质和道德修养。

目前，竹艺轩发展呈现欣欣向荣的态势，在年轻领导团队的带领下，正在实现跨越式发展。生产出的竹雕、木雕、实木家具等产品不仅在国内有很好的市场，还让这项传统技艺漂洋过海，远销日本、韩国、美国、阿拉伯、希腊等地。新华网于 2011 年 6 月 13 日发表题为《安徽徽州“非遗”与 iPad 合作制作电脑竹雕外壳》的报道，介绍了朱泓与苹果厂商合作为 iPad 电脑制作竹雕外壳、为迪士尼光盘制作木雕盒。

在调研中我们看到，厂房里一边是 50 多位师傅负责个性化高端产品生产，从前期设计到打样，再到后期雕刻，都是纯手工制作；另一边则是百余名工人忙碌在电脑控制的流水线上，批量生产价位相对低廉的装饰品和旅游纪念品。在一年 3000 万元左右的销售额中，两者分别占到三成和七成。朱泓介绍说，手工雕刻的艺术品每一件都不相同，有的作品一件就需要耗费手艺人数年时间，虽然售价不菲但产量比较低；机械化批量性生产带来的收益则弥补了高端产品产量小的缺失，为传承人的培养和手工生产奠定了物质基础和经济保障。

图 23　精工细作的师傅进行全手工高端竹雕工艺品制作

图 24A　女工们打磨、描绘，和竹雕激光雕刻机结合，进行竹筒工艺品批量化生产

图 24B　女工们打磨、描绘，和竹雕激光雕刻机结合，进行竹筒工艺品批量化生产

三、问题分析

(一)政府管理方面

明确各级政府是非物质文化遗产保护的第一责任人，必须在保护的基础上，科学规划，统筹发展，依法承担基本职能。贯彻实施“保护为主，抢救第一，合理利用，传承发展”的方针，“通过全社会的努力，逐步建立起比较完备的、有中国特色的非物质文化遗产保护制度，使我国珍贵、濒危并具有历史、文化和科学价值的非物质文化遗产得到有效保护，并得以传承和发扬”。

以本次调研工作所在的安徽省为例，“十一五”期间，安徽省全面建立起国家、省、市、县四级呈梯形分布的非遗名录体系：国家级非遗名录 60 项，首批为 19 项，第二批为 28 项，第三批为 13 项，非遗名录数量在全国平均数量中处中上水平，其中，宣纸制作技艺、传统木结构营造技艺两项入选联合国教科文组织命名的人类非物质文化遗产。省级非遗名录十大类共 273 项，市级非遗名录 641 项,县(区)级名录 1728 项。安徽省政府针对各级非遗名录,根据其不同类别和特点,采取了一系列方式开展非遗保护传承工作,不仅有效落实并承接了国家非遗保护的政策措施,也初步构建了省级非遗保护机制,从政策法规、人员配备和经济补贴方面对非遗发展给予帮助。但是我们看到,骄人成绩的背后也隐藏着诸多问题:

1. 相关政策法规体系保障不健全

2009 年 1 月,安徽省制定出台《省级非物质文化遗产项目代表性传承人评定与管理暂行办法》,明确了国家级和省级传承人的责任与义务,加强了传承人权责认定制度,使得安徽省非遗保护工作具备了政策保障依据。

但是,《办法》在执行过程中暴露出了一些不足之处:

①由于没有对各市县级政府有关部门作出具体明确指示,部分地方文化管理部门并未真正领会非物质文化遗产保护精神,思想上不够重视,工作中不够踏实,未能引导当地具有非遗特性和保护价值的项目积极申报,延误了申报时机;直属管理部门尚未树立带领当地人民共同挖掘和保护非遗的决心,不主动寻求非遗的发展之路,而是仍然停留在“等靠要”的阶段,即“上面给一点,我就用一点”,对于上级政府和非遗学术研究开展的调研活动不但没有积极配合反而抱着怀疑和排斥的不合作态度。

②由于《办法》覆盖面较为狭窄,对传承人和地方行政主管部门的职责认定并不全面,同时,“非强制性”的实施过程使得法令缺乏制度刚性,在实际操作过程中不乏曲解和逃避现象。例如第十二条:“对无经济收入来源、生活确有困难的省级非物质文化遗产项目代表性传承人,所在地文化行政部门应积极创造条件,并鼓励社会组织和个人进行资助,保障其基本生活需求”,目前仅停留在口号式呼吁阶段,并未在实质上规定应采取哪些有效措施来对“确有困难的”非遗传承人进行支持。

2. 专业行政管理人员配备不合理

2009 年 7 月,经省编委会审核、省政府批准,安徽省文化厅设立非物质文化遗产处；2011 年 5 月，单独设立安徽省非物质文化遗产保护中心，其性质为财政全额拨款正处级事业单位；各市文化局均挂牌成立市级非物质文化遗产保护中心。全省文化系统非物质文化遗产工作人员达 800 余人，非遗保护队伍不断壮大，正在成为省非遗保护工作的中坚力量。

但是，通过走访我们了解到，安徽省非遗保护组织力量仍较薄弱。全省范围内相当一部分市县级保护机构尚未建立，保护体系尚未健全，许多地方没有专职工作人员，保护工作队伍存在数量不足、质量不高、流动性大、专业基础薄弱等问题，工作人员的整体素质和能力还不能适应非遗保护工作的需要，保护工作的科学化、法制化水平亟待提高，急需建立一支对非遗工作充满热爱，具有非遗专业知识和技能，愿扎根、认真干、肯钻研、能创新的队伍。以省非遗保护中心和黄山市文化委员会为例，非遗中心编制定额为十五名，但目前中心仅有四名正式工作人员，既要负责非遗项目申报，又要配合下级机构进行普查、评审、指导其开展相关工作；黄山市文化委员会非遗科仅有两名在职员工，负责维护辖区内所有 65 项非遗项目（其中国家级 16 项，省级 49 项），这两位工作人员不仅要例行本级单位日常公务事宜、负责建立传承人档案、统一收集整理申报材料，还要接待各级参观考察、政策调研人员，日常工作任务十分繁重。

3. 行政运行监测体制构建不完善

由于传承人评定和取缔系统并未全面启动，传承过程中不乏“重申报，轻保护”的情况，某些传承人在申遗成功后便止步不前，满足于现状，故步自封，并未认真履行责任研习技艺、培养后人；另一方面，目前还未建构科学合理的行政监管体制，非遗保护机构行政人员权责尚未明确，文化主管部门内部各处室间权责混杂，管理边界不清，搭界面较大，上级行政指令落实缓慢，下级汇报审批程序繁杂，保护工作开展的质量和效率普遍较低。

由于文化发展的抽象性和不可量化性，非遗保护领域缺乏科学的评价体系，对于传承单位和行政单位的工作评价尚未建立统一衡量标准，难以明确个人和单位的功过得失，因此目前体制内的奖惩办法仍倾向于指令下达的随机性和行政命令的强制性。

（二）企业运营方面

现代社会的急遽发展使得人们生活节奏加快、各类电子媒介充斥市场，传统手工技艺类非遗行业市场需求量锐减，生产规模缩小。另一方面，由于生产性非遗的纯手工性质造成了产品生产周期长，制作工序多，原料收购困难，在面对大规模工业化生产速度快、产量高、成本低的竞争压力时，大部分以小作坊和家庭（家族）型模式存在的非遗行业日渐面临萎缩。从非遗企业本身来看，主要面临以下困难：

1. 税收负担过重

调查中我们了解到，两家小型生产单位——吴鲁衡罗经老店和杨文笔庄每年缴纳国税和地税一万至两万元；中型规模企业——歙县老胡开文墨业有限公司和黄山市屯溪胡开文墨厂 2010 年平均缴税额 39 万元；大型企业——中国宣纸集团 2010 年利税则超过 1100 万元。除两家小型个体私营企业外，另四家生产性非遗单位除缴纳营业税、企业所得税外，还需缴纳税率高达 17% 的增值税。

目前，非遗企业缴纳的增值税是指对销售货物或者提供加工、修理修配劳务以及进口货物的单位和个人就其实现的增值额征收的一个税种。我国自 1979 年开始试行增值税，现行的增值税制度是以 1993 年 12 月 13 日国务院颁布的国务院令第 134 号《中华人民共和国增值税暂行条例》为基础的，2008 年 11 月 5 日经过国务院第 34 次常务会议修订通过，自 2009 年 1 月 1 日起施行。

增值税计算基本公式为：

应纳税额 = 销项税额 − 进项税额

增值税计算公式:含税销售额÷(1+税率)=不含税销售额

不含税销售额×税率=应纳销项税额

非遗行业经营者普遍反映目前17%的增值税税率过高。原因在于:大部分手工技艺类非遗制造企业属于农产品加工和劳动密集型生产模式,生产原料是农副产品,原料来源一般为企业通过农户收购,前期原料初级加工也是外包给零散农户操作完成,而农户是没有开具收据或发票的条件的,因此生产性非遗企业缴纳的增值税很少能通过抵扣项①来进行减免,企业实际上是代农民缴纳了农副产品的税收。

以宣纸集团为例,现行的税收政策在增值税率方面,将宣纸行业与现代工业造纸行业一视同仁,忽视了宣纸产品的特殊性。一方面由于宣纸行业原材料都是农副产品,只能抵扣13%的税额,而宣纸销售却要缴纳17%的增值税,这种极差加重了企业生存负担;另一方面,宣纸是劳动密集型产品,工人工资在企业生产成本中所占的比例比机器化生产企业要高得多,大量的人员工资支出无法进行抵扣;此外,由于宣纸制作周期漫长,成本增值远高于其他行业。据不完全统计,重工业增加值约在20%左右,轻工业在30%左右,而宣纸产业增加值要在50%以上。所以宣纸销售时因附加值高,同等收入情况下缴纳的税额就高了。

由此看来,税务部门在制定税收政策时,对传统手工艺类企业采取跟工业生产企业和文化创意产业等一般纳税人同样的标准,不论是征收的税种还是税率方面,都是同等待遇,并未针对性地采取某些优惠,在税收方面没有体现出非物质文化遗产的保护性和传承性。在面对各方面物价上涨,边际原材料、劳动力、土地等生产要素方面的使用成本都在不断上升的情势

① 国际上普遍采用的税款抵扣的办法,根据销售商品或劳务的销售额,按规定的税率计算出销项税额,然后扣除取得该商品或劳务时所支付的增值税款,也就是进项税额,其差额就是增值部分应交的税额,这种计算方法体现了按增值因素计税的原则。

下，如果国家没有从根本上给予非遗企业税收支持，他们的生存压力只会愈来愈大。因此，对生产性非遗生产单位，不应按一般工业企业纳税人标准执行，关于增值税一项尤其要酌情减免。

2. 贷款障碍较多

传统技艺类非遗生产项目规模一般都较小，由于受到原料稀缺，生产周期长，技术人员偏少等因素的制约，年均产量不高，难以利用固定资产、销售额或净利润等进行抵押贷款，企业融资普遍困难。例如，从事徽笔生产的杨文，虽然自身是高级工艺美术师，但在黄山市仅有一套门面以家庭作坊式小规模生产方式进行生产销售，不论是生产规模还是固定资产都难以达到银行放贷标准，很难通过银行贷款渠道实现技艺传承和生产规模扩大。

从广义上来说，对于基本完成商业化改造的中国人民银行而言，非遗中小企业的市场信息是分散的、非规范性的，对于规模和实力与之极不相称的商业银行而言，即使没有信贷歧视，在收益给定的条件下，必定既无意也无力承担过于高昂的交易成本。在市场经济条件下，中小规模非遗企业经营状况的高风险性与银行放贷的审慎性原则呈现冲突，因此若要从根本上扭转市场自发选择而形成的非遗中小企业贷款难状况，首要任务就是推动金融供需方激励兼容。

3. 建设资金短缺

调查中我们欣喜地发现，几乎每家非遗生产单位都致力于建设传习所或博物馆，供游人免费参观。究其原因，一方面是由于传承人本身受家族文化世代相传的“文化自觉”所驱，另一方面，博物馆的建立不仅向世人宣传展示了企业的历史和文化，也彰显了其荣誉和奖项，这些都从侧面证实了企业的实力和传承的“名正言顺”，使得传承脉络有根有据，从而有益于在行业内外打造坚实品牌，提升知名度和美誉度，最终收获经济利益。

黄山市屯溪胡开文墨厂藏有五百多方唐宋元明清的砚台和一万余付历

代制墨名家创作雕刻的珍贵徽墨。为了多功能、全方位展示胡开文徽墨和歙砚的传统制作技艺，2011年，厂长汪培坤自筹资金160万元建立一座"胡开文徽墨博物馆"，已于当年11月正式对外免费开放。

万安吴鲁衡罗经老店第八代传承人吴兆光于2011年动工修建"中国罗盘博物馆"，预计项目总投资200万元。目前建设资金基本为银行贷款和亲友所借，每年仅偿还银行贷款利息一项就涉及资金20万元，高利率带来的还款压力让传承人直呼苦不堪言。

从事徽笔生产制作的杨文笔庄在黄山市屯溪老街有一家70余平方米门面，用于产品陈列、销售，同时作为产品后期组装加工基地，门面为按揭贷款购买，每月还款3000余元。目前笔庄采用家庭作坊式生产，由12位家庭成员各自负责不同的制作工序在家里进行流水线作业。店主坦言困难在于一旦招用新人便面临提供食宿的问题，而现在的生产状况根本无法满足需求。因此仅凭自身力量意图扩大产量是极不现实的，亟须政府统一开辟非遗生产园地，作为传习基地和销售场所。

4. 市场有效信息获取不畅

由于非遗企业大多分布在城市边缘和山野村落，这种分散性造成大量非遗企业无法把握现实市场动向和消费者需求，只能在市场竞争的夹缝中求生存。出现这种状况的原因一方面在于非遗传承人的年龄大多为四十岁以上，他们缺乏对现代通讯工具的掌控能力，对市场信息的获取渠道不畅，有的传承人一味坚守传统，对现代化的生产经营模式相当排斥。另一方面由于企业不适应市场竞争环境，导致某些非遗单位主动退出市场机制，将自己独立于市场之外，这种不积极的生产态度不仅不利于提高非遗产品的经济价值，也不利于传统技艺的传承和保护，如此往复形成的恶性循环将会导致传统手工艺类非遗项目逐渐淡出公众视线，失去其活态传承性，最终只能走入展馆之中。

5. 行业监管体系缺乏统一

目前生产性非物质文化遗产尚未建立能够帮助中小规模企业收集分析市场信息、申报政府部门项目的内部行业协会，各家生产单位仍处于孤军奋战状态，行业内彼此间缺乏技师的协调和沟通，无法形成合力打造行业品牌，在激烈的市场竞争参与角逐。

此外，由于行业协会的缺失，无法维护传承人和传承企业的经营资格及合法利益。在经济利益的驱动下，行业内假冒伪劣现象广泛存在，某些不具备非遗传承能力的生产单位抱着单纯逐利心理，以低价为诱惑以次充好，扰乱行业秩序，造成市场混乱，使得真正有价值的产品失去了竞争优势，在市场恶性竞争的环境中艰难求生。由此产生的恶劣影响则如信息经济学理论中的“旧车市场”模型一样，“好车”终究会不敌“坏车”的价格优势，从而逐渐退出市场，长此以往形成的恶性循环使得消费者只能买到越来越差的产品。例如，长久以来，人们普遍把“书画纸”与“宣纸”画上等号，认为所有的书法和中国画所用的纸都为“宣纸”，实际上“宣纸”仅是安徽省宣城市泾县特有的一种书画纸，它的独特肌理与当地的地理位置、气候条件、花草林木都有莫大的关系，正是在“天时地利人和”的共同协作才能保留下传世千年的古法宣纸制作技艺。然而时至今日，由于大众的误解和某些不法商人的不当宣传，使得很多并非使用檀皮、燎草为原料的劣质书画纸进入高档宣纸市场，以虚假广告形式鱼目混珠，混淆消费者的视听和判断力，正品宣纸反而由于消费者的质疑走向了市场末端。

（三）人员培养方面

文化部副部长王文章同志指出：“非物质文化遗产是以活态形式传承的文化遗产，主要依靠传承人口传心授而世代相传。因此，保护传承人是非物质文化遗产保护工作中的核心。”2007 年至 2009 年，文化部先后命名了三批国家级非物质文化遗产项目代表性传承人，共计1488名，并专门举行了颁证仪式。中央财政从2008年起专门资助国家级非物质文化遗产项目代表性传承人每人每年8000元，从2011年开始，对传承人每年资助金额增加到了1万元，在我国的所有补贴项目中属于较高标准。《非物质文化遗产法》也制订了鼓励代表性传承人开展传承、传播活动的具体法规措施，包括帮助建立必要的传习场所，提供必要的经费资助其开展授徒、传艺、交流等活动，支持其参与社会公益性活动，以及支持其开展传承传播活动的其他措施等。

各地方政府对保护传承人重要性的认识不断深化，因地制宜地采取了多种保护措施，如建立传承人档案，改善传承人工作环境，为生活困难的传承人提供基本生活保障，在传承人建立传承基地、工作室、授徒传艺、开展传习活动方面都给予扶持。目前，各地评定的省级非物质文化遗产项目代表性传承人共6332名，各地（市）、县级也认定命名了一批传承人，逐渐形成了国家、省、地（市）和县级四级非物质文化遗产项目代表性传承人命名机制。

即便目前非物质文化遗产保护已引起社会的广泛关注，一系列的政策保障措施也相继出台，但非遗传承人保护体系依然面临诸多问题，有些非遗项目面临着人亡艺绝的困境，传承后继乏人。究其原因，主要有以下三方面：

1. 生产技工体系断层严重

传统非遗项目，尤其是手工技艺类行业的生产者平均年龄均为四十五岁左右，行业内普遍缺乏年轻技工从事生产。由于学习传统技艺仅通过参阅教材或观看视频是行不通的，必须通过师傅带徒弟的方式手把手地进行技艺传承，但是学艺过程艰苦、周期长，学徒期间工资待遇极低，同当前“短平快”、“体面轻松赚大钱”的就业思潮不符，因此少人青睐，年青人视之为“夕阳产业”，不愿涉足。另一方面，不少老艺人顾忌未来市场的萧条形势，担心自己的孩子受苦受累，大都鼓励子女读书深造，不愿让他们再继承家业从事生产。即使有年轻人入行学徒,但系于学艺生活的艰苦孤独,受外界诱惑半途而废者甚众,成材率不高。相当一部分非遗大师年事已高,传承后继乏人的局面令人堪忧。

2. 行业内收入普遍较低

据调查结果分析得出,从事传统手工艺生产的艺人不论是受聘于公司还是独立从事生产,收入都普遍较低。

例如,从事徽笔制作销售的杨文笔庄,采取的是家族式协同生产的模式,由十二位家庭成员分工协作,各自完成不同的工序,再通过屯溪老街的店面进行批发零售,这种小规模私营企业缴纳的税费虽不高,但除去偿还门面按揭贷款和制作成本外,一个月每人平均收入2000元左右。

歙县墨厂工人的每月工资根据其从事的工种难易程度和技术含量决定,一般员工收入为800元到4000元不等。工资的发放采取计件制,收入最高者为雕刻墨模的师傅,他掌握着创新制式、绘制图样、打磨成型的徽墨生产核心技术,是徽墨工艺中的主导者;取得中等收入的是加工车间和描金车间的工人,每月平均收入为2000元;收入最低的是包装车间的女工,这个工种的重复性较大,只需熟练操作即可,因此工资最低,每月为1000元左右。

3. 缺乏长期保障体制,人员流动频繁

以中国宣纸集团为例:目前集团技术工人年龄一般为35~40岁,青年技工体系未能与目前的人员进出体制实行对接,工人结构处于青黄不接时期,同时,工人(尤其是青年职工)自身难以接受艰苦的工作环境主动放弃从事一线生产的情况也相当普遍。另一方面,造纸业同行和社会其他投资方不断以高薪聘请高级技师,“挖角”现象时有发生,一线生产工人流失情况相当严峻。技术骨干的外流给企业造成很大压力,即使有大宗订单,或有投资集团试图进入帮助集团扩展,企业也苦于生产工人缺失这块短板无法有信心和实力去应承。

（四）原材料供应方面

生产性非物质文化遗产行业制作过程中所用原料多为农副产品，其中还有相当一部分（如歙砚所用的矿石、宜兴紫砂壶所用的珍贵泥料等）属不可再生资源，资源获取难度可想而知。其次，若要打造工艺精品则必须使用非人工繁殖的天然原料，但某些原材料的采集涉及《野生动植物保护法》、《环境保护法》等相关法律条例。如万安罗盘生产所使用的银杏树属国家一级重点保护植物；徽笔制作中笔毛部分涉及的野山马属国家一级保护动物。生产者一方面囿于法律规定，另一方面又迫于传承技艺所需和经济压力，不得不铤而走险。

近年来，原料成本价格上涨也成为企业生存压力增大的重要原因。例如中国宣纸集团采用天然檀树皮和燎草进行生产加工，这种天然原料的肌理和特性是人工种植原料无法比拟的，统计数据显示，100 斤青檀皮可制成 25 斤纸浆；100 斤燎草可制成 10 斤纸浆，两种原料总共可产出纸浆 35 斤，这 35 斤纸浆只能产出 100 张成品纸。因此，制纸行业对原料的需求量是非常大的，生长周期慢，存量少的檀树便显得弥足珍贵。更重要的是，由于泾县农民外出务工情况较为普遍，砍伐工愈来愈少，原料紧缺、价格上涨现象则愈发严重。更重要的是，不同于砍伐普通木柴可直接将柴火成堆捆扎滚下山，檀皮的易损性则需要剥皮工从山上砍伐后通过人力背下山，因此工作异常艰辛，留在当地并从事原料采集的工人越来越少。据了解，青檀皮 2009 年收购价格 450 元左右，2010 年已经涨到 600 元左右。

（五）财政支持与保障标准方面

1. 政府财政支持基数小，增长缓慢

总体而言，“十一五”期间，中央和各省级政府都加大了对非物质文化遗产保护的资金扶持力度，但是，由于我国非物质文化遗产保护工作起步较晚，非遗方面保护资金在财政经常性支出中所占比例较低，处于基础薄弱环节。虽然国务院已下达保护和发展非物质文化遗产的指令，十七届六中全会更是提倡“文化大发展大繁荣”，但政策落实与中央指令下达仍存在时间差，未能及时从财政层面给予非遗项目相应的扶持与帮助，另外，各部委间缺乏沟通与合作，管理范围叠合和缺位现象较为严重。

以安徽省为例，省财政从2007年起建立传承人专项扶持资金，每年补助省级非物质文化遗产传承人1000元，用于扶持其开展传习活动。2011年，安徽省利用国家拨款，统一采购18套器材，包括摄像机、台式电脑、移动硬盘、数码照相机等，总价值90余万元，分别下发到全省17个地级市非遗保护单位和省非遗保护中心，为他们添置了工作设备，指导他们开展非遗普查、记录、调研等工作。

国家和省级财政部门连续多年加大安徽省非遗保护工作经费投入，2005年至2011年累计投入6772万元，具体分布如下表：

单位：万元

年份	2005	2006	2007	2008	2009	2010	2011
国家级	20	130	120	305	995	1222	2382
省级	10	28	180	180	400	400	400

其中，2011年财政部下发关于加大非遗保护专项基金的通知，补助安徽省非遗保护专项资金2382万元。

安徽省财政厅设立非遗保护及徽文化生态保护区建设专项资金，并列入财政年度预算，2009年至2011年，每年划拨资金400万元，专项用于开展非遗保护和研究、非遗传承人的培养和资助、人员培训、宣传展示以及徽州文化生态保护区建设。其中，200万元仅针对“徽州文化生态保护区”范围内非遗项目，其余200万元则在全省其他地区分配使用。值得注意的是，安徽省目前拥有省级非遗名录 273 项，其中民间文学 19 项、传统音乐 26 项、传统舞蹈 37 项、传统戏剧 31 项、曲艺 22 项、传统体育、游艺与杂技 11 项、传统美术 27 项、传统技艺 58 项、传统医药 3 项、民俗 39 项，比重最大的是传统技艺类，占总数的 21.2%。由此可见，每年 400 万元的扶持资金分摊到 273 个项目后已是杯水车薪，僧多粥少的局面让省文化厅非遗保护部门备感为难，为了实现公平原则，每年只能在省级非遗名录中轮流给予拨付，重点则向濒危的、珍贵的、传承困难较大的项目倾斜，而生产性非遗项目由于其相对自足性和较强的生存性，得到的扶持资金在资金总体分布比例中是非常低的。

行政人员工资和办公开销方面，由于地方行政机构不仅要构建行政人员薪酬体系、保证日常的行政开支，还要投入资金用于遗产的普查、调研、申报、组织非遗项目参展、指导其进行合理保护和再生产等，实际工作中需要支出的经费远远高于目前的财政扶持力量，因此在加大对非遗传承人和传承单位投入力度的同时要注意维护行政成本支出。

2. 预算管理领域编制较粗，缺乏科学理性支撑

目前各级政府部门广泛采用“增量预算”模式①，编制方法不够科学，资金分配交叉分散，执行中存在追加较多，执行力较低等问题，造成财政支出结构固化、部门利益刚化、预算内外资金管理不协调、政府调控能力弱化等弊端。传统的预算管理体制越来越不适应形势发展的需要，各方对改革预算编制、实行部门预算改革的呼声越来越高。

编制过程中，扶持资金主要倾向于国家级非遗名录及其他重大项目，忽略了一些中小非遗单位。其次，申请手续繁杂，审批层级较多，如此造成的政策滞后性不仅会延误最佳保护时机，还会使一些尚未纳入保护体制甚至

---

① 在安排预算年度收支时，以上年度或基期的收支为基数，综合考虑预算年度国家政策变化、财力增加额及支出实际需要量等因素，确定一个增减调整比例，以测算预算年度有关收支指标，并据以编制预算。

还未引起关注或被遗漏的非物质文化遗产享受不到相应的扶持政策。此外,长期以来财政资金主要由政府部门全权负责,这种集权性不利于吸引社会资金,间接影响了生产性非遗企业的融资。

3. 资金拨付方式和执行监管渠道不畅

当前非遗专项资金拨付流程主要为:①由各市收集整理当地非遗项目保护发展所需资金,统一上报到省文化厅;②省级文化管理部门进行审议和评定后确定拨付额度,上报到国家文化部;③文化部、财政部等相关部门审议通过后,划拨资金到省级财政部门,再由其直接下发到地市级财政部门。这种拨付方式虽然在申报时期就已具有计划性和使用定向性,但由于缺乏严密的监控系统,资金在拨给传承人或传承单位后,难以保证其是否用于开展传统技艺的保护或用于开展教学传承活动,实际操作中挪用专项经费用于行政开销和置地买房的现象时有发生。其次,专项资金直达传承单位,不经由地(市)级文化机构确实有利于保障资金的安全性和及时性,避免了各级财政截流的可能,但正是这种完全撇开基层文化机构的拨付方式消磨了地方行政部门的申报积极性,行政配合和促进能力较低。

四、经验启示

近年来,由于政府的高度重视和民众的广泛关注,中国非遗保护事业开展得如火如荼,对挖掘、记录、保护和利用我国丰富的非物质文化遗产作出了重要贡献,工作成效斐然,取得了多项成果,积累了一定的经验,步入了世界文化遗产保护与利用的重要行列。但是,客观上来说,我国非遗工作相较于世界其他国家开展相对较晚,部分政策法规和保护措施还缺乏实践基础和理论依据,保护工作仍然面临诸多棘手问题,工作中遇到的困难和阻力亟待解决。虽然中国特殊的国情决定了我们不能照搬其他国家的做法,但是在全球交流日益紧密的今天,借鉴他国在非遗保护工作中的先进理念和经验是我们提高工作效率和质量的有效渠道之一，我们应采取积极主动的姿态，切实研究世界各国在非遗保护方面的先进经验并结合中国实际工作情况加以汲取改进并吸收利用，这不仅有利于更加科学规范地制定保护计划，优化保护结构，也有利于唤起全社会保护非物质文化遗产的自觉性。

（一）日本经验

日本政府于1950年颁布《文化财保护法》，是世界上最早以法律形式提出保护非物质文化遗产的国家，由此确立了有关文化财（包括"物质文化遗产"和"非物质文化遗产"）的指定、管理、保护、利用、调查的制度体系。《文化财保护法》规定，要通过多样化的政策和措施对被指定的无形文化财进行保存和实施记录整理，同时对其传承者进行维护、培养等经费支出。日本对传统技艺传承人有健全的扶持和监管体系，扶持资金主要来源于政府财政预算和振兴文化艺术基金会。

1. 政府机构设置

日本政府保护非物质文化遗产的机构是随着《文化财保护法》几次大的修改而逐渐完善起来的。1950年，在文部省内组建"文化财保护委员会"，文部大臣任命5位日本国内一流的文化专家出任委员。委员会下设四个文化财保护审议会，专门负责文化财保护的专业指导、技术咨询和调查审议文艺理论与批评以及相关的事务性工作。这个委员会虽然是一个非常设机构，但它是日本当时保护有形文化财和无形文化财的最高机关。1954年，日本明确规定地方必须组建"地方公共团体及教育委员会"。日本各县、市、町、村开始负责地方的文化财保护工作，可以指定"重要文化财"、"重要有形文化财"、"重要无形文化财"、"重要民俗文化财"，并采取有效措施保护和利用文化财。1968年，日本废除了"文化财保护委员会"，改在国家文化厅内设置"文化财保护审议会"。原"文化财保护委员会"承担的国宝指定与解除工作直接由文部大臣来决定，其他事务性工作改由文化厅长官决定。新成立的审议会负责为文部大臣和文化厅长官提供咨询，会内设有“无形文化课”，专门负责日本传统戏曲的保存与振兴工作。地方政府同样也设置“文化财保护审议会”，与民间团体共同保护当地的文化财。在研究工作方面，日本成立了国立文化财研究所和奈良国立文化财研究所，所内设无形文化财研究室，专司资料调查和分析工作。还有许多民间研究机构分布在日本的大学和图书馆，比较有名的如早稻田大学演剧博物馆、松竹大谷图书馆等。这些博物馆和图书馆除了从事有形文化财和无形文化财文献资料的保管工作之外，还从事一些启蒙和推广活动，成为有形文化财和无形文化财保护、研究和教育的基地。

2. 无形文化财的认定

包括认定技艺本身和认定拥有技艺的匠人，认定形式分为三种：①对具备高超技能的个人进行认定，称为“个别认定”；②对两人以上共同表现的技能保持者进行认定，称为“综合认定”；③对技艺表现上缺乏个人独立特征，属多人共同表现形成一体感的整体技能保持者进行认定，称为“保持者团体认定”。

《文化财保护法》中规定：“文化财持有者，同时也应该是文化财的传承人，如果文化财的持有者将自己的技艺密不传人，那么无论他的技术有多高，都不会被政府指定为‘人间国宝’或‘重要无形文化财的持有人’。”这项规定明确了日本政府对于文化财传承人认定的一个重要条件，即要对非物质传统文化的传承作出一定贡献。

值得注意的是，日本不仅有传承人认定的制度，也有解除传承人称号的制度。法律明文规定，遗产传承人在拥有经费使用权的同时，还需要在获得“重要无形文化财”称号的三个月内公开该项遗产的技艺记录。当传承人出现住所变更、死亡或其他变化时，他的子孙或弟子要在20天内向文化厅长官提交正式文书。传承人去世后,其徒弟也不能承袭其称号。某种意义上讲,日本以制度化规范化的监管强化了传承人的责任意识,从而减少了非物质文化遗产遭人为毁坏的可能。

3. 政策保障

在日本,对“重要无形文化财”(类似于我国“国家级非物质文化遗产”)的传承人,即“人间国宝”,政府会专门划拨一笔资金,帮助传承人记录其技艺并帮助其保存作品,另外还资助其传习技艺、培养传人,改善他们的生活和从艺条件,并保障其为传承该项遗产所采取的其他必要活动。日本《文化财保护法》规定,包括国宝等重要文化遗产的管理维护的资金下限是国家总预算的0.01%,一般情况下,财政资金并非直接拨付给传承人,而是拨给该项目所属的民间团体。

据日本文化厅统计,迄今为止艺能方面的“人间国宝”共有57名。日本文化厅对这些“人间国宝”支付特别扶助金,以鼓励他们不断提高技艺和悉心培养后继传承者,每人每年可获金额达200万日元(约14万人民币)的资助。与此同时,文化厅还对技能保持者(“人间国宝”)所属的团体,或技能保持团体培养后继传承的事业,也进行资金补贴。不仅如此,除日本政府的有关法令和措施外,各地方自治体,即县、市、町、村各级政府,也根据《文化财保护法》,先后制定了“指定无形文化财的技艺保持者及保持团体的认定基准”法案,加强了各地方政府对无形文化财的保护意识。

日本政府不仅给予“人间国宝”必要的补助,在财税政策上也给予多项优惠,同时,通过宣传和推广,使得他们有了较高的社会地位,以此激励他们创新工艺并提高技艺。由于“人间国宝”的作品有较大的保留和升值空间,颇具收藏价值,民众购买其作品的意愿强烈。正是在这种全社会尊重和保护传统文化的氛围下,日本传统的手工纸、手工伞、漆器、雕刻、陶瓷、织锦、和服、净琉璃等各种古老手工艺才得以流传,并以较高水平保留至今。

值得一提的是，日本于1974年颁布实施的《传统手工艺品产业振兴法》，以及工艺产业调查，是日本政府为进一步振兴传统手工艺而制定的一部法律，也是继《文化财保护法》后，又一部对工艺美术及相关传统手工业继承与发展具有重要意义的法律。根据这一法律，由日本工业技术联络会、工业技术院制品科学研究所和传统工艺品产业振兴协会组成的传统工艺技术调查实行委员会，于1975年先后两次进行了全国性的工艺品产业调查，并于1976年出版了调查报告，对指导和推动各地工艺美术的发展起到了重要作用。

4. 呼吁民间支持

在保护文化财产的过程中，除国家给予必要的物质奖励和精神奖励外，日本十分强调各级地方政府、民间组织、甚至个人的参与，并明确规定各方的权利与义务。比如，日本组建了从县市到乡村覆盖全国的保护重要无形文化财产的专业协会，凝聚了千万民俗文化艺术的传人从事传承活动，对于这种无形民俗文化财产的传承工作，除国家给予必要的资助外，社会团体、地方政府也都尽力给予赞助。这样强调社会群体在保护文化财过程中的重要性，提高了日本国民的全民保护意识，培养了文化财产保护方面的人才。

5. 注重活态传承

日本强调对文化遗产的活用，对文化财产的保护并不仅是停留在束之高阁的展示和封隔中，而是根据各项文化财产的特点，加以合理开发利用，在妥善安置、保持其原汁原味的同时，充分利用这些优秀传统文化资源，挖掘其社会价值和市场价值。例如，日本十分珍视传统手工业，不仅在国内外不断举办工艺大展，而且在展示的过程中，最大限度地发挥文化财产的认知和教育作用，力争使国人了解本民族的历史和文化。而在国外举办的展示活动和产品销售更是有力地推广了日本传统文化。

(二)韩国经验

韩国自20世纪60年代开始就着力于传统民族民间文化的搜集和整理,1962年制定了《韩国文化财保护法》①。在韩国,文化财(文化遗产)分两部分,即物质文化遗产和非物质文化遗产,非物质文化遗产则又根据其表述形式分为表演艺术,社会风俗、礼仪、节庆,有关历史、自然的知识和实践等,半个世纪以来,韩国已陆续公布了100多项非物质文化遗产名单。

1. 政府机构设置

为落实对文化遗产的法律保护,1962年3月政府成立了文化财委员会(隶属于韩国文化财厅,相当于我国的国家文物局),委员会下设有形文化财、无形文化财等8个分课,各分课均由各文化财保护团体、大学和研究机构的专家组成。除专职专家外,韩国政府还聘请了180名各界文化财专门委员。一旦发现值得保护的文化项目,委员们便会提出报告,经过论证后将该项目确立为国家重点保护项目。同时,国家设立了专门的研究机构——韩国文化财研究所,有关专家学者负责定期对文化遗产进行审议。

此外,韩国设有无形文化财产厅专门管理无形文化财产,对每项无形文化财产及掌握该绝活的民间艺人都进行编号管理,由民间艺人采取师徒相传的方式把文化遗产保存下来。

2. 财政政策保障

仿效日本,韩国于1964年启动了“人间国宝”工程,对具有重要价值的无形文化遗产的传承者或保持团体授予“人间国宝”荣誉称号并确定其责任和义务,对获得认证的文化遗产,中央和地方政府都会给予大力支持和保护。

---

① 《韩国文化财保护法》,[韩]河淑花译,复旦大学文物与博物馆学系编,文化遗产研究集刊,上海古籍出版社2001年版,第95页。

韩国政府、社会团体、民众对非物质文化遗产保护都非常重视,《韩国文化财保护法》根据价值大小把非物质文化遗产分为不同等级,被确定为具有重要价值的非物质文化遗产,政府将给予100%的经费保障;各道、市等地方确定的非物质文化遗产,国家给予50%经费保障,剩余由所在地区筹集资助。政府还规定了非物质文化遗产传承者应该履行的责任和义务。详细法律法规的制定和具体政策的落实奠定了韩国非物质文化遗产保护工作成功开展的基础。

韩国通过制定一套完善的体制、制度和奖惩办法推动非物质文化遗产的保护工作。政府制定了金字塔式的文化传承人体系,最顶层被授予"保有者"的称号,共199名,他们是全国范围内具有传统文化技能、民间文化艺能,或掌握传统工艺制作和加工的最杰出的文化遗产传承人,这些文化遗产传承人得到了各级政府的大力保护和财政支持,同时也受到了社会大众的尊重。对于能培养出大师级人才的传承人,不仅支付其薪水支持其提高技艺,还给予他们用于公演、展示会等活动的经费,对于他们的研究、扩展技能、艺能等开支也予以经费保障。政府按每人每月100万韩元(0.7万元人民币)的标准提供补助,并制定一系列医疗保障制度,以保证他们衣食无忧。对于最优秀的学生,政府也会拨付研究经费,在他的老师过世后,便由他来继续传承。例如,韩国为有志于学习无形文化遗产的年轻人(称为"传授奖学生")特设奖学金,但是规定发放对象年龄在必须在18到40岁之间。

政府的大幅财政支出保障获得了可观的效益:传承人的才艺得到社会和政府的认可后,商业价值剧增,反过来带给当地政府和社会更多的经济回报,提升了民众素质,促进了经济发展,减轻了政府财政压力。

3. 间接支持

由于市场经济的局限性和"市场失灵"现象的存在对政府职能提出了内在要求,即政府要为市场经济规律更好地发挥作用和创造条件。值得我们学习的是，韩国对非遗的产业化发展并未实行“政府包办制”，而是摆脱政府直接“办文化”的模式，转以财政资金为引导、以税收政策为杠杆，通过金融、税收、外汇、技术等各种温和的方式，保障国家文化产业计划与政策的执行，影响企业的行为。着重解决那些文化产业中市场决定不了、解决不好的问题，确保文化市场充满生机和活力，解放发展了文化生产力，给生产性非遗自身提供了足够的发展和成长空间。另外，政府通过运作“文化产业专门投资组合”，实行多种优惠政策支持文化产业的发展需要；设立多种专项基金，扶持相关行业发展，如文艺振兴基金、文化产业振兴基金、信息化促进基金、广播发展基金、电影振兴基金、出版基金等。政府的投入和政策倾斜极大地鼓励了民间资本、风险资本的跟进，有效地缓解了生产性非遗产业继承创新和海外推广的资金问题。

4. 传承人责任义务

国家级表演类的遗产每年必须有两场以上的演出，此举既有利于普及遗产知识，又对遗产传承现状进行了质量检验。无形文化财“保有者”有义务将其技能或艺能传授给金字塔后两层人员（“助教”、“履修者”），他们要在“保有者”的带领下进行传统技能和艺能的研习，并在“保有者”不能承担义务或离世后继任。这项制度以师带徒，不但保证了非物质文化遗产的可延续性，还提供了不断丰富、完善民俗文化技能和艺能的条件。在为遗产履修者（学习者）发放“生活补助金”的同时，还要求他们必须跟从传承人学习6个月以上，并在相关领域工作1年以上。政府还定期对各类非物质文化遗产的传承状态进行审查，如果认定该项遗产已不符合国家级的要求，政府有权解除它的称号。

5. 学术论证和监督体系

国家成立专门的非物质文化遗产委员会，由来自大学、研究机构、文化团体的专职专家以及政府聘请的50多名非专家（其中包括普通群众）组成。

由各省长、市长及国家文化财提出的非物质文化遗产项目将交由他们论证，委员们将进行项目调研并撰写提交调查报告，通过审议后最终确立国家重点非物质文化遗产名录，确立的名录要公示一年，公示期间接受社会民众的监督并听取各方意见，没有被公众接受的项目将重新进行调研论证。因此最终确立的国家重点非物质文化遗产是经过层层挑选、论证、研究、讨论并得到广泛认同的结果，具有极高的代表性。委员会同时要对各项非物质文化遗产的保护工作进行监督，对那些损害文化遗产的现象和行为积极地揭发举报，并进行媒体曝光。在这样的社会舆论和民众监督氛围中，韩国非物质文化遗产保护政策得以不断健全，确保了各项制度实施的公平、公正，也有利于韩国非物质文化遗产保护各项工作的长期高效开展。

（三）欧洲经验

法国经验

1. 政府机构设置

法国文化部下设文化遗产局，主要负责法国文化遗产保护工作的规划、决策、领导与监督。文化遗产司又下设四处、三科，专门负责不同类型的文化遗产的保护工作，工作人员大都具有相应的专业知识。地方上也有相应机构，负责调查和监督文化遗产的现状和维护情况。在法国，由文化部决定重大文化遗产的保护工作，但具体的工作则由文化部所属的历史纪念物基金会、文化艺术遗产委员会、考古调查委员会等文化团体完成。实际上，由法国政府管理的重点文化遗产不足5%，近一半的文化遗产由市级部门管理，另外半数为私人管理。

2007 年 4 月 23 日法国成立了“国家非物质遗产机构”，该机构负责国有专利、执照、电台频率、商标、影像及其他类型的遗产和非物质财产的管理并拥有管辖权。主要职责有：向负责经济事务的部长就国家非物质资产的管理提出建议，以确保其保值和增值；就国有非物质资产的管理目标和策略开展与其他部门的合作；对国家公共机构和行政机关所有的非物质资产进行清点，并将其纳入特别信息系统之中；与其他相关机构一起共同制定和监管非物质资产的公共预算；就立法、规章或必要的行政改革向负责经济事务的部长提出建议。

2. 非物质遗产法规

法国现行法律中涉及非物质文化遗产保护的法律规定主要体现在以下几个方面：一是针对公开出版物的登记规定，即法定呈缴物制度（《遗产法典》），要求把作为文化载体的著作成果按规定数目由相关机构留存，以积累国家藏书，为后代保留和传承国家民族文化；二是关于使用法语的规定，即宪法委员会关于“区域和少数民族语言欧洲宪章”的决定，该决定援引1789年《人权宣言》第11条“思想和观点的自由交流是人类最珍贵的权利”之规定，认为法语是确立“法国国格和遗产的一个关键因素”；三是有关知识产权的保护，主要规定在《知识产权法典》之中。此外，法国非物质文化遗产的保护，还体现在一些博物馆收藏了不少口述作品，但其在整个博物馆藏品中占的比例较小，且大多未列入藏品清单之中。

3. 政府经费投入

法国文化遗产保护主要采取国家财政拨款方式，同时设立文化信贷，对地方重点文物机构和非物质文化遗产项目给予经常性的财力支援，对民间文化团体每年给予固定的补贴，成立专门的保护抢救基金会，向文化遗产的个人所有者提供文化遗产复原、修缮资金等。

2009年法国文化部计划在文化遗产保护领域投入经费3.05亿欧元。2011年在欧洲债务危机的背景下，法国文化预算不但未被大幅削减却仍保持了小幅增长，9月法国文化部公布了2012年度文化预算，总额为74亿欧元，在2011年的基础上增加了0.9%，占国家总预算的0.76%，这些举措都体现出法国政府对文化事业的重视程度和捍卫其文化大国地位的坚定理念。

值得注意的是，拨放专项资金8.7亿欧元，用于开展文化遗产的保护和用于民间保护工作，占文化预算总额的11.76%。

在遗产保护领域，法国历史上实行的是高度的中央集权制。与美国等文化遗产高度私有化的国家不同，法国政府在文化遗产的持有量上占有很大的优势，这就给以国家力量管理文化遗产的法国带来了诸多方便。随着近年来各项政策法规的制定和落实，文化遗产保护方式更趋开放，过去那种政府一方“大权独揽”的模式有了更大改观。

法国善于发挥民间文化遗产保护组织的作用。法国目前共有大小不等、功能不一的民间社团组织18000个，这些民间组织的活动不仅是政府力量强有力的补充，还在社会各阶层内营造出了全民参与文化遗产保护的良好氛围。尽管现在的文化遗产保护工作仍由文化部牵头，许多重大决定也均由文化部拍板决定，但在具体的实施和操作过程中，则基本由文化部所属的历史纪念物基金会、文化艺术遗产委员会、考古调查委员会等民间组织完成。据了解，民间组织的日常工作任务主要为：向政府提出抢救与保护文化遗产的中长期计划、负责具体项目的实施、从事具体的普查保护和宣传教育工作。政府积极鼓励和支持各种民间保护组织发展和壮大，使他们能够越来越多地参与到法国文化遗产保护事业中。

各地民间协会组织在保护和宣传文化遗产的同时还负责筹集资金，经费来源主要为政府补贴、社会赞助和产业化经营所得。值得注意的是，有些协会本身就是基金会，而法国的大多数企业也很愿意在遗产保护上慷慨解囊，赞助的种类与形式也日趋多样化。在基金监管方面，虽然资金的运用、管理和审批权归协会所有，但由于基金管理委员会本身就是由财政部、内务部、文化部、观光厅等政府机关、民间团体及开发商等多方代表组成，因此在资金运转过程中受到了各方的评价和监督，这种独特的、民主化的管理体制，确保了基金的高效安全使用。

意大利经验

1. 机构设置

和法国一样，意大利强调文化遗产保护是中央政府的职责，在管理体制上实行中央政府垂直管理制度。中央设有国家文化遗产部（内设10个司局），代表中央政府任命遗产部代表派驻各地，履行中央政府相关法令，负责所在地区的文化遗产保护工作；各地方政府设立文化遗产保护机构，但职责只是负责本地文化遗产的宣传与推广，各级文化遗产行政管理部门在有关文化遗产保护事宜中享有绝对权威。

2. 政府财政投入

迄今为止大部分保护项目经费均由意大利政府承担，保护范围和财政资金支出增幅逐年扩大，每年编列的文化遗产保护方面的财政预算经费庞大，但由于文化遗产的保护费用高昂，资金缺口仍然存在。更为重要的是，作为欧洲国债最多（相对于GDP）的国家，意大利政府必须通过降低公共支出以避免受到财政赤字的困扰，文化部门则成为受影响最大的部门，政府财政对文化部门的投入十分有限。数据显示，意大利政府在文化遗产保护方面的预算仅占公共财政总预算的0.84%（GDP的0.42%），换句话说，公共部门（国家、地区和自治市）向文化领域反哺的资金甚至不到文化遗产创造价值的10%。

3. 民间力量参与

受政府财政预算规模限制，意大利政府通过多种渠道筹措资金，在保护和管理文化遗产方面摸索出"意大利模式"，即政府和公共部门负责保护，私人或企业进行管理和经营，这种模式有利于调动私人和企业的积极性。同时，政府将每年博彩业收入中的千分之八作为文化遗产保护经费；鼓励私人企业投资文化遗产事业，规定企业投入文化资源产业的资金可以抵税；开设文化遗产和可持续旅游交易所，吸引私人企业投资赞助，并鼓励私人性质的基金会接管文化产业。政策制订中尝试通过拓展公共资金来源（例如，设立专门的文化公益彩票，有效利用欧盟结构资金等）和加强公私合作来增加公共和私人对文化领域的投资。私人投资者可以通过如下三种不同的方式参与文化生产：无偿资助，不求回报；广告赞助，以文化遗产的形象使用权作为投资的回报；常规投资，追求资本的利益回报。

（四）对我国非遗保护财政政策支持与保障的启示

通过对比分析日韩及欧洲部分国家在保护和利用非物质文化遗产中的做法、所收到的成效及所面临的问题，参照中国的特殊国情和我国目前生产性非遗发展现状，我们可以得出以下几点经验和启示：

1. 政府必须在非遗保护工作中占据主导地位

非物质文化遗产不仅具备市场价值，更具有广泛的社会价值和人文价值，不能简单粗放地将它们抛入市场经济的浪潮中任其自生自灭。其次，由于市场本身的局限性和单纯逐利性无法胜任保持生产性非遗原汁原味和活态传承的任务，因此，无论是在政策导向、总体协调，还是财政扶持方面，都必须依靠政府强大的整合力量以及全局性、前瞻性的宏观调控手段予以保障。

行政管理方面，日本、韩国、法国、意大利在中央层面上都设置了非物质文化遗产保护机构，并配备行政管理人员和学者专家，从非遗政策的制定实施到学理性研究论证都给予了充分保证。以上四国由于机构建立时间早，部门体系设置较为完善，硬件设施和软件设施较为齐备，人员的技术性专业性较强，各级行政部门运转效率高，后期监督和评价体系也较为全面。

立法方面，四国很早就从法律法规层面对非物质文化遗产进行保护，以立法形式引导和促使保护工作全面开展，在法律的论证和前期制订阶段，皆广泛征集社会各阶层意见，以确保立法及执法的严谨性、科学性和规范性。

财政政策方面，四国在非物质文化遗产保护方面的资金投入占国家年度财政预算比例较高。究其原因，一方面由于他们很早就重视对国家文化遗产的保护和利用，社会各界都很关注文化遗产的保护工作；另一方面，他们本身就属发达国家，政府财政收支基数大，并且政府预算模式基本采用“增量预算”模式，财政预算的逐年上升保证了投入资金增长的刚性。尤为重要的是，政府一系列的政策优惠和实实在在的财政支持从源头上解决了非遗事业发展所需的高昂费用所带来的资金压力，不仅给予传承人的生活和生产予以专门补贴，使他们能够同事业单位的员工一样进入体制保障内，还从税收和信贷政策上予以相应扶持——一方面以减税甚至免税手段减轻非物质文化遗产项目的负担，另一方面给予从事非遗的企业和个人予以政府贷款担保、降低贷款利率、简化贷款审批手续、扩大贷款抵押面、提供中长期贷款等各项优惠措施。

2. 需有民间力量的广泛参与

日本和韩国拥有大量的社会团体从事非物质文化遗产相关工作，与我国相比，他们从更加细微具体的角度对非遗进行关注和保护。通过在全国乃至世界范围内不断举办工艺美术大展来宣传推广本国传统文化，让越来越多的民众认识、了解其传统文化，从而在观众喜爱的基础上推广非遗产品，挖掘了潜在需求，扩大了传统产品销售空间，使得古老技艺重新融入社会，潜入普通大众的生活之中。另外，各类社会团体还在资金融通上对非遗行业予以积极帮助，通过企业赞助和民众公益性支持，扩大了非遗融资渠道，弥补了政府投入不足的缺口，从根本上减轻了政府财政负担。大量资金的进入盘活了文化资源，发展壮大了一批文化内涵丰富、增值空间广阔的文化产品，由此形成的良性循环又带动了相关产业发展，通过创造巨大的经济效益反哺社会。

行业协会也是不可忽视的一股力量，据调查，无论是表演性还是生产性的非物质文化遗产单位，几乎都能找到自己所属的行业协会，有的甚至同属多家。机构里一般会有专业人士帮助非遗单位争取政府项目，维护行业权利，与内部的非遗单位共同发展。另外，广泛存在的行业协会掌握着丰富的市场信息，他们深谙营销之道，通过统一策划和包装，塑造了一批批优秀民族品牌，帮助非遗产品及其传承体系提高了知名度，取得了社会认可，保证了相关产品的市场需要，使传承人不会因为势单力薄而在激烈的市场竞争中面临淘汰困境。

五、政策建议

（一）政府管理方面

1. 坚持政府主导，健全非遗保护工作体制

（1）加快相关法律法规体系建设，多措并举，建立财政保障机制

各部委应加强沟通进一步完善现有的非物质文化遗产法律法规体系，并出台相关意见，敦促各级政府管理部门将非遗保护工作纳入本级国民经济和社会发展规划，并将保护经费列入本级财政预算。进一步拓宽经费渠道，创新投入方式，持续加大投入力度，建立财政保障的长效机制。普及非遗旅游品牌的商标注册申请程序，依法保护知识产权，杜绝恶意侵占保护资源现象的发生。

（2）建立和完善政府采购制度

在对市场前景广阔的优秀非遗产品及其传承人给予财政补贴的同时，要逐步建立和完善政府采购制度，深入挖掘非遗产品的政务性需求。例如可在重大庆典或仪式中使用非遗相关产品；将优秀非遗珍品作为各类博物馆、民俗馆的展品进行长期收藏；将传统技艺类非遗产品作为外事活动中的

馈赠礼品，一方面可以向世界宣传展示中国文化，另一方面能够帮助产品走向世界，拉动国外市场需求。操作过程中，应实行公平公开招投标制度和中介评估制度，避免出现暗箱操作有违公正现象。

(3)充分利用非政府组织和民间机构开展非遗保护

在非遗生产性保护过程中，商界、学术界、新闻媒介的广泛参与是十分必要的。应积极探索，建立行业协会、民间保护组织、传承人专业联盟、非遗保护基金会等组织机构，协调、整合各方力量，充分发挥民众在非遗保护中的主体作用。积极创造条件，引导社会资金注入非遗保护事业，鼓励企业承担非遗项目的相关保护任务，创新多种形式广泛吸收社会各界捐助，加强科学监管力度，促进非遗生产性保护事业良性发展。

2. 科学规划生产性非物质文化遗产保护

(1)科学认定，规范评审标准

为解决当前非遗保护工作中存在的“重申报，轻保护”状况，应组织专家学者针对非遗保护现状开展实地调研，总结分析非遗项目及代表性传承人评审认定经验，探索更为科学、严谨的评审标准，建立更为规范、有效的评审程序，对不履行非遗保护责任和义务的传承人及所在单位予以警告批评，必要时可取缔其“传承人”身份。要敦促各级行政管理部门继续完善并修订省市级非物质文化遗产项目保护管理办法，促进非遗评审认定工作科学有序开展。坚持“多措并举，积极创新”的工作原则，建立项目认定和管理的长效机制。

(2)广纳才智，加强理论研究

组织专家进行项目调研论证，制定科学合理的非遗生产性保护监督、管理、评价和激励政策，评选公布一批非遗生产性保护示范基地，对口提供政策支持和资金扶持，科学促进保护工作的开展。

积极整合各类社会资源，充分发挥文化单位、科研机构、大专院校的学术优势，开展非遗保护理论性研究。探索在高校中开设非遗保护选修课程，普及非遗保护基础知识。就非遗保护重大理论与实践问题形成拟制若干课题，组织有关学术力量研究攻关。重点开展非遗保护、发展、传承等方面的研究，举办非遗保护研讨活动，形成一批既有学术价值又具可操作性的研究成果。进一步巩固非遗保护成果，提升保护水平，在广泛借鉴汲取国外优秀非遗保护经验的同时，探索出一条非遗保护的“中国模式”，力争在世界范围内形成积极影响。

3. 加快构建合理的机构和人员配置

各级行政单位要完善非遗管理性人才培养机制，吸收新鲜血液进入非遗保护工作编制，同时要在本级行政管理部门中挖掘一批具有基层工作经验并有志于从事非遗保护工作的“老”同志。充分发挥机构编制部门职能作用和机构编制基础性作用，建设一支既有专业理论知识又有实干经验的非遗人才队伍，从多重角度对非遗工作加强定向保护利用。

重点关注非遗保护事业中人才的培育、使用和奖励，充分重视优秀人才资源的挖掘与保护，大幅提高培育投入，切实加强人才梯队建设，建立健全人才评价与奖励机制。利用中央及各级人民政府机构改革机遇，大力推进文化行政部门改革，进一步加强改革后的文化行政部门所具的非遗保护职责。同时，在改革过程中，坚持以人为本，重点突破文化从业人员社会保障难题，完善和落实各项人员调配政策与财政投入渠道。

充分发挥文化部和各省、直辖市级文化厅非遗处室行政管理职能和各非遗学术机构的理论研究、业务指导职能。通过开展会议、调研及督查等多种形式，继续对各级非遗保护体制机制和机构编制建设进行指导，不断加强非遗保护专设机构和专业队伍建设。加强协调，打破部门限制和地域限制，改善行政部门交叉管理，政出多门的现状，整合部门资源，加强协作配合，实行各部门、各辖区联动，启动非遗项目系统性整体性保护模式，建立长效保护机制。

（二）企业运营方面

1. 帮助企业进行基本建设

建设动态型博物馆，避免非物质文化遗产“生于民间，死于庙堂”。当前，一些传承单位已自发兴建非遗传习所和博物馆，但高昂的土地使用费用和基本建设成本给传承人带来了沉重负担。针对这些积极主动修建博物馆的传承单位，政府要制定奖励办法，加强对重点项目的保护，集中力量办大事，重点扶持具区域影响力和浓厚民族记忆的非遗项目，避免资金零乱分散的“撒胡椒面式”保护。要从规划项目用地和基本建设上予以政策扶持，帮助传承人建立非遗传习原地，创造授徒条件，扩大生产规模。

采访中我们发现，相当一部分传承人认为自己的藏品属于国家和人民，愿意将其捐献给国家。因此，可以考虑创新生产性非遗保护机制，探索出一条科学合理的保护模式。对于愿意将文物捐献给国家的传承单位，政府应出资帮助其兴建博物馆，由企业进行日常维护和管理经营。但要注意及时建立公示和信息披露制度，加强社会监督，财政、监察、审计、规划部门应按各自职责实施监督，严禁挤占挪用，确保建设资金使用安全。

2. 对复原或创新传统技艺的奖励办法

鼓励传承单位复原已失传的传统生产技艺，对于在保留核心技术基础上进行创新生产的传承人和传承单位予以奖励。在行业内建立“荣典制度”，表彰在传承技艺中作出突出贡献的单位和个人，通过媒体介入和企业赞助来吸引民众更加广泛的关注，形成全社会尊重非遗技艺大师的良好氛围。具体运作中，可借鉴文化部“国家文化创新工程”、“社科基金”项目运作方式，经过申报、评审、实施、验收四个程序完成工作，要求奖励办法必须真正落到实处，切勿仅作表面文章，敷衍了事。

3. 根据不同经营模式分类保护

对于濒危的,活态传承较为困难的,已远离民众视线的,暂未进入保护体制内但确有保护利用价值的,缺乏市场适应力和竞争力的传统技艺类非物质文化遗产,应完全由政府买单,利用录音、录像及走访记录等方式,收集物化文化遗产进行整理分类,编印成图书或影音资料,建立档案研究和保护工作室。同时,积极整合物质文化遗产与非物质文化遗产资源,按照非物质文化遗产资源分布状况,依托政策和财政支持,调动地方政府和社会积极性,建立专题博物馆、民俗博物馆等,通过各类博物馆、民俗馆、文化馆开展非遗展示和宣传工作。

一家一户分散式孤立运作的小型作坊生产单位,由于其获取信息通道不畅,缺乏有效市场供求信息,对于政策导向和出台的相关措施也不甚了解,导致其故步自封,逐渐淡出市场,既无生产积极性也无传承技艺的动力。针对这些小作坊,应采取适度聚群刺激,运用现代产业要素和竞争需求促使他们生产,重新投入市场运作的大潮中。在重要非遗聚集区或密集区,通过政府划拨地皮、统一进行基础设施建设,并严格保证通过资质认定,以文化产业园或民族村形式建立生产性非遗片区。运用关联性、共享性等因素相互促进,周边生产工序统一外包,以强化企业核心技艺建设,合力打造品牌。利用中介机构发布产品信息、洽谈国内外业务、承接合同订单、统一组织营销,以创造集群效应,与此同时积极吸纳社会投资基金进入,扩大园区规模和知名度。

对已具有规模化生产能力的经营机构,鼓励采取“公司 + 基地 + 农户”的经营模式,将原料收集采购、后期包装和物流工作外包到当地农户或专业代加工企业,将生产力集中于核心技艺环节,此举既节约了宝贵的劳动力、减少了边际环节程序、缩短了生产周期,降低了企业成本,又有助于解决当地人员就业问题,促进相关行业和地方经济发展。

4. 企业内部分类保护

有些生产性非遗企业既从事纯粹的传统手工艺类生产，又将传统技艺精髓引入现代工业化产品生产。例如，安徽徽州竹艺轩雕刻有限公司不仅有50多位手艺师傅组成的个性化高端产品订制生产团队（产品从前期设计到打样，再到后期雕刻都是纯手工制作），还有百余工人操控的机械化生产流水线，批量生产价位相对低廉的装饰品和旅游纪念品。在全年3000万元左右的销售额中，两者分别占到三成和七成。

对于上述这样企业内部不同的生产模式，应在科学分类的基础上区别对待：纯手工制品可依据相关保护标准进行政策倾斜和财政支持保障，而批量生产的工业化制品则不可与手工制品享受同等待遇，应顺从市场规律，走市场经济道路，鼓励他们在巩固自身实力的条件下主动参与市场竞争。

（三）人员培养方面

以安徽省非遗名录为例，中央财政从2008年起专门资助国家级非物质文化遗产项目代表性传承人每人每年8000元，2011年始，对传承人每年资助额增加到了1万元；安徽省文化厅、财政厅自2008年来，连续下发通知，对辖区内国家级、省级非物质文化遗产发放专项保护经费，并对徽州文化生态保护实验区建设提供专项资金支持。为落实专项资金使用，安徽省黄山市文化委员会为国家级和省级非物质文化遗产项目代表性传承人建立详细的信息表，包括传承项目、传承人联系方式、开户银行及卡号，保证补贴资金能够准确、快速地发放到每一位传承人的手中。

实际操作中，中国宣纸集团为留住一线生产工人，保持生产体系稳定，采取了一系列措施，目前看来，这些措施取得了一定的成效。

改善工人待遇。集团连续多年提高一线生产工人工资，改善工作环境，提供生活设施较为齐备的职工宿舍和每顿五元的工作午餐，健全了相关的配套性基础设施，加强了企业凝聚力。近年来企业不仅在泾县范围内树立起了良好的形象，更是在宣纸生产业内建立起“红星宣纸”品牌，无论生产工艺还是企业文化建构，宣纸集团都是行业中的领头羊，也是国家非遗项目工程中的标兵，在宣纸集团工作的员工能够感受到企业所肩负的使命之光荣、责任之艰巨。

考评、认定和聘用技艺优秀的手工艺生产员工为“宣纸技师”、“高级技师”，分别授予他们不同等级的职称，根据工艺水平的高低，给以相应的工资待遇和精神表彰——“技师”称号拥有者每月可补贴一百元；“高级技师”称号拥有者每月可补贴两百元。通过提高“技师”在厂里的地位，极大地鼓励了一线生产工人加强自身工艺水平的良好性，形成工人之间相互竞争，争当“高级技师”的良好氛围。

效仿高校导师制度，创新出一套“师傅带徒弟”的模式。根据每个师傅所带徒弟的数量和培养出的徒弟的手艺水平对师傅进行考核认定，在给予师傅日常生产工资之外，另外发放“授徒效益工资”，这种额外奖励机制有效推动了师授徒的自发性和积极性，形成了“传帮带”的良性循环。

在寻找理论依据、听取各方建议、总结实践经验后，建议从以下四方面进行努力，维护一线生产人员体系常态性及稳定性：

1. 解除个人缴纳养老保险负担

现行的城镇企业职工基本养老保险（以下简称“城保”），费用来源一般由国家、企业或单位、个人三方共同负担，即企业按本企业职工上年度月平均工资总额的 20% 缴纳，职工个人按本人上年度月平均工资收入的 8% 缴纳。

以中国宣纸集团为例，目前一线工人工资平均每月为 3000 元，工人每月平均缴纳 240 元养老保险费。若实行国家帮个人买单，企业方面也多承担一部分的补贴政策，就能直接减免职工个人缴纳保险部分，实惠便直接到达一线生产工人手中,减轻了工人负担。如果支付比例变成企业缴纳22%,个人缴纳4%,国家缴纳64%,工人每月只需缴纳120元,那么工人实际到手的工资就相应增加了。

论及企业为何必须同时增加支付比例,原因在于,对已经为职工购买养老保险的企业来说,小比例的增长幅度带来的负担并不重,更重要的是在目前技术工人成为稀缺资源的状况下,为了留住人才企业也非常愿意提高员工待遇,此举既能防止某些企业为获取国家保险补贴经费虚报生产工人数量情况的出现,又避免了政府层面支出增长幅度过大带来的财政压力。

值得注意的是,由于生产性非遗企业是传统手工技艺类行业,员工来源主要为农民,因此,非遗企业职工养老保险可以考虑与新型农村社会养老保险制度相结合。新农保最大的特点是采取个人缴费、集体补助和政府补贴三方筹资相结合的模式,各方缴纳保费的多少取决于当地所建立的新型农村社会养老保险制度保障程度的高低。在参保个人缴费的基础上,当地有条件的农村集体经济组织根据自身的经济实力,为参保农民缴纳一定比例的保费补助,当地政府则根据地方财政实力状况,为农民参加新型农村社会养老保险提供一定资金补贴。各地政府通过缴费补贴、基金贴息、待遇调整补贴、老年人直补等多种方式引导和鼓励农民参加新型农村社会养老保险。

要在不违背现有养老保险基本原则的范围内,根据各地方财政实力和当地非遗保护发展情况,因地制宜,建立并完善适合生产性非遗企业操作的职工养老保险体系,相关机构要配合实际操作部门进行统计、审批、管理和后期的监察执行工作,确保优惠政策能够落实并发挥实效,帮助企业建立人才构建长效机制。

2. 一线生产工人提前退休政策

由于传统技艺类非遗项目生产一般都处在山区或偏远地区,生产环境简陋,基于原真性传承的宗旨,现代技术设备难以涉足,工人长期进行艰苦的体力劳动,很多人都患有难以治愈的职业病。是否可考虑进行人性化管理,为一线工人(非行政工作人员)办理提前退休手续:男性从60岁提前到55岁,女性从50岁提前到45岁,让员工提前享受退休工人待遇。若退休后仍有意愿继续从事生产的工人,工厂在酌情考虑后可以返聘,这样退休工人在拿到正式工资的同时还可领取退休工资,企业若想长期留住人才就变得相对容易了。操作过程中为避免管理漏洞发生,必须要求生产工人达到一定工作年限(即确定工龄),并签订正式就业合同,方可享受提前退休优惠政策。

3. 完善手工艺工人再培养机制

为在年轻群体中挖掘培养技术人才,各地方职业技术院校开办了传统手工艺类专业,通过与当地非遗生产企业协商沟通,以企业全程赞助、颁发奖学金或助学金、签订就业合同等多种形式进行合作。例如,2007年12月,经安徽省教育厅批准,安徽省行知中学成立歙县徽雕艺术学校,开设徽雕专业培养年轻徽雕人才,该校于2009年被评为“徽州文化生态保护实验区省级非遗传习基地”;黄山市休宁县第一职业高中创办了全国首家“木工学校”,传授八仙桌、太师椅等徽派木工制作技艺,并为毕业生颁发“匠士”学位;宣城市泾县职业高中与中国宣纸集团合作,开设“宣纸工艺”专业课程班,定期招生,定向培养,为集团输送了大批技术人才。

为鼓励学生夯实自身技艺,应建立“非遗传承人荣典制度”,组织进行技能评比,意在行业内形成互相比较、相互竞争的良好态势,以优化传承人梯队建设,从根本上保证传统技艺的高品质传承和保护。同时,通过对技艺大赛的宣传报道,能够让非物质文化遗产的保护意识在民众中得到普及,从而提高传承人的社会地位和社会价值,力争形成保护非遗传承人的长效机制,让生产性非遗项目得以亲民化、普及化。具体操作过程中,通过设立“最佳技艺大师”、“最佳新人奖”、“最佳传承单位”等奖项,对各传承人自身和其所带徒弟的作品进行评比。鼓励师傅进行技艺的保持创新，也能通过徒弟获奖证明其实力，从而有效激励师傅选定优秀接班人并全心予以栽培，将传统技艺一代代传承下去。宣传展示方面，可联络各媒体、借各种传播渠道进行专题和追踪报道，扩大民众知晓度和参与度，同时可吸纳企业力量对赛事进行宣传和赞助，保证项目运行资金充足。

4. 传承人补贴措施

王文章同志指出，各地对保护传承人重要性的认识不断深化，采取了多种保护措施，如建立传承人档案，改善传承人工作环境，为生活困难的传承人提供基本生活保障，对传承人授徒传艺、开展传习活动给予扶持等。至2011年2月，各地评定的省级非物质文化遗产项目代表性传承人共6332名，各地（市）、县也认定命名了一批传承人，逐渐形成了国家、省、地（市）和县级四级非物质文化遗产项目代表性传承人命名机制。

2011年颁布的《非物质文化遗产法》也制定了鼓励代表性传承人开展传承、传播活动的具体措施，包括提供必要的传承场所，拨付必要的经费资助其开展授徒、传艺、交流等活动，支持其参与社会公益性活动，以及支持其开展传承传播活动的其他措施等。中央财政从2008年起资助国家级非物质文化遗产项目代表性传承人每人每年8000元，2011年始，对传承人每年资助额增加到了1万元。应关注的是，在运作过程中不能简单地将资金直接拨付到个人，而应通过票据报销形式，监督传承人是否将补助金实际用于投入再生产。

区别于剪纸、医术类一个人代表一项技艺的非遗项目，有些复杂的、工程浩大的生产项目，不可能通过某一个传承人单独完成，例如宣纸制作有上百道工序，需要多人共同合作（宣纸集团目前拥有1200名员工，其中800名为生产工人），某种意义上来说，这800名员工都是传承人。对于技艺特别突出的领衔传承人，可纳入“代表性传承人”行列，由政府对其生产、传承、授徒、展演等活动给予津贴、生活补助、荣誉授予；对于必须通过集体传承的非遗项目，同样需要建立补贴办法，应根据各工序难易程度和工人技艺水平，建立不同的补贴标准开展传承人保护工作。

（四）原材料供应方面

所谓“巧妇难为无米之炊”，只有在源头上保证生产原料的供给才能圆满达成非遗保护性生产的目标。对于可通过种植和养殖取得的原料，各级政府要从当地自然环境和经济实力出发，因地制宜，对原材料集中产出地区进行整体性保护，并加强产地周边生态环境的保护，禁止作为工业开发和商业用地使用，采用多种方式进行原料保护性开发，企业必须有计划地开采使用，确保生产原料使用的长期性和持续性。通过提高收购价格、扩大原料采集面等多种渠道收集原料，在条件允许的情况下适当进行人工研制开发、培育可替代性材料；对于不可再生资源，必须由政府宏观主导、企业积极配合，制订长远发展规划，有计划有目标地开采，使用过程中要保证科学高效，杜绝浪费和过度开采现象发生，从源头上保障非遗生产的上游供给，实现可持续性发展。

例如，宣纸产地在安徽泾县西南方的小岭一带，特殊的喀斯特山地适合青檀树的生长，冲积平原则适宜生产长杆水稻，青檀树和水稻杆均为宣纸制造提供了优质的原料；泾县常年气候温和，雨量充沛，光照资源丰富，四季分明，为宣纸生产提供了丰富的水源和充沛的阳光，境内有多条河流，尤其是乌溪上游的两条支流，一条属淡碱性，适合原料加工，一条属淡酸性，适合成纸用水，适宜的原、辅材料决定了宣纸产地选择安徽宣城泾县的必然性。除此之外，捞纸是宣纸生产中的重要工序，捞纸用帘的编织好坏决定了宣纸质量的优劣，而一些特色宣纸品种的制作（如罗纹、龟纹、单丝路、双丝路以及水印纸）首先从编帘就开始了。纸帘的制作原料也与地理环境密切相关。

泾县及周边地区产一种苦竹，长者可达二丈有余，这种苦竹，笋苦涩不能食用，但竹纹的纹理直，骨节长，质地疏松，易于剖成竹篾，用此竹涂土漆制成的竹帘不易腐烂、不吃水，且价格低廉。① 但是，青檀皮和长杆水稻的采集、种植经济效益差，近几年来原材料供给出现严重危机。为保障宣纸原材料的稳质稳量供应，促进宣纸产业可持续发展，宣纸集团目前正在建设宣纸原料基地，用于原料的种植和加工，总投资额1300万，其中，政府财政900万，项目征地200亩，计划新建石滩近14万平方米，新建生产厂房5000平方米，并购置新式蒸锅、黑液收集处理设施等设备。基地建成后将达到年产60万斤燎草的生产能力，能够有效缓解目前宣纸生产原材料紧张的状况。

（五）对财政支持与保障标准的政策建议

长期以来由于缺乏规范合理的科学财政保障标准，政府财政对生产性非遗项目的扶持无法达成预期效果。我们注意到财政支持生产性非遗发展，不仅要遵循一定的科学合理发展路径，完善现有的法律法规体系，还需要建立经费保障、资源配置、激励监督等配套机制，以实现公平高效的保护发展目标。

1. 加大财政投入力度，改革投入方式

不断加大对生产性非遗保护传承人、传承单位、具体项目和相关行政管理机构的财政投入，建立长效增长机制。要根据各地经济实力和非遗实际保护利用情况，拟订政府相关政策条例，将非遗保护经费的增长幅度与地方财政经常性收支或城镇居民人均可支配收入增幅挂钩。通过开展实地调研，因地制宜地确立财政支持生产性非遗发展的中长期计划，不断增加保护经费在财政总支出中的比重，建立健全保护经费的稳定性常态性增长机制。

---

① 摘自宣城新闻网 | 宣网 http://www.xuancheng.gov.cn/portal/zjxc/wfsb/whdt/webinfo/2011/11/1320889897378044.htm.

根据公共财政的基本供给范围和资金运行效率，政府要改变对非遗生产性保护的投入方式。要在保障国家对非遗传承人和传承单位投入不断增长的基础上，逐步减少固定投入比例，增加动态投入比例，变对传承人和传承单位的一般投入为项目投入，提高资金使用效率。基于我国范围内非遗数量多、分布广、行业差距大的特点，要实事求是，针对不同的非遗项目创新保护模式，对中西部地区和偏远山区，尤其要通过转移支付的方式，给予他们适当的政策倾斜。

财政提供企业一线生产工人补贴方面，可以根据企业年生产量倒推，核实一线生产工人数量，进行定向补贴。遗产所在地的税务部门可根据该企业纳税总体情况，核算其真实的年产量，在确定产量后，根据该生产品种的产出率、运营成本、人员投入等进行核算，得出生产原料和生产人员的实际情况。

以宣纸集团为例：

根据泾县地方税务局统计，宣纸集团年产宣纸620吨，按平均每吨400刀来计算，每年可产宣纸25万刀，一年常规生产日220天，折合每天平均产量为1000刀左右。根据以往常规统计数据，每个捞纸槽日均产量为13刀，因此可计算出实际投入生产的纸槽数量为1000(刀)÷13(刀)=77(个)；此外，宣纸生产行业一般生产工序配备为：捞纸工2人，晒纸工2人，剪纸工1人，还有其他辅助工种，如漂皮、蒸煮等(其中部分工种可以相互协作)，平均下来每槽有12名生产工人。那么实际从事生产的工人数量为12(人)×77(个槽)=924(人)，即补贴资金最终应发放给924位生产工人。这种按照实际产量倒推一线生产工人数量，依此来确定补贴和补助金额的模式，能基本保证资金计量、审批、批复的准确性和可行性。

值得注意的是，政府在确立非遗事业“引导者”身份的同时，要避免违背市场经济规律，对企业发展过度进行干预，更要避免企业对政府财政投入的过度依赖。因此，要重视拓宽企业投融资渠道，引导社会资本以多种形式参与，可以采取资本金投入（参股）、无偿资助、贷款贴息等方式引导对非遗产业的投资方向，支持非遗企业的发展。适当时候，可根据"社会收益最大化、提高产业素质、提升国际竞争力和促进产业良性循环"的原则，设立非遗保护基金，在清理、整顿现有各类基金会和行业协会的基础上，设立国家非遗保护发展基金，主要用于国家倡导、扶持和重点资助的非遗传承人和传承单位，基金来源可包括政府的专项拨款、对文化产品和文化服务征收的文化事业建设费、社会各界对非遗事业的捐赠等，其中政府财政拨款应作为主要形式。要设立专门的监管机构对基金进行科学管理，制订规范的使用和管理办法，专项资金的使用决策应以评审委员会投票的方式进行，委员会成员除有关政府官员外，还应包括相当比例的专家和社会力量。

2. 构建科学的预算及审计监督体系

非遗事业的刚刚起步给财政预算改革提供了最佳的契机，利用机构改革的机会，一改长期以来我国政府财政预算编制广泛采用的"增量模式"，适时转向"零基模式"编制预算，提高预算的科学性和严密性。

此外，应按照预算年度内所有因素和事项的轻重缓急程度重新测算每一科目和款项的支出需求；在预算执行上要硬化预算约束，增强预算的严肃性，预算确定后严禁随意调整和追加，除突发性事件造成的必需开支按有关程序报批外，当年其他支出财政不予追加，推至下一年度考虑；在预算资金控制上实行集中统一管理，提高资金统筹调度的主动性。统一部门财务管理，实行银行账户审批、登记、建档制度，部门各项资金和财务统一归口管理，财政部门内部实行财政性资金统一账户管理。探索不同的资金拨付办法，对本级财政人员工资开支实行银行代发制度，以减少资金的拨付环节并保证工资的按时发放；对公用经费和专项资金推行政府采购制度，确保财政资金的规模效益。

在对投入结果进行评测审计时，应将审计职能从文化系统独立到专业会计核算部门，相关财政、监察、审计部门要按各自职责实施监督。同时，为防止相关行政部门挤占、挪用专项保护资金，可设定"高压线"制度，严禁各部门各单位占用保护资金。同时建立公示和信息披露制度，加强新闻媒体和社会舆论监督。

3. 完善财税政策，扩大非物质文化遗产生产性企业的投融资渠道

政府要根据生产性非遗项目的特点，积极发挥财政引导作用，运用市场准入、资格认定、价格调节、税收优惠、财政补贴等方式，进一步拓宽融资渠道，积极推进非公有资本进入生产性非遗领域，发动社会力量完善非遗保护体系，以弥补公共资源及政府服务的不足，实现投资主体多元化。

(1)金融方面

当前一些非遗生产性企业经营面临困难，融资渠道狭窄问题突出。政府须出台相关金融扶持措施，从加强信贷支持、拓宽融资渠道、完善金融监管和规范民间借贷等方面，加强对生产性非遗的金融服务，加大对符合国家产业和环保政策、能够吸纳就业的生产性非遗企业的支持力度，引导和帮助企业稳健经营、增强盈利能力和发展后劲，从源头上改善生产性非遗企业面临的融资难问题。

各级金融机构和政府管理部门之间要加强沟通协作，通过渐进式的制度松绑，弥合银行风险收益间的不对称；其次，需要现有金融机构尤其是国有商业银行真正实行公司化转换，不断提高风险定价能力；再次，需要培育多层次多渠道的融资体系，如风险投资、私募基金、合作基金等等。

此外，商业银行等金融服务机构应停止对非遗企业的不合理收费，取消企业贷款时所缴纳的承诺费、资金管理费、财务顾问费、咨询费等冗杂费用，适当提高对小型非遗企业贷款不良率的容忍度。针对非遗生产性单位规模普遍较小、固定资产少，没有能力以厂房、土地、固定资产来进行抵押的现状，商业银行可创新抵押形式，考虑以商标、技术、专利等无形资产进行贷款抵押，必要时可由当地政府提供贷款担保，帮助非遗小企业正常融资；针对当前中小企业贷款利率偏高的问题，商业银行应看到非遗行业发展的良好趋势，对具有发展潜力的非遗生产性单位可降低放款利率，相关管理部门可通过审核企业资质、传承历史、利用价值后作出评估，简化其贷款审批手续，并通过贴息和中长期贷款形式扶持此类非遗企业发展。

(2)税收方面

生产性非遗行业的外部性、效用难以衡量性以及需求多样性是政府利用税收手段介入的理论依据。显而易见，对非遗生产性企业保护见效最快的就是减免税收这项措施，因此，亟须出台并落实相关的税收优惠政策，包括增值税优惠、营业税优惠、特别税收优惠等。

根据《财政部海关总署国家税务总局关于支持文化企业发展若干税收政策问题的通知》，或可考虑参照政府划定的“文化企业”范围，将部分符合条件的生产性非遗单位纳入“文化企业”行列，享受文化企业的相关政策优惠。在鼓励非遗产品走出国门、销往海外的过程中，要积极落实产品出口退税相关办法，为企业所缴纳的增值税、消费税办理出口退税或免税。尤其要考虑非遗企业广泛使用农副产品作为生产原料、且属劳动密集型企业的实际情况，必须将他们与普通工业化、机械化生产企业区分开来，从税收方面对生产性非遗企业进行保护。对积极传承保护非遗传统技艺、在保留核心技艺基础上开发应用新技术、新工艺的传承人和传承单位给予税收优惠；对非遗传承单位纳税确有困难的，按照当地税收管理权限给予减征或免征房产税、城镇土地使用税等。

除了在上述已有的税法和征收管理办法相关条例的框架内进行修改、贴合的方法外，应针对生产性非遗单位特点，在切实考虑传承人和传承单位特殊要求基础上，建立对口支援的专项税收优惠政策，从税收层面解除传承单位生产顾虑，帮助传承人建立技艺传承信心，从而拓宽产品销路、提升产品经济价值。

4. 在合理划分事权的基础上确立财政责任

建立中央、省、地市级三级财政分担体系。为了尽可能做到财权、事权的统一，需建立以中央财政和省级财政为主导，地市级财政为辅助系统的非遗保护专项资金支出体系。根据我国的实际情况和各地财政实力，参照其他国家先进经验，制定适宜的非遗财政扶持支出比例，在地市级财政无力提供援助时，中央、省级政府应通过转移支付的形式弥补缺口，确保生产性非遗专项保护经费落到实处。

尤其可借鉴美国实行的文化资金配套投入制，即美国联邦政府对于文化艺术的资助一般不会超过文化组织所得的20%，其余部分则要由申请者通过政府机构以外的渠道筹集。联邦政府明确要求各州、各地方拨出相应的地方财政经费与联邦政府的文化发展资金相配套，这种“抛砖引玉”的方式既避免了地方财政对联邦政府的过分依赖性，又充分发挥了地方财政投资与发展文化艺术的积极性，从而确保了文化艺术发展的地方投资预算与国家投资预算的同步增长。

小　结

要以科学发展观为统领，遵从统筹协调的原则，在财政体制改革范畴内，充分发挥收入、支出、管理、监督等财政职能的协调作用，系统理顺财政投入与生产性非遗保护的关系，全面整合非遗保护发展方面的财政资源，彻底改变我国文化发展政出多门、投入分散、分配不均、效率低下的局面，建立健全生产性非遗发展系统的、主动的、引导的财政支持体制机制。避免以往财政资金缺位越位、管理混乱无序、投入效益关系脱节的现象。确立一套现实可操作的管理工具计量生产性非遗财政投入，以统一方法和口径进行计算，以统一标准推动建构科学的预测评估体系，在统计数据无法量化的情况下,应根据以往经验并参照相关研究理论进行合理估算。政府机构中的立法部门和行政管理部门要开展广泛的部际协商合作,加强沟通和探讨,共同努力使非遗生产性保护结果与目标的偏离最小化。

结 论

根据实地调研和后期数据分析,可以看出目前我国生产性非遗业态正沿着科学规划合理利用的轨道发展,在“文化大发展大繁荣”的大格局中,非遗项目的产业性开发符合国家促进文化产业发展的趋势。因此,在非遗保护过程中,坚守原则锤炼传统技艺,开拓思路融入现代产业经营机制是大势所趋,“边保护边开发”是各地非遗保护行政单位和企业及传承者个人的责任所在。

纵观全国,非遗项目种类丰富、各项目间跨越领域较大,这种多维度和广泛性加大了保护工作的难度,项目间的不可参照性决定了我们无法制定一套“万能”的生产性保护模式,也不可能走某种绝对意义上的必由之路。各级行政主管部门在制订保护政策过程中应充分考虑各地具体情势,结合已有的财政补贴政策和文化发展政策,在纵向和横向的比较中不断完善财政保障体制,强化专业管理人员培养,创造条件帮助企业进行融资和市场推广;非遗生产单位应充分发挥自身优势,注重核心传统技艺的保存,不断培养新人,建立中坚技术团队,同时要不断学习市场经营新理念,借力政府提供的帮扶资源挖掘发展潜力。

参考文件:

1.《关于认定司建芳等55位同志为中国宣纸集团公司宣纸技师、高级技师的通知》

2.《安徽省非物质文化遗产项目代表性传承人认定与管理暂行办法》

3.《安徽省全省非遗普查器材发放表》

4.《财政部关于下达2011年非物质文化遗产保护专项资金的通知》

5.《财政部海关总署国家税务总局关于支持文化企业发展若干税收政策问题的通知》

图书在版编目（CIP）数据

国家文化财政政策研究基地调研报告选．第1辑／黄玉蓉等著．—北京：中国电影出版社，2012.9
ISBN 978－7－106－03562－4

Ⅰ．①国… Ⅱ．①黄… Ⅲ．①文化发展—财政支出—财政政策—研究报告—中国 Ⅳ．①F812.45

中国版本图书馆CIP数据核字（2012）第214609号

国家文化财政政策研究基地调研报告选（第一辑）

黄玉蓉　李竞爽　郭凤娟　鲍婧　著

出版发行　中国电影出版社（北京北三环东路22号）邮编100013
电话：64296664（总编室）　64216278（发行部）
64296742（读者服务部）　Email：cfpygb@126.com

经　　销　新华书店

印　　刷　北京鑫丰华彩印有限公司

版　　次　2012年9月第1版　2012年9月北京第1次印刷

规　　格　开本/787×1000毫米　1/16
印张/16　字数/205千字

书　　号　ISBN 978－7－106－03562－4/F·0018

定　　价　46.00元